中村かれん 著
石原孝二＋河野哲也 監訳

A Disability of the Soul : An Ethnography of Schizophrenia and Mental Illness in Contemporary Japan
by Karen Nakamura

シリーズ ケアをひらく

クレイジー・イン・ジャパン

べてるの家のエスノグラフィ

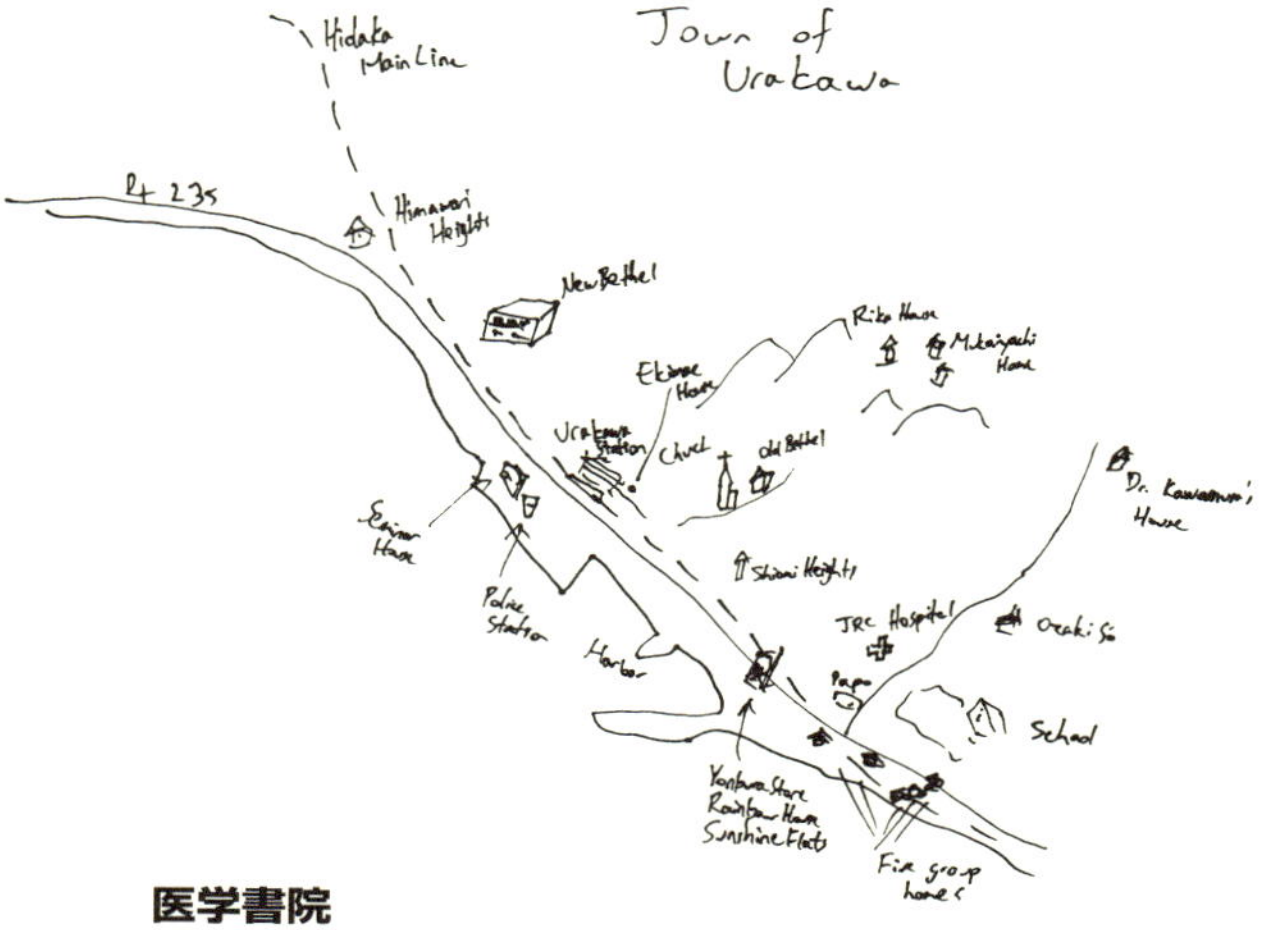

医学書院

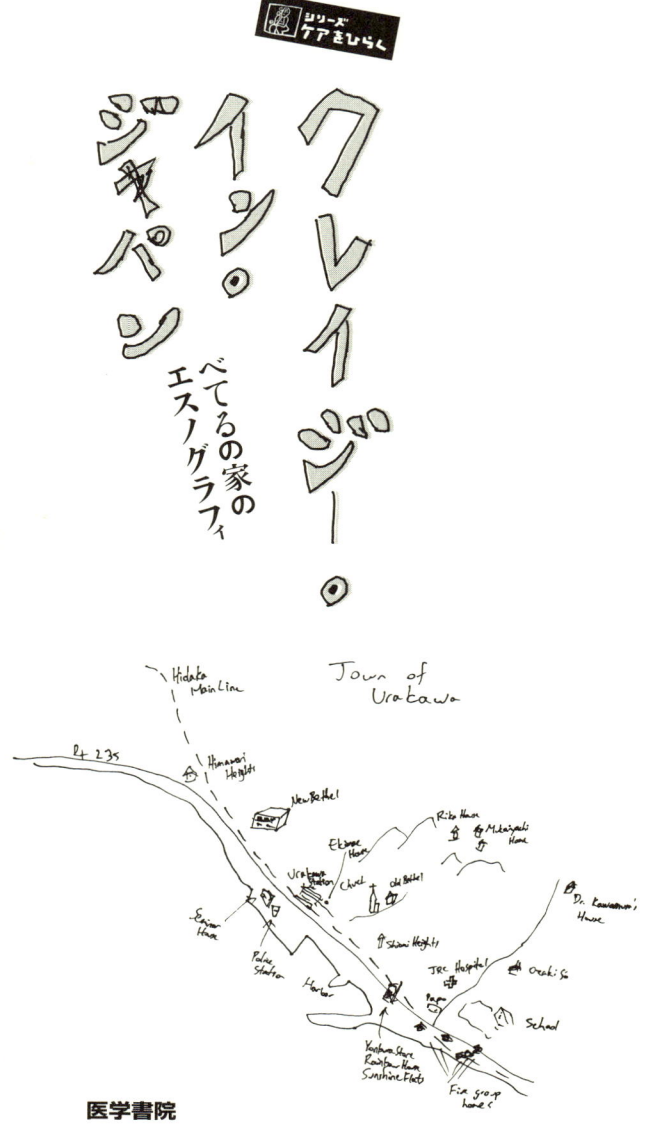

題字　早坂潔
写真　中村かれん

この本を、二人の若いべてるの家のメンバー、

中山玄一（一九六九－二〇〇六年）と下野勉（一九六九－二〇一〇年）に捧げる。

二人の歩みは、私がべてるのコミュニティについて研究していた時期と重なっている。

二人がもはやいないという事実は、私たちの心のなかに深く刻まれている。

【凡例】

原注は巻末にまとめ、原注番号は〔1〕〔2〕……のように示した。
訳注は*で示し、原則として当該見開き頁の左側に記した。
訳者による補遺(原語提示を含む)は、本文中〔 〕内にゴシック体で記した。
なお本書の写真は、特に断りがない場合はすべて著者が撮影したものである。

謝辞

この本は、べてるの家と浦河赤十字病院の全面的な協力のおかげで書き上げることができたものである。特に川村敏明氏は、病院に自由に出入りさせてくれただけでなく、病院構内のスタッフ用の寮に泊まれるように手配までしてくれた。また先生の愛車の〝ポルシェ〟（二人乗りの軽トラック）を借りて、私は浦河の町を走り回ることもできた。向谷地《むかいやち》夫妻とべてるの家のメンバーは、私が彼らの生活のなかに入っていくことを許してくれた。

清水里香、早坂潔、下野勉、山根耕平、柳一茂、赤尾悦子、岩田めぐみ、吉田めぐみ、鹿嶋めぐみ、中原美智子、小川和加子、大日向クニ、吉野雅子、その他多くの名前を挙げることができないべてるの家のメンバーにもとても感謝している。

七年のあいだにべてるの家で経験した多くの事柄は、私の心を深く揺り動かしたものの、研究も執筆も容易なことではなかった。重い精神障害をもつ人々の世界は、深い痛みと苦悩に満ちている。そうした痛みと苦悩は、個人的な強いつながりと助け合い、笑い、そして温かさによってのみ和らげることができるものだろう。べてるにはそれらがあった。

この本は、おそらく精神障害について深く考えたことがなく、ましてや〔アメリカ以外の〕外国で、精神障害を抱えて生きることがどのようなことなのかなど考えたことがないような人に向けて書かれている。万一あなたの子どもや同僚、結婚するかもしれない相手が、自分の精神の異常について語り出したとしても、どうか怖がらないでほしい。この本を読むことによって、もう一つの世界がありうること、しかしまたその世界は、精神障害をもつ人たちともたない人たちが共につくり上げていくことによってのみ可能になるのだということを知ってほしい。

この本はまた、精神障害を経験したことのある学生に向けても書かれている。教員としての一〇年間に、とりわけ「障害と文化」の授業を教えていたとき、「カミングアウト」してくる多くの学生に出会った。ゲイ、レズビアン、トランスセクシュアルであることがめずらしくない現代にあっても、精神障害に対してはなお根強いスティグマがあるのだ。精神障害と診断されることは、学生にとって破滅的な影響をもたらしかねない。統合失調症は十代後半と二十代前半に発症することが多いが、治療のために社会から隔絶されて、仕事もせず教育を受けることもなく、長い年月を過ごすことになるかもしれないからだ。

最後に、この本はべてるの家の友人たちのために書かれたものでもある。彼らは私を信頼して、自分の人生を語ってくれた。彼らが恐れていたのは、自分たちの人生が無意味であり、社会に何も貢献することなく生き、そして死んでいくのではないかということだった。彼らの語りは、スキゾフレニクス・アノニマス（統合失調症者の匿名の会）の第8ステップ（八二頁参照）の一環でもあった。彼らの声に耳を傾け、彼らとかかわることによって私は、その人生の語りと記憶に対して責任を負うことになった。

そしてまた私は、この本が私自身のために書かれたものであることも認めなければならないだろう。べてるに住み、自分の考えをまとめながら本を書くという作業は長くつらいものだったが、それはみずからの内面を理解し、私自身を発見していく作業でもあった。

この本のもとになった研究は、アメリカ社会科学研究評議会・国際交流基金日米センター「安倍フェローシップ・プログラム」とイェール大学若手教員フェローシップによって可能になったものである。安倍フェローシップ・プログラムの受け入れ先になっていただいた上智大学と同志社大学、そしてこの本の最終稿を仕上げる環境を与えてくれた早稲田大学と、イェール＝早稲田朝河貫一フェローシップにも感謝したい。

研究の面では、初期の草稿を批判的に吟味してくれた北中淳子氏に特に感謝申し上げる。またウィリアム・ケリー氏は、二〇年間にわたり私の研究に関する恩師でありつづけてくれた。その恩に報いることはとてもできないが、代わりに今後学生たちにその恩を返していければと思っている。エレン・ルービンスタイン氏の評価や意見にも感謝している。また文書係や図書館員の方々、とりわけイェール大学東アジア図書館の中村治子氏に感謝している。

また、この本の日本語版を担当してくださった医学書院の白石正明氏と、翻訳をしていただいた東京大学の石原孝二氏、立教大学の河野哲也氏をはじめとする皆様に感謝申し上げる。

最後に、この本はパートナーの絶えざる愛情と支え、そしてビーグル犬Momosukeの我慢強さなしには決して書き上げられなかっただろう。さあ、散歩に行くことにしよう。

クレイジー・イン・ジャパン——べてるの家のエスノグラフィ—目次

【フィールドワーク期間】
2005.05.17－05.20
2005.12.19－12.26
2006.06.12－06.16
2007.06.10－2008.01.19
2008.04.26－2008.05.01……ひだまりミーティング in ニューヨーク
2010.07.05……清水里香さん in 東京
2012.02.21－02.23
2013.08.09－08.12

第1章 到着

浦河付近を走る日高本線

二〇〇五年五月、私は期待と不安を抱きながら、一両編成のディーゼル列車に乗って浦河の町にたどり着いた。北日本の辺境にあるこの町は、精神障害をもつ人たちにとっての〝聖地〟であり、ここを目指して多くの人が訪れる。私もその聖地を目指してやってきたわけだ。そこでは、精神障害をもつ人たちが恐れや偏見なしに生活を送り、事業もうまくいっているという。しかし本当にそんなところがあるのだろうか。

列車を降りてみると、打ち捨てられたような家と商店の名残《なご》りがあるだけで、寂しい風景が広がっていた。降りる場所を間違えたのだろうか……。駅舎の外に、口ひげをはやしてメガネをかけた背の低い男性が手を振っているのが見えた。私を迎えに来てくれたのだった。

「べてるの家」が設立されたのは一九八四年のことである。浦河赤十字病院の精神神経科病棟に長期間入院していた精神障害者たちが、地域社会で生活していくのを助けるためにつくられた。教会でのささやかな立ち上げから始まったが、二五年のあいだにメンバーは一五〇人以上になり、年間数千万円を稼ぐ大きな非営利団体へと成長していった。

べてるの家には毎年、日本中から数千人が訪れる。私が〝サイコツーリスト〔psycho-tourist〕〟と呼ぶ彼らの多くは、幻覚&妄想大会などが行われる「べてるまつり」に参加するためにやってくる。

またべてるの家のメンバーは日本全国で講演を行い、自分たちの生活や精神障害のことについて話している。そのなかには統合失調症や重い精神病の症状を抱えている人たちもいる。彼らは自分自身を売り込むだけでなく、自分たちの生活に関する本やビデオ、幻覚や妄想のイラストが描かれたTシャツやエプロン、施設内の作業場で袋詰めされた昆布や麺類など、実にさまざまな商品を売り歩いている。

べてるの家へ

浦河までは一四時間ほどの列車の旅だった。私は夜明け前に起きて、東京駅から仙台、八戸へと北へ数百キロ移動する列車に乗った。八戸で、青函トンネルを通って日本の最北端である北海道に向かう特急に乗り換える。北海道に入ると特急は小さな港湾都市である苫小牧へと向かう。そこでまた、北海道の太平洋沿岸を走る日高本線に乗り換えた。

日高本線というと立派に聞こえるが、路面電車のような一両編成で、二時間に一本程度しか運行していない。列車は海のすぐそばを走り、ときどき野生の鹿が出てくるのでキーッと音を立てて停車する。それは楽しくも恐ろしい経験だった。

苫小牧からは三時間ほどで浦河に到着した。浦河は北海道のまさに端に位置し、日高本線の終点に近い。東京で始発の電車に乗ったので浦河へ行く最終電車に乗ることができたが、始発に乗らなければ二日がかりの旅になる。浦河へ行くにはもちろん別の方法もある。新千歳空港まで飛行機に乗って、空港から――あるいは札幌まで電車で移動して――浦河への都市間バスに乗ることもできる。本州から苫小牧港までカーフェリーで行き、そこから浦河まで自動車で行く方法も

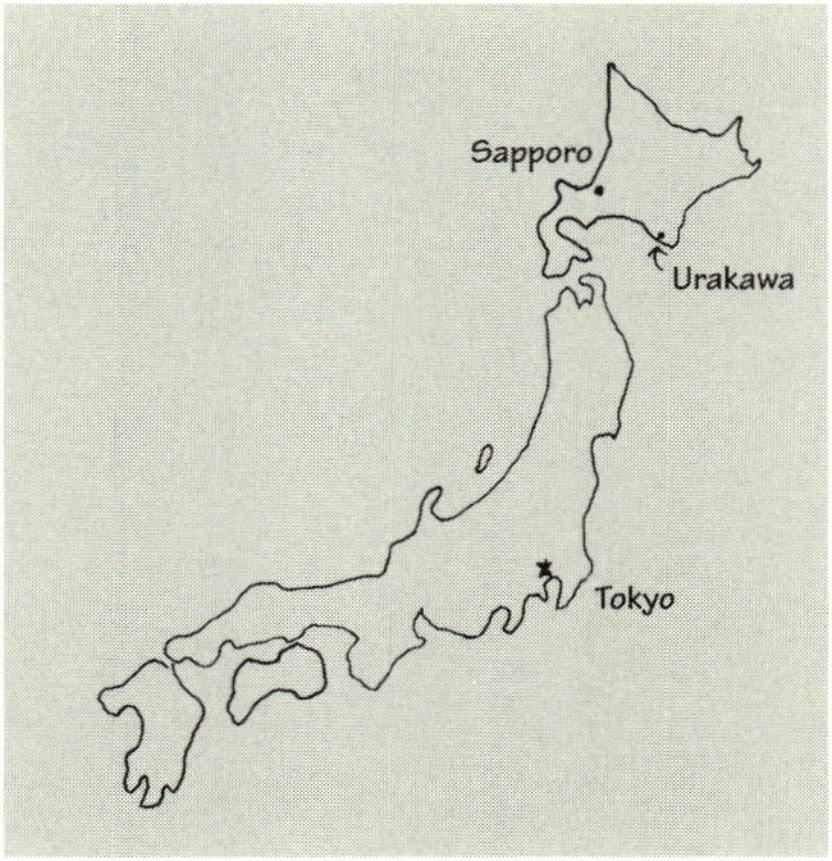

ある。

しかし私は鉄道で移動するほうが好きだ。無秩序に広がる大都市・東京から、金色の水田や畑が広がる福島を通り、緑の森に囲まれた青森へ。そんな景色の移り変わりを車窓からゆっくりと眺めることができる。列車は世界最長・最深のトンネルである青函トンネルに入り津軽海峡の海底へと潜り込んでいく。それはあたかも境界を越えて見慣れぬ世界へと入っていくかのようだった。

アイルランド島と同じくらいの大きさの北海道は、本州とはまったく異なる印象を与える。空気はきれいで、空は広く、建物や人々は少ない。そして、かつて実際そうであったような「植民地のフロンティア」という印象をも与える。排除され、強制移住させられ、殺された先住民のアイヌの人々の遺産がいたるところに残されている。

北海道の都市と町の名前はアイヌの土地の名前に由来するものが多い。「さっぽろ」は乾いた大きな川、「おたる」は砂の土手の間を流れる川、「とまこまい」は沼地の上の川、「うらかわ」は霧深い川。アイヌ文化を紹介する博物館はガラス越しに時を閉じ込めようとするが、アイヌの人々の子孫は今なおアイヌの文化や言語を維持しようとしている。

べてるとの出会い

私がべてるについてはじめて知ったのは、東京で障害者運動の研究をしていたときだった。当時、いくつかの全国的な障害者団体が、政府に対して大規模な抗議行動を始めようとしていた。そうした行動は「出る杭は打たれる」という日本のイメージとは異なり、私には新鮮に思えた。ハンドマイクや抗議の横断幕が厚生労働省を取り囲む。その運動は、重度の身体障害者や知的障害者のグループによって組織されていた。古い支援システムを打ち破ってきたグループであり、自立生活を可能にするサービスを求めていた。

私は、精神障害をもつ人々のグループがそこに加わっていないことに戸惑いを覚えた。日本の法律では、障害は三つのタイプに分けられている。身体障害、知的障害、そして精神障害である。アメリカやヨーロッパではすでに精神障害者による脱施設化や患者の権利運動が展開されていたので、組織された精神障害者の団体が日本にはないのだろうかと不思議に思ったものだ。

東京や大阪で、精神障害をもつ人々のためのNPOをいくつか訪ねてみたが、その多くは精神病院*から退院してきた直後の人たちのための中間施設やグループホーム、共同作業所を運営するものだった。[1]ある共同作業所では、元入院患者たちが黙々と厚紙で弁当箱を組み立てていた。精神障害をもつ人々がもっとアクティブに活動しているところはないのかと尋ねてみると、最北の島である北海道に「べてる」という名前の小さなグループがあると聞かされた。

しかし、しばらくのあいだ私はべてるに行くのをためらっていた。地図を見ると浦河の町は、北海道の南端の小さなシミのような辺鄙《へんぴ》なところだった。そこに行って帰ってくるには丸二日はかかるだろう

* psychiatric hospital は「精神病院」と訳す。なお日本では法的には二〇〇六年の法改正（精神病院の用語の整理等のための関係法律の一部を改正する法律）によって、「精神病院」は「精神科病院」に名称を変更している。

し、これまで見たところと違いがあるという期待があまり持てなかった。しかし結局のところ、研究を一週間中断してそこに行くことになったわけだ。

浦河での最初の夜

二〇〇五年五月。浦河駅で私を出迎えてくれた背が低く口ひげを蓄えた男性は、日本基督教団の牧師だった。彼——濱田裕三——は浦河に赴任するまで、教会とべてるとの関係についてはあまり知らなかったが、前任の宮島牧師と同様、すぐにべてるの全面的な支援者となった。

使い古したワゴン車に私を乗せると濱田は町を案内してくれたが、それはすぐに終わった。なにしろ浦河の町には海に沿って延びる三キロメートルほどの大通りが一本あるだけなのだから。「ニューべてる」と浦河駅は一方の端にあり、浦河赤十字病院は他方の端にある。真ん中には町役場、図書館、そして大通りにべてるの店「よんぶら」*がある。夜遅かったので店は閉まっていた。私は車に乗りながら暗闇のなかをのぞき込んだだけだった。

濱田は教会に私が泊まることを快く許可してくれた。教会は駅の裏手の脇道にある。モダンなコンクリート二階建てで、向かいに並ぶ荒廃した木造の家や掘立小屋とは対照的だった。べてるを訪ねてきている大学生と相部屋になり、彼女と私は教会の一階に寝泊まりした。そこはもともと牧師の家族のための小さな場所だったが、現在では、ホテルに泊まる余裕がないべてる訪問者のための宿泊所になっていた。教会は無料で貸してくれたが、べてるには布団と毛布の使用料として一泊一〇〇〇円を支払った。

ルームメイトに挨拶をしようと部屋を歩くと、床が妙に柔らかかった。ときおり足が床板を踏み抜くような感じになる。教会は外観こそ近代的だったが床はところどころ腐っていた。特にお風呂の近くがひどく、私は梁の上だけを歩くようにした。あとで聞いたところによると、尖塔と尖った屋根をもつ建物のモダンなつくりは北海道の長く寒い冬にはまったく不向きで、長いあいだの漏水やひび割れで傷んでいるという。

ルームメイトは若い女性で、本州にある大学の学生だった。両親と一緒に暮らしていて、昼間は働き大学の夜間部に通っている。べてるの家の本を読んでべてるのすべてを知りたいと思い、また日常のさまざまな事柄から解放されるために、はじめてべてるにやってきたのだった。あとで打ち明けてくれたが、背が低く小柄なこの女の子はうつに苦しんでいた。

濱田は私のために洗濯ずみのシーツを探しながら、きのうから泊まっていた彼女に対して、私に部屋を案内するように頼んだ。部屋の隅には布団とマットレスの山があった。牧師が出ていこうとしたとき、「お湯が出ないいんですけど」と彼女が声をかけた。お風呂の湯沸かし器の火がつかないという。昨夜は灯油ストーブで温めたお湯をタオルに含ませて体を拭いたらしい。

濱田はやっとのことで、お風呂の湯沸かし器の火をつけることに成功した。私たちは、肌寒いお風呂場でなんとかシャワーを浴びることができるようになった。もっとも、台所の湯沸かし器はずっと壊れ

＊　当時の「四丁目ぶらぶらざ」、現在の「カフェぶらぶら」。

たままだった。

　五月中旬の初夏だったが夕方になるととても肌寒く、灯油ストーブで部屋を暖めなければならない。このストーブのお陰で室内は快適だったが、夜中には消すことにした。風通しはよかったが、一酸化炭素中毒で死んでしまうのではないかと心配だったからである。夜は掛布団[2]を重ねて寒さをしのいだ。暗闇のなかで幾重にも重ねられた布団の重みに胸をつぶされながら、とんでもないところに来てしまったという思いがよぎった。

朝のミーティング

　翌朝目覚めると吐く息が白かった。ルームメイトはもう起きていて、ちょっとした朝食を用意しておいてくれた。それを食べながら私たちは今日の予定について話し合う。水曜日の午前中の最初のイベントは、九時半にニューべてるで始まる朝のミーティングである。布団と毛布をたたんで教会をあとにした。

　ニューべてると呼ばれる建物は、教会から歩いて二〇分ほどのところにある。丘を下り、線路を横切って大通りへ出たら右に曲がる。そのまま大通りに沿って歩き、小さな浦河駅を過ぎてさらに一〇分ほど行くと、町の西のはずれにあるニューべてるに着いた。

　それは広い敷地にある二階建ての建物だった。もともと印刷会社が入っていたが、商売をたたんだため、べてるが数年前に買い取ったのだった。それまでは私たちが泊まった教会の横の木造の古い建物（「元祖べてる」もしくは単に「べてるの家」と呼ばれている）を使っていたのだ。ニューべてるの一階はちょっとしたオープンスペースになっていて、ワークショップやイベント、昆布の袋詰めなどが行われる。二階の三分の一ほどは、日本の一般的な事務所のように机が並んでいた。残りの三分の二は空いている。私たちが着いたときにはすでに折り畳み式テーブルが一つ置かれ、そのオープンスペースを半円形に囲んで椅子が置かれていた。

前に置かれたテーブルに三人が座っていた。左端に座った女性はエプロンをかけていて、真ん中と右側に座った人は比較的ラフな格好をしていた。右側の年配の女性はソフト帽をかぶり、それが彼女に陰気な印象を与えていた。しばらくしてからこの三人の女性が、今日のミーティングの責任者であることがわかった。

ミーティングが始まった。見回してみると三〇人ほどが大きな輪になって、椅子に座るか立ったままで参加していた。テーブルの女性がまず今日の体調と気分を聞き、今日は何時間働くのかと聞いていく。「体調はちょっと眠いです。気分はちょっと落ち込んでます。三時間働きます」などと答える。すべての人が報告しなければならず、けっこうな時間がかかる。スタッフも質問されて、報告する。制服やIDカードのようなものがないので、誰がべてるのメンバーで（つまり精神障害者と診断されていて）、誰がスタッフなのかわからない（スタッフはしばしば「まだカルテがないだけなんだ」と冗談を飛ばす）。

体調と気分の報告のあと、各ビジネス部門から詳細な報告がある。通信販売部は注文の品や、注文者の名前と住所を報告していく。袋詰め部門はきのうの作業内容について細かい数字を報告する。朝のミーティングはどうしようもなく退屈なものだった。

ちょうど居眠りしはじめたとき、不機嫌な顔をした女性が他の二人の女性とともに私のところにやってきて、「べてるのズンドコ節」という歌を知っているかと尋ねた。私は首を振り、知らないと答えた。
すると、彼女と二人の女性は突然歌と踊りを始めた。

ようこそいらっしゃったみなさま（パパヤ！）
べてるの顔ですこんにちは
どんなことが起こってても決してびっくりしないでね

いやじゃありませんか分裂症（パパヤ！）
幻聴幻覚妄想で
いてもたってもいられずに
自分の体に傷つける
ズンズンズンズンズンドコ

いやじゃありませんか不眠症（パパヤ！）
夜中わさわさ音立てて
家族のみんなに世話かけて
まわりはみんな寝不足だ
ズンズンズンズンズンドコ

いやじゃありませんかアル中は（パパャ！）
朝に昼に夜まで
一日中飲んだくれ
おまけにお店にツケつくる
ズンズンズンズンドコ

いいじゃありませんか精神病（パパャ！）
神からもらった宝物
普通の人とは違っても
みんな立派な病気持ち

オリエンテーション

朝のミーティングと「迎能《げいのう》プロダクション」による奇妙な歓迎のあとで、清水里香という名前の若い女性がちゃんとしたオリエンテーションを始めてくれた。里香は朝のミーティングの司会をしていた三人の女性のうちのひとりで、メガネをかけ、フリースを着て、エプロンを掛けていた。里香は「ようこそべてるの家へ」と書かれた冊子をくれた。その冊子にはべてるの歴史や目的が書かれていて、べてるのメンバーが登場するユーモラスな漫画が描かれている。

べてるのコアメンバーであるらしい里香も、その本に（また他のべてるの本にも）何度も登場していた。私にべてるの説明をしてくれている最中にも里香は他のメンバーにたびたび呼ばれて、最終的には次のミーティングの司会をするためにいなくなってしまった。別のメンバーが私へのオリエンテーションを引き継ぎ、その週のさまざまなイベントについて教えてくれた。

オリエンテーションのあと一階に降りると、里香がいた。一五人ほどと一緒にべてるの最新のビデオを見ていたのだった。そのビデオには松原朝美《あさみ》という若い女性が出ていて、私が見たパートでは、五〜六人ほどのメンバーとちょっとした会議をやっていた。誰が議論をリードしているのかよくわからない。

彼女は七体ほどの人形（くまのプーさんとかピグレットとか）を自分の前に積み上げていた。ビデオのなかのひとりが、ぬいぐるみの動物が朝美の〝幻聴さん〟の声（聴覚幻覚）を表しているのだと説明する。最初は積み上げられていたぬいぐるみを、朝美は輪の形に並べ直す。別のひとりが彼女に「ぬいぐるみはまだ幻聴さんなの？」と聞いた。朝美は「違う、ぬいぐるみは私を支えてくれる友達。実際の世界のなかでの本物の人間」と答えた。

ビデオを見終わったあと、里香は他の人たちに意見を聞いた。朝美ちゃんは角《かく》さんと友達になってからだいぶよくなったとか、彼女がよくなっているのがビデオでわかるという意見が出た。スタッフのひとりは、薬が効いているようだと言っていた。

午後、私は浦河の町中の商店街に出て、よんぶらに行ってみた。商店街というのはちょっと好意的な言い方かもしれない。大通りに面した二〇店舗くらいの店のほとんどはシャッターが閉まっている。よんぶらのある建物はかつては書店が一階に入り、上の階にはオーナーの家族が住んでいた。目を凝らせば、三階建てのその建物の正面に「本」という文字の陰影を見て取ることができる。つぶれた書店の入っていた建物は競売にかけられ、あるメンバーの両親がそれを購入した。べてるはそれを借り受けて、一階をべてるの商品を売る店に、二階と三階を女性専用の共同住居「レインボーハウス」に改造した。

店内を見渡して、メンバーが書いたべてるの本や、メンバーが袋詰めした昆布を買うことにした。メンバーとスタッフが六月の「べてるまつり」について会議を開いていた。私は会計を済ませると、その話の輪に加わった。べてるまつりは、数百人の人々を町へと呼び寄せる最大の年中行事だった。べてるにとってこのまつりは町の人々との関係をよくするいい機会となっている。旅行者のお金が落ちるので、町の人々のべてるへの不平がいくぶん和らぐのだ。

浦河という町

浦河は人口が一万五〇〇〇人に満たない小さな町である。住民の半数は漁業と昆布産業にかかわる。もう半分は競争馬の育成にかかわっている。しかしそう書くと誤解を招くかもしれない。住民の三分の一は引退した人たちなのだ。この割合は上昇中だ。若い人々は町を出ていってしまう一方で、年配の人たちだけが残りつづけるからである。

浦河の周辺は戦前は軍馬の育成場だったが、戦後、競走馬のサラブレッドを飼育する牧場になった。最近はグローバリズムの進展で日本中央競馬会の馬主たちはサラブレッドを直接アメリカから買うことができるようになり、北海道の馬産業はゆっくりと衰退している。地域の漁業もまた、遠洋漁船、冷却技術の発展、グローバルな競争と乱獲のために崩壊しつつある。

地域経済は停滞し、浦河の町は歳をとってきている。若者たちは仕事を探して都市に移り、残っているのは年老いた人々だけである。若者が町を去ることを非難することはできないだろう。日本の多くの田舎町と同じように、浦河は若者に何も提供することができないのだから。仕事はないし、他にやることがあるわけでもない。

地域の店には客が少なく、店を維持することができない。日本の他の多くの大通りと同様に、浦河の大通りは長いシャッター通りになった。つねに人気があるパチンコ屋でさえもいくつかつぶれている。民間では町で最も大きな雇用主である浦河赤十字病院でさえも、なにやら打ちのめされているように見える。浦河で栄えているのは、葬儀屋とべてるの家だけといった感じである。

教会

夕方になって教会に戻ると、牧師の濱田が水曜夜の聖書勉強会の準備をしていた。私がきのう泊まった部屋のすぐ上にある二階のチャペルに一〇人ほどが集まっていたが、ほとんどはべてるのメンバーだった。いつもは聖書の一節を読むのだが、その週(と翌週)は、濱田がノートパソコンで映画『十戒』を見せていた。日本語で吹き替えられたチャールトン・ヘストンがエジプト人たちに対して小一時間ほど怒りの声を上げたあと、濱田はコンピューターのスイッチを切って、勉強会の参加者たちに印象を尋ねる。三〇分ほどみんなで話をして、最後は参加者の健康を祈って終わる。勉強会のあとは、お茶を飲みながらサツマイモのお菓子を食べた。

私たちがチャペルのなかを片付けていたとき、濱田は道具を探しにやってきた。台所のドアの鍵が内側から掛かってしまったようだった。濱田は刃物をいくつか掴むと、鍵をこじ開けに戻っていった。数分後、参加者のひとりが私たちを呼びにきた。今度は濱田が台所に閉じ込められてしまったらしい。行ってみるとドアの掛け金が壊れていた。鍵を外すのに少し手間取ったが、ドアが開いた。濱田は片方の手に大きな肉切包丁を、もう片方の手にフォークを持って、上半身を窓から三〇センチほど外に出しているところだった。まるで空き巣だった。

SSTと個人ミーティング

二日目も一日目と同じように始まった。ニューべてるでの恐ろしくうんざりするミーティングとともに朝が始まるのである。全員が体調と気分と何時間働くのかについて報告し、べてるの各部門がきのうの出来事について報告する。

べてるのモットーの一つは「三度の飯よりミーティング」というものらしい。実際べてるでは、ほとんど一日中ミーティングや会議が行われているようだった。多くの情報が共有されるが、そうした情報のなかに、外部の人間にとって何かおもしろいものがあるわけではない。

朝のミーティングのあと、宗教と教会の関係について濱田と話し合った。昨晩の勉強会で自由な解釈がされていたのに驚いたと言うと、濱田は、それがこの教会のいいところで、たぶんそれがべてるのいいところなんじゃないかと答えた。教会の思想とべてるの実践はお互いに教え合っているのだと言う。濱田の前任者、宮島牧師が一九八三年に浦河に来る前は、浦河の教会には八年間牧師がいなかった。信者たちはただ集まって勝手に祈っていた。彼らは自由にやることに慣れていたのだ。

人々は椅子を並べはじめていた。火曜日の午前一一時はSST（二六五頁以下参照）の時間だ。三〇人ほどがニューべてるの二階に大きな半円になって座る。ホワイトボードが用意され、ミーティングが始まった。

参加者が順に自己紹介と体調と気分の報告をする。前回のSSTミーティングで宿題を出された人たちがその結果を報告するように求められ、またそのとき出たメンバーからのフィードバックやアドバイスが役に立ったかどうかを聞かれ、さらにどうすればもっとよくなるかと尋ねられる。宿題の報告のあとにメインのSSTセッションが始まり、生活のなかで直面するさまざまな場面で困っていることをメンバーが発表し、アドバイスを求める。グループが順番にそれぞれの問題についてSSTを進めていく。一時間ほどのSSTミーティングのあと昼食になった。

お昼のあとは個人ミーティングだった。これもニューべてるの二階で開かれたが、今度はメンバーが部屋の真ん中に集まれるように机が並べられた。机には若い女性と、病院から来ていた看護師が座っていた。若い女性は静かに座っている。彼女の腕には傷跡があり、顎にも深い傷跡が残っていた。きれいにマニキュアを塗っていたが髪の毛はぼさぼさで、服には食べ物のシミがついていた。

司会は、べてるの創設にかかわったソーシャルワーカー向谷地生良《いくよし》の妻である向谷地悦子がしていた。悦子は病院で看護師として働いていたが、今はべてるで有給のスタッフとして働いている。実質的な総務部長だ。悦子は、メンバーのこれまでの個人ミーティングを詳細に記録したノートを持っていた。

この若い女性は当事者研究のなかで、自分が二つに分裂してそれぞれに小さな幻聴さんがくっついている絵を描いていた。べてるでは幻聴さんはパックマンに似た漫画で描かれるが、彼女の絵には頭のなかにもお腹のなかにも幻聴さんが描かれていた。

向谷地生良があとで説明してくれたところによると、べてるでは、幻聴を外在化して自分自身から切り離して扱うことができるように「幻聴さん」と呼んでいる。パックマンみたいな幻聴さんはべてるを代表するブランドになり、昆布商品や本を飾っている。幻聴さんは〝お客さん〟とは区別される。〝お客さん〟はネガティブな自己思考を表す、これまたべてる独特の用語である。

べてるでつくられていたカードの図柄。幻聴さんが早坂潔を追いかけている

さて、悦子は前回の個人ミーティングの記録を見返しながら、彼女にどんな調子かと聞いた。彼女は見るからに調子が悪そうだった。気分は下り調子で、ここ数日べてるに通っていなかった。体調もよくない。彼女は急な坂の上にあるグループホームに住んでいる。坂を下ってスーパーに行くことはできるが、帰りはタクシーを使わなければならない。彼女は一息つくとさらに続けた。

「幻聴さんも悪くなっていて、テレビのなかから私は悪い人だと呼びかける」

朝のニュースのキャスターは、彼女が朝食を食べなかったことを特別ニュースとして報じていた。昔はテレビをつけると幻聴はやんでいたが、幻聴さんはついにテレビのなかにも出てきていたのだった。幻聴さんは彼女に繰り返し自動販売機でジュースを買わせるし、タクシー代もかかるので、彼女はいつもお金に困っていた。

その若い女性はじっと下を見ながら話を続けた。彼女は自分の生活状況に満足していないようだった。グループホームに一緒に住んでいるお年寄りの男性のおむつの世話や雑用をしなければならなかった。彼女にはいつも〝お客さん〟が来ていて、〝お客さん〟につけこまれているのだ。さらに悪いことにグループホームのメンバーのひとりが、彼女が好きだった男の子とつきあいはじめて、二人が一緒にいるところを見るとイライラするのだった。

個人のサポートミーティングのねらいは、何ができるのかを探ることにある。悦子はべてるに毎日来ることが大事だと言う。そうすれば少しは収入が得られるのだから。今の仕事量が多すぎて彼女にとってストレスになっているから、量を減らしたらどうかと悦子は提案した。薬についても話し合われた。しかしグループホームを出るという話は出なかった。それでも彼女は、自分の悩みを聞いてもらって少し満足したようだった。そうこうしてミーティングは終わった。

病院

個人ミーティングのあとで悦子は、私や札幌から来た看護師など見学者たちを車に乗せて町を案内してくれた。最初に向谷地家の自宅に寄り、まだ高校生だった下の娘を乗せた。向谷地家は浦河の町と湾を見渡せる崖の上にあった。悦子は、「子どもたちが小さかったころ、べてるのメンバーに子守をしてもらって育てた」と言った。悦子の夫である生良は、べてると病院ではもはや働いていなかった。* 札幌近郊にある北海道医療大学に教員として職を得て、浦河には週二〜三日だけ帰ってくる。

向谷地家に立ち寄っているあいだ、私たちはべてるのグループホームの一つ、リカハウスを訪問した。それは向谷地の家の裏庭にあった。かつて住んでいたメンバー、清水里香から名前をとったリカハウスは豪華な家だった。西洋風の新築の平屋建てで、六つの個室がある。大きなリビングには、二つの天窓から光が差し込んでいた。明るく、快適そうな印象だった。各部屋は大きく、玄関には車椅子用のスロープがついている。

リカハウスには、松原朝美がいた。きのう見たビデオに動物のぬいぐるみたちと映っていた若い女性である。病院から来た二人の訪問看護師と一緒にいた朝美は、最初挨拶をしてきたときは普通のように見えたが、すぐに興奮して、自分だけにしかわからない話を始めてくすくす笑い出した。彼女はときどきこらえきれずに笑い出す。朝美は明らかに自分の世界のなかに生きていて、それを楽しんでいる。

リカハウスのあと、悦子は私たちを病院に連れていってくれた。スタッフ用入り口から入り、精神科デイケアの棟を見せてくれた。喫煙室、音楽室、コンピューター室などの部屋がある。おむつなどさまざまな商品を売っているべてるの店をのぞくと、メンバーの下野勉がそこにいた。彼は店番にすっかり飽きてボールを壁に打ちつけていた。私たちはさらに、べてるが管理している病院のランドリーと皿洗

＊ ただし、べてるの家の理事として活動している。

い機を見学した。

それから最上階にある精神科閉鎖病棟に行った。病棟への入り口は窓のない鋼鉄の扉で区切られている。悦子はインターホンで私たちを入れてくれるように頼んだ。全員二十代の、五〜六人の若い看護師たちが詰めているナースステーションの前を通り過ぎた。浦河赤十字病院には付属の看護学校がありスタッフの確保に寄与していたが、看護師たちの離職率は高く、より魅力的な土地での職を見つけては出ていってしまう。

悦子は患者のひとりをつかまえて、私たちに閉鎖病棟を案内してくれるように頼んだ。中山玄一というその若い患者は、ロビー、食堂、喫煙室、テレビコーナー、そして男性病棟と女性病棟を案内してくれた。

閉鎖病棟には六〇名ほどの患者が入院している。男性患者の多くは年をとっていて、六十〜七十代のようだった。病院に何年も入院している患者もいた。あとで聞いたところによると、最も長い患者は一九七〇年代から入院しているという。他の患者がゾンビのように歩き回るので落ち着かない様子の患者がいた。浴衣を着ていて、お風呂から出て散歩をしているような風情の患者もいる。部屋で寝ている患者もいれば、ロビーで相撲を見ている患者もいる。閉鎖病棟の無気力さと、病院の外でのべてるメンバーのあふれんばかりのエネルギーのあいだには大きなギャップが感じられた。

私たちに促されて玄一は自分のことを話しはじめた。彼は明日故郷に一時帰るので、その準備をしているところだった。精神障害について話したり、入院中に書いた絵を見せに行くのだと言う。玄一に案内してくれたお礼を言って私たちは病院をあとにした。悦子は教会まで私たちを乗せていってくれた。

私は翌日、朝早く起きて、東京行きの電車に乗って帰る。浦河での二日間はなんとも奇妙なものだった。そこで行われていたことを理解するためには、またここに帰ってこなければならないと思った。

私のこと

私は映像人類学者であり文化人類学者である。私は「異文化」のなかに入り、その文化を学び、本を書き、映画をつくる。しかし異文化というのは日本に関しては括弧つきである。というのも、私の両親は日本人だからだ。

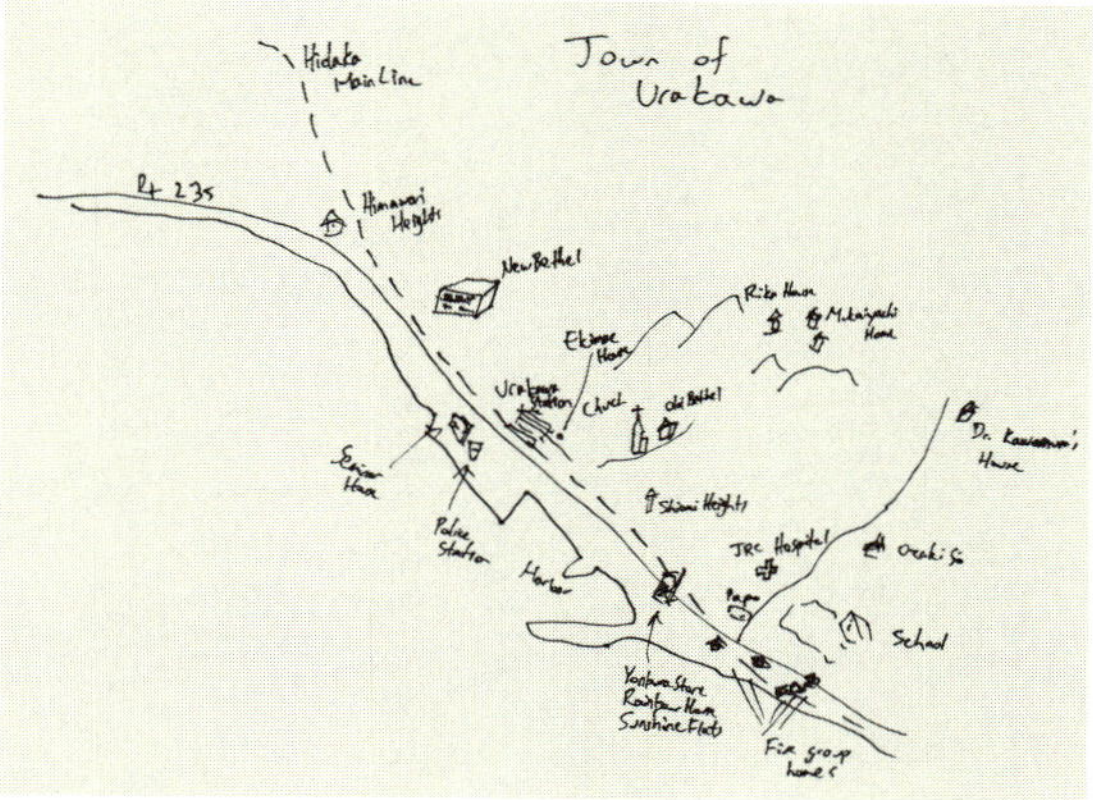

著者がフィールドワーク時に記した地図

私は海外で生まれ育った。日本に来るときにはいつも奇妙な感じがする。私は完全な日本人ではないが、完全に日本人ではないわけでもない。私の血は日本人で、私の心はアメリカ人、そして体は三歳から一一歳まで暮らしたオーストラリア人である。ライオンの頭とヤギの体、へびの尻尾を持つギリシア神話の怪物キメラのように自分を感じるときがある。

文化人類学者としての私の専門は日本のマイノリティ・グループ、とりわけ障害をもった人たちである。前述したように、日本の法律は三つのタイプの障害を規定している。身体障害、知的障害、精神障害である。私の最初の本『Deaf in Japan』は聾《ろう》文化や手話、現代日本のアイデンティティ・ポリティクスについて書いたものだが、この『クレイジー・イン・ジャパン』では、精神障害をもつ人々がよりよく生活できる社会をつくり上げる可能性について論じたいと思っている。

このプロジェクトを始めたとき、精神障害に関する私の知識は心もとないものだった。日本には、精神障害に関して信じがたいほど多くの恥ずべき状況がある。日本は、先進国で最も入院期間が長く、投薬量が多い国である。精神障害者は長いあいだ病院に収容され、多量の薬を飲む。入院していない人も、外に出て家族の不名誉にならないように、しばしば家のなかに隔離されることになる。

私はこうしたシステムとは異なるものを見つけたいと思った。とりわけ、障害者自身によって運営されているグループに興味を持った。精神障害者によって運営されている東京や大阪の自立生活センターを訪ねてみたが、目新しさはあまり見られなかった。だが誰もが、北海道にあるべてるのコミュニティはちょっと違っていると教えてくれた。

べてるの一〇〇人を超えるメンバー[3]の多くは統合失調症の診断を受けている。しかし、べてるには他にも双極性障害（躁うつ病）、境界性パーソナリティ障害、てんかん、精神遅滞、PTSD、うつ、アルコール依存症など、さまざまな状態の人がいる。診断を受けている人もいるし、未診断の人もいる。

私は医者でもソーシャルワーカーでもない。べてるのコミュニティに入り込むのは、誰かを診断したり症例を集めるためではない。日本で「統合失調症」という医学的な診断を受けている人々が、アメリカで「schizophrenia」と呼ばれている人々と何を共有しているのかを調べたいわけでもない。それはアーサー・クラインマン［Kleinman 1977］が正しく批判したように、自文化中心主義的な「カテゴリーの誤り」を犯すことになる。本書はまた、かつて文化拘束症候群と呼ばれていたものを比較医学的に分析しようとするものではない。そうではなく、べてるで行われていることが精神障害者が社会に十全なかたちで適応していくためのモデルになりうるのか、それを私は知りたいのだ。

建物の車椅子用のスロープ、ＡＴＭの点字版、公共の場での手話通訳など、身体障害をもった人たちに必要な物理的・社会的な配慮はすでにおなじみのものである。〔アメリカの〕学校や大学では学習障害をもつ人たちにチューターをつけたり、試験方法を変えるなどの配慮を行っている。しかし、重度の精神障害をもつ人たちがコミュニティのなかでちゃんと生活し、仕事をしていくために何が必要なのかについて私たちはほとんど知らない。精神障害をもつ人たちのニーズに配慮してつくられたコミュニティとして、べてるはこうした問いに対していくつかの答えを提供しているように思える。もっとも、同時に多くの新たな問題を生じさせてもいるのだが。

私がこの本を書いたのは、精神障害に関するより開かれた、率直な議論の呼び水にしたかったからである。べてるの例が、社会のなかで暮らす社会的なモデルとして完璧なものだとは私は思っていない。他のものと同様に、べてるにはいいところも悪いところもある。しかし、べてるがどのように機能しているのかを理解すれば、別のやり方にも光を当てやすくなる。それが、精神障害者をコミュニティに包摂していくための新たな方法を考える手がかりとなることを願っている。

私がべてるに最初に来たときに会ったルームメイトや他の何千人ものべてる訪問者と同様に、私はべてるに関する本を読んでここに来ようと思った。そしてまた他の訪問者たちと同様に、最初の短い滞在のあとで、ここには何か特別なものがあり、それを理解するためには長くここに住む必要があることを確信するようになった。

この本はそうした問いの産物なのである。

映像人類学とエスノグラフィ

この本には浦河に関するエスノグラフィ的な映画「Bethel: Community and Schizophrenia in Northern Japan（北日本におけるコミュニティと統合失調症）」を収めたDVDが添付されている。当初から私はこのプロジェクトを、ビジュアルなものと書かれたものとで構成しようと考えていた。精神障害は通常の経験からは遠く、偏見にもさらされているため、視覚イメージと文字の両方を使うことが重要だと感じていた。

映像とテキストというエスノグラフィの様式には、それぞれ強みと弱みがある。ある著者[4]の言葉を借りれば「能力を補い合う」とでも言うべきものである。エスノグラフィ的な映像はまさに、他の文化のうちに生きるということがどういうことなのかを生き生きと描き出すことができる。映像はコミュニティのなかでの生活感や交流の質を映し出すのだ。しかし映像には、歴史的・社会的な文脈や深みのある分析を提供することが難しいという弱みがある。逆にエスノグラフィ的なテキストは豊かな理論や深みのある分析を提供することができるが、映像が持つ暗示、多声、並置、モンタージュといった手法は使えない。[5]

DVDに収録した映画「Bethel」は、浦河の生活を生き生きと描き出していると思う。本を読む前に、この映像を最後まで見てほしい。ほとんどの人は、べてるの人々がどれほど典型的でどれほど典型的でないのか、またメンバーの生い立ちや浦河、そして日本でのケアがどのようなものなのかを知らないのだから。この映画を見た多くの人は、浦河の人々が、精神障害者のステレオタイプ的なイメージ——そうしたイメージは、テレビやハリウッド映画、あるいは街で会う精神障害者によってもたらされる——とはまったく違っているという感想を口にする。

本章に続く第2章では、ソーシャルワーカーの向谷地生良を中心にべてるが創設された経緯とその理念について述べる。第3章では、浦河赤十字病院の精神神経科部長の川村敏明と精神障害をもつ人々への治療に対する彼の哲学について述べ、その哲学が病院と患者との関係にどのような影響を与えたのかについても述べる。第4章はべてるの日常生活のエスノグラフィになっていて、さまざまなミーティングやワークショップについても分析している。ここでもまた、DVDを見ておくことをお勧めする。映像を見れば、テキストだけでは伝えづらい類《たぐい》のことを理解できるだろう。

最後の第5章では、べてるが初期のころから大きく変わってきたこと、また内的・外的な要因によって、ふたたび変わっていくであろうということについて述べている。そしてまた私はこの研究プロジェクトの最初の問いへと立ち還る。

それぞれの章のあいだには、五人のべてるメンバーの物語が挟み込まれている。メンバーがどのように生活しているのか、べてるで自分たちをどのように見出したのか、浦河でどのように生活しているのかを描き出そうとした。それらの物語はまた、べてるが持つさまざまなテーマを例示するためのものでもある。早坂潔の自分語りは記憶の役割を、清水里香の物語は必要とされることの重要性を、山根耕平の物語は集団妄想の社会的な機能を、横山譲の物語はなぜ三七年ものあいだ入院する必要があったのかを、中山玄一の物語は「善く生きること」の意味を示している。

山根耕平のＵＦＯの物語は、映像とテクストの強みの違いを示すいい例となっているだろう。清水里香、早坂史緒、耕平自身の語りによって織りなされているＤＶＤに対して、本のほうではべてるに来る前の耕平の物語を掘り下げ、コミュニティにとってのＵＦＯ事件の意味について述べた。テクストは映像の単なる解説ではなく、それぞれのメディアを使って、事件を異なった視角から見せたつもりだ。テクストと視覚メディアによる「羅生門」のようなものである。

目的型コミュニティ〔intentional community〕としてのべてるは、精神障害をもつ人たちが地域コミュニティのなかで十全な、生産的な生活を送れるという可能性を示しているだろうか。べてるはこの困難な問いに簡単な解決策を示してくれるわけではないが、可能な方向を示してはくれる。人類学の目標は、人間が多様なあり方をしていることを描き出し、別の世界が可能であることを示すことにある。この本と映像は、そのことを意識しながらつくられたものであり、あなたが映像とテクストからそのことを持ち帰ってくれることを期待している。

なお、付録１に日本の精神医療の歴史について記した。なぜ日本の精神病院のほとんどが私立なのか、なぜ長期滞在型なのかがわかると思う。また付録２では、べてる創設の舞台となった浦河の教会の成り立ちについても触れている。

倫理的配慮

この本と映像に出てくる名前は仮名ではなく実名であり、登場人物はすべて実在の人物である。浦河は実在の町であり、べてるの家も実在する組織である。研究対象となった情報提供者——べてるコミュニティの人々――に対してどのような利益と被害がありうるのかを慎重に検討したうえで、私は実名を使うことを決めた。

人類学者は、質問するだけでも情報提供者にさまざまな仕方で被害を与える可能性がある。たとえば触れないほうがいい過去に無頓着に触れることによって二次的なトラウマを引き起こしたりする。ある人が私を信頼して言ってくれたことを他の人に言ってしまうことによって、コミュニティ内の緊張をつくり出したり悪化させたりすることもある。

また、それらよりはるかに危険なのは、人類学者が書くことによって当のコミュニティに被害をもたらす可能性である。たとえばあるグループについて、実際よりも暴力的な集団として、また実際より低い能力をもった集団として描き出してしまうかもしれない。秘密の儀礼を部外者に漏らすことによって、数十年数百年の伝統をひっくり返すことになってしまうかもしれない。内部の権力構造を図示することによって国家による抑圧を容易にしてしまったり、エスニック・グループに対する誤解を強化したりつくり出したりするかもしれない。人類学者たちは過去の多彩な活動のなかで実際にこれらすべてをやってきたし、またときにはもっと悪質なこともやってきた。

情報提供者を守るために、人類学者の多くは今ではフィールドワークの場所をぼかしたり、仮名を使ったり、おおざっぱな地図を載せたりしている。研究機関や大学の倫理委員会は、秘密とプライバシーがきちんと守られているかどうかを問題にするが、フィールドワークがどこで行われたのか、情報提供者が誰であるのかが、書かれた内容から間接的にわかってしまうこともめずらしくない。

今回のケースでは、べてるのユニークさが仮名で呼ぶことを不可能にした。べてるは日本ではよく知られていて、多くのテレビ番組や書籍に登場している。べてるはキリスト教的な起源、ロケーション、メンバーの強い個性など、どれをとってもユニークな組織である。

私が実名を出すことを決めた最も重要な理由は、情報提供者がそうすることを希望したからである。日本中で講演を行うとき、べてるのメンバーは実名で自分たちの生活について話している。公開性に対する彼らの思いは、ありのままの自分自身を受け入れ、精神障害の経験から学んだことを他の人に伝えるという、浦河の伝統によって動機づけられているという側面もある。

とはいえ、この本は暴露本のようなものではない。公になっていない情報や、個人的な交流のなかで得られた情報を使うときには細心の注意を払った。私は、友人や障害仲間としてではなく、研究者としての公的な役割において活動していることが明らかであると思われた場合にのみ（フィールドノートや録音レコーダー、撮影機材などを持っていて、そうした活動をしていることがはっきりしている場合のみ）、フィールドワークのデータを利用した。

自己開示はべてる文化では重要なものであり、私は自分のうつ病の経歴についてべてるメンバーに語った。あなたがた読者に対しても、私は同じ責任を感じる。私がフィールドでどのように振る舞い、どのように情報提供者の信頼を得たのかを知らせる必要がある。

私は十代後半から、さまざまな期間のうつを経験してきた。何年ものあいだ、私は種々の診断を受けてきた。気分変調、適応障害、うつ。過去二〇年で、私は二回うつ病エピソードを経験した。その一つは、浦河の滞在時期と重なっている。しかし浦河赤十字病院や川村の治療は受けていない。病気の重さで一週間ほど家から出られず、引きこもったこともしばしばあった。当事者グループのSAやWA（七九頁＊参照）に行くのがやっとで、清水里香や他のメンバーの力をかなり借りた。

しかし、べてるのメンバーに対して自分の状態についてオープンにしてからも、フィールドワークがかなり進むまで、川村は私の状態について知らなかった。私自身が自分の障害について恥ずかしく思っていること、そしてそれを認めることに私は戸惑いを覚えていたのである。人類学者、汝自身を治療せよ、である。

「精神障害についてオープンに議論する」というべてるの精神を尊重したいと私は思う。多くのメンバーは、彼らの人生を無駄にしたくないと願っているし、精神障害をオープンに語ることは彼らのライフワークの一部なのである。彼らは私を信頼し、その人生の物語の目撃者となることを許してくれた。私がこの本を書くときにいちばん気にかけたのが、情報提供者に対する責任である。本書が彼らの人生をきちんと伝えるものとなっていることを願っている。

潔の物語

記憶とカタルシス

これ何回も話してるよ、俺。
つらいっていうか、
言ったらあとでぶわぁーってなるもん。
かれんさんだけわかればいいんだぁ。

——早坂潔

早坂潔はべてるの創立メンバーのひとりである。彼は過去三〇年にわたって、べてるの「代表」や「販売部長」として、公式・非公式のさまざまな役職を担ってきた。その彼を浦河の住人たちは「ミスターべてる」と呼ぶ。たしかに彼はメンバーのなかで誰よりも有名であり、彼のキャラクターはべてるのトレードマークとしてTシャツやポスター、本、カレンダーなどを飾ってきた。彼がべてるの中心人物であることは疑いようがない。

潔には、困っている人を前にすると絶妙なタイミングでずばりと的を射たことを言って窮地から救い出すという実に不思議な能力が備わっていている。しかしその洞察力と優しさは、彼自身が長い年月にわたってみずからの悪魔と闘い、苦労を重ねるなかで身に付けたものである。

映画「Bethel」のために、自分自身のことを話してほしいと潔に頼んだとき、彼は長いため息をつき、もう何回も話していると言った。きっと浦河にやってくる研究者や〝サイコツーリスト〟、撮影隊すべてに同じ話をしてきたのだろうし、講演旅行先でも同じ話を求められてきたのだろう。そして話をするたびにつらい記憶に打ちのめされ、身体が壊れそうになる体験を繰り返してきたのだ。

カタルシスとしての自分語り?

西洋には、自分を語ることによって鬱積した感情が解放され、カタルシスにつながるという考え方がある。私たち(アメリカ人)は自分の人生を語りたいという衝動に駆られ、セラピストや司祭、隣人、果てはバスのなかで出会った赤の他人にまで自分語りを繰り返す。自分を語ることは自分を発見することであり、私たちは自分はこういう人間だと語ることによってはじめて自分がどういう人間なのかを理解する。

でも、それが当てはまらない場合もあるのではないだろうか?

べてるに来て、ここでは過去についてあれこれほじくり出すことは勧められていないとわかったときには驚いた。医師の川村やソーシャルワーカーの向谷地は、心のなかに過去のつらい出来事をため込んでそのことにとらわれて生きても何もいいことはないと感じていた。コンピューターも「ゴミ箱」が一杯だと動きが悪くなるのと同じように、人生と折り合いをつけていくには、別のものを受け容れるスペースを空けておくべきだとメンバーたちは繰り返しアドバイスされていた。実際、浦河で開かれる当事者研究ミーティングやSSTのセッション(第4章参照)では、過去ではなく現在が話題となるようさりげなくファシリテートされていた。

べてるでは時間はまっすぐ進むのではなく、円を描くように循環するものととらえられていた。言い換えれば過去を振り返る目的は、そこに直線的な物語を読みとることではなく、繰り返されてきたパターンはないか、あるとしたらどんなパターンなのかを理解することにあった。

――入院する前にはどんなことがあったか?

――心の動きに何かパターンを見つけることができるだろうか?

――爆発したり固まってしまうときには、いつもその直前にどんなことがあるだろう?

メンバーたちが行う当事者研究発表(一六八頁以降で詳説する)では、つねにこうした自己診断に照らし合わせつつ過去は語られていた。

過去に意味があるとしたら、それが未来につながる鍵だからにほかならなかった。「こういうことがあったからこうなったのだ」と因果関係をしつこく探ろうとする者はいなかった。メンバーたちは、統合失調症になったのは両親がこういうことをしたからだとか、職場でいじめられたからだとか、過去の何らかのトラウマのためだとか考えないようにと言われていた。過去の出来事は発病の文脈に過ぎず、せいぜいそれまではっきりしていなかった反復パターンが明らかになったり、新たなパターンが出現したりする土壌を形成しただけなのだ。

撮影とフィールドワークのためべてるに来た当初、私はこうしたことをよく理解していなかった。ビデオカメラやマイクを向け、「話を始めてください」と頼めば、メンバーたちのライフストーリーを記録に収めることができると思っていた。それがこれまでの数々のプロジェクトで私のしてきたことだったし、その方法が今回も使えると思っていた。

ところがべてるに来てわかったのは、メンバーたちは過去をあれこれ語ることができないか、あるいは語りたがらないということだった。[1] 早坂潔はべてるの中心人物のひとりだが、映画「Bethel」を見てもらえばわかるように、過去を語ろうとはしなかった。すでに何回も話しているし、話すたびに身体が「ぶわぁーってなる」と彼は言った。UFOの話をしてくれるよう山根に頼んだときにも同じことが起きた。彼もまた「全然、別のことを思い出しちゃって苦しい」から細かいことは思い出せないと言ったのだ。

私はどうすればよかったのだろうか。映画では、私はわかっていないのをいいことにいささか無理を言って、潔から基本的な情報をいくらか聞き出している。様似町の近くの町でいつ生まれ、中学のときにはじめて幻覚を経験した……。でもそこまで話したところで彼は、これ以上は無理で、私にわかってもらえればそれでいいと言ってやめてしまった。

しかし、わかるとはいったいどういうことなのだろう。

私は考え込んだ。自伝的語りこそは、優れたエスノグラフィにとって核となるべき必須要素なのではないだろうか? 著者がフィールドワークで出会った人々や、研究対象のコミュニティを形成した人々の生き様を読者は知りたいと思わないだろうか?

たしかに中心となる人たち——その人たちがいなかったら物事が違っていただろうと思われる人たち——の観点からだけ歴史を語るような、行きすぎた例もときおり見受けられる。私自身は研究や執筆に際し、容易に聖人伝に転化しかねないそうした語りの型を避けるよう努力してきた。そのような語りは限られた人々（持ち上げられているのはたいてい主人公の男性のみ）に注目するあまり、他の人々や社会の制度、あるいは文化的・歴史的なことが果たしたかもしれない役割を軽視しがちだからである。

潔に関して言えば、彼がべてるの形成に果たした役割は中核的なものだった。しかしそれは、この本のあとのほうで詳しく紹介する他の人々（向谷地、川村、宮島牧師夫妻）がそれぞれに果たした役割と密接に絡み合っていた。優れた物語とはいつもそうしたものである。

インタビューの後日、私はスタッフや他のメンバーたちに教えてもらって、べてるの家が一九九二年に出版した本に潔が短い手記を書いているのを知った。その全文を以下に引用する。DVDで言っているように彼が「カードに書いた」だろうことを私が読み取ったなら、きっとこんな内容だっただろう（べてるの家の本制作委員会『べてるの家の本――和解の時代《とき》』一九九二年、五一‐五七頁より。［　］内は中村かれんによる補足）。

ぼくは、一九五六年一月一三日、北海道えりも町歌別［浦河から二つ、三つ東にある町］で生まれました。家族は両親と四歳年下の弟がいます。本当はさらにその下に、妹がいましたが、心臓が悪くて何か月かで亡くなりました。物心がついた時、自分は、穂別町の近くの富内［札幌の南東一二〇キロほどのところにある人里離れた山間の村］というところに住んでいました。

父親は、穂別木工所の仕事をしていました。母親も同じところに働いていました。父さんは酒のみで、いつも夫婦ゲンカをし、弟と母さんとで逃げて歩いたこともあります。酒ばかりでなく、女ぐせも悪くて、それも夫婦ゲンカの原因でした。そんな父さんでしたが、魚釣りに連れていってくれたり、キャッチボールをしたり優しいところもありました。それでも小学校五年の時に離婚しました。離婚して、母と弟と一緒に日高の様似町［浦河から数キロ東に位置］に引っ越しました。父さんは、すぐ再婚しました[2]。

勉強はしないでメンコやビー玉に夢中になっていました。母親には、勉強ができなくて遊んでばかりいたので、火バシで殴られたりしました。中学校に入り、G組（特殊学級）に入れられました。目がシャシなので「あちゃめ」と言われたり、友達が指で「G」の形を作りバカにしたのですが、我慢するしかありませんでした。そのころになると母さんも、朝から酒を飲むようになり「お前みたいなもの、社会に出ても役に立たない」と、よく言われました。その時は、子供心につくづく自分がいやになりました。バカにされた自分が悔しかったです。

中学二年になると母は病気がちになりました。今思うと、そのころからもうガンにかかっていたと思います。中学三年の九月、急に母さんが死んだような気がして不安になりました。幻覚が見え、寝ていたら警察の手錠が部屋の壁に張りついて見えたりするようになり、すっかりノイローゼの状態になったのです。それで学校の先生に連れられて日赤病院の精神科に行き、入院しました。精神分裂症といわれました。今は分裂病でなく、ヒステリー発作[3]といわれています。あくる年の七月まで入院しました。卒業証書は病院で受け取りました[4]。退院した後、札幌の近くの恵庭の映写技師の仕事を紹介され、住み込みで働きました。そして、まもなく母の死の知らせを聞きました。ふしぎに涙は出ませんでした。中学一年の弟は泣いていました。そして弟は別れた父親に引き取られていきました。恵庭市には八年いたことになります。

恵庭でも何回か身体がかたくなる発作が起きたり、倒れたりしましたが、一回の入院で済んでいました。その後、給料が安かったので、夜逃げのようにして様似に戻り、牧場に勤めたのですが、最初の話と違い、給料ももらえず、しかられてばかりいました。そのうち、再び自分で自分のことがわからなくなり、夢遊病のような状態になり日赤に入院しました。良くなって退院し、牧場に戻ったのですが、結局、親方と争ってやめ、雨の降る中、住むところも頼るところもなくなり、又、病院に入院させてもらいました。その時は二四歳の時です。又、入院生活が始まったのです。一年八か月いました。その同じ精神科の病棟に入院していた藤井さんという人に誘われて、浦河教会へ行きました。初めて礼拝に出たのです。それがきっかけで、教会の奥さんたちにお世話になりました。

病院にいた時は、教会の薪を割ったり積んだりして、本当に少しだけ奉仕をしました。初めは、礼拝の説教を聞いた時は、難しくてわかりませんでした。でも、讃美歌を歌った時は、何か自分のモヤモヤが晴れました。川村先生や向谷地さんと相談し、一九八三年四月九日に日赤病院を退院し、浦河伝道所の旧会堂（今のべてるの家）で佐々木実さんや綿貫さんと生活を始めました。川村先生と出会わなければ、僕はずっと病院か施設にいたと思います。だいぶ前から退院することはできたのですが、帰る家がなかったので、病院にいるしかなかったのです。病院にいた時は、本当に暗い気持ちでいっぱいでした。僕は導かれて、一九八三年の一二月に洗礼を受けました。僕は、あまり友達がいなかったので、教会に来て、友達ができたことは、本当にうれしかったんです。退院して僕は、教会の奉仕を少し手伝っていました。それでも、とても不安で発作が起きたり、おだったり（悪ふざけすること）しました。みんなとケンカもたくさんしました。発作が起きて走り回ったり倒れたり、イライラして大声を出したり色々なことがありました。しかし、そうやっているうちに、お互いのことをわかり合うことができるようになりました。冬には昆布の内職を教会の奥さん［宮島美智子さん］としました。春には、畑をおこしたり、草を取ったりしました。夏になると、昆布取りの手伝いもしていました。病院にいた時は、自分では自炊できないと思っていました。でも、退院して生活してみると、なんとかできる、と自分でも驚き、自信が出てきました。病院にいた時は、食べて寝ることばかりで、自分を見失う気がしました。今は、生活保護と障害年金とべての給料で生活していますが、僕はお金の遣い方がうまくできないのです。お金を残すことがうまくできません。でも、なるべく無駄遣いをしないよう、気をつけています。

教会の礼拝と、祈り会には必ず出て、祈ったり、話し合うことが楽しみです。神様を信じるようになってから、不安がなくなり、自信が出てきました。僕は教

会でいろいろと奉仕をしています。礼拝の司会・祈り会の司会、牧師先生のいない日曜日には、礼拝で証しをしたり、それから教会学校の教師もしています。教会に来る前は、人の前に立って何かをすることなんかなかったのに、教会では、いろいろな仕事が僕に回ってきます。

べてるに住むようになって、ゆるくない（苦労すること）時がたくさんありました。一九八八年五月に宮島牧師一家が滝川に転勤し、不安が募り、僕は発作を起こし、倒れました。夜も眠れず、いろんなことが気になるようになりました。岡本さんも病気になりました。一一月には昆布の仕事が突然、ダメになったりしました。メンバーが、工場長とケンカをし、会社が怒って仕事を回さなくなったのです。昆布がダメになり、今度は自分たちで集めた昆布で商売を始めました。僕は、母親にもかわいがられましたが、仕事をしても三日でやめてしまい、あまりよく思われず、親にも恐怖感を持っていました。家族にバカにされ、「なにか俺にもできるんだ」「俺はバカでない」という思いがありました。みんなにバカと言われた時、一番腹が立ち、劣等感が強くありました。でも、昆布の仕事を始め、俺もできるんだと思えるようになりました。今や、昆布だけでなく、紙オムツの販売も手がけるようになりました。電話で注文をとったり、配達したりもしています。コンピューターの関係でＭＵＧ*日高の人たちと交わるようになりました。又、［べてるのサポーターのひとりである］新潟の清水義春さんからオルゴールを送ってもらったり、本に紹介してもらったり、色々な人たちとの出会いがありました。それでも病院には、まだたくさんの昔の仲間が残っています。その仲間が社会に出れるようになるために、みんなの力を借りて頑張りたいと思います。僕も、今も色々なことを心配したり、気にやむので、ひっくり返ったり、とっくり返ったり（倒れ込んだりすること）しながら（みんなはアッパラパーになったと言います）暮らしています。知らない人は、おっかないと言いますが、心と心がぶつかれば、何とかわかり合える人もいます。そんな人がひとりでも二人でもいると、病院の仲間も不安がなくなり、退院できると思います。

昆布の仕事を通して、人の輪を広めていきたいと思います。

潔はこの手記を一九九一年、三五歳のときに書いた。私が彼にはじめて会ったのは二〇〇五年で、彼が四九歳のときだった。彼の日常の暮らしはかつてとあまり変わっていなかったが、歳月がたって身体にはあちこちガタが来ていた。長いあいだ抗精神病薬を飲んできた患者の多くに見られることだが、潔も歯を失っていた。第一世代の抗精神病薬の多くには口が渇く副作用があり、唾が十分でないために歯が傷んで抜けやすくなる。入れ歯はあったが、うまく合っていなかった。映画「Bethel」で潔がよだれを垂らしたり、唾を吐いたりする様子が映っているのは、入れ歯が原因で口腔内に問題が生じていたためである。

潔は今でも、拡張されて八人が住めるようになった旧べてるの家に住んでいる。相変わらずときどき固まって動けなくなり、入院して何日か休んで退院することを繰り返している。「病棟のいつもの部屋

＊「マイツール・ユーザーズ・グループ」の略。「マイツール」とは当時使われていたパソコンのこと。

に予約を」と川村と冗談を言い合っている。

潔の昔から変わらぬ悩みの一つは、人生の伴侶がいないことである。結婚したい気持ちはあるのに、望ましい相手が現れるたびに（実際、べてるのスターである潔にはたくさんの結婚の申し込みがある）、結婚にともなうあらゆる責任を考えて不安になり、固まって入院してしまう。

潔のお財布

潔がもうかつてほど悩んでいない問題もある。その一つがお金である。

地域福祉権利擁護事業（現在は「日常生活自立支援事業」に改称されている）の一環として社会福祉協議会から派遣される生活支援員と週に一回、金銭管理について面談するようになってからあまり悩まなくなった。地域福祉権利擁護事業とは何やらものものしい名称だが、要するに認知症高齢者や知的障害者、精神障害者など判断能力が十分でない人たちに金銭管理などの手伝いをするサービスである。日本では二〇〇〇年代に入って、高齢者が詐欺にあう事件が増えた。知的障害者や精神障害者がだまされることも多く、ときに自分の家族から被害にあう例も見られる。地域福祉権利擁護事業は市町村の社会福祉協議会によって運営されており、基本的人権のうちこれまで最も顧みられてこなかった金銭面での安心を保障することを目的としている。

浦河では生活支援員は週に一回、サービスの利用者と面談することになっていた。生活支援員と利用者は一緒に収入と支出をチェックし、家賃や食費を払うだけのお金があるか、特別な支出が発生した場合に備えて十分な預金が残っているかなどを確認する。これは完全に任意のサービスで、銀行のＡＴＭ

カードや通帳の管理は利用者に任されているが、べてるのメンバーたちのあいだでは、このサービスの人気は高い。サービスを利用している人はしていない人に比べ、余裕のあるお金の使い方ができていたからだ。特に月一回の生活保護費の支給の前など、みんながひどい金欠に喘いでいるときには差が顕著だった。

私は、潔に頼んで生活支援員と一緒にお金の使い道を説明してもらった。

潔の収入源は三つある。（1）中度の身体障害があるとの認定に基づき支払われる障害年金から月に六万六〇〇〇円、（2）生活保護から月に四万四〇〇〇円、そして（3）べてるから賃金をもらっていた。その月はあまり働かなかったので（おまけに当時の時給は二二〇円という非常に安いものだった）、彼がべてるから受け取ったのはたったの三四八〇円だった。合計して約一一万円が一か月の収入だった。

支出は非常につつましやかなものだった。べてるの家の家賃として二万四〇〇〇円、食事サービスに一万六七四〇円、光熱費に九三九〇円を払い、浦河教会に三九〇〇円の献金をして、少々の借金のあった「べてるバンク」に五〇〇〇円を返済した。支出総額は五万九〇〇〇円を少し超えるというところだった。

収入から支出を引くと五万四〇〇〇円強が手元に残り、煙草とたまの外食の費用を捻出しても少々の貯金ができそうだった。潔は経済的に自立していることを誇りに思っていたが、実際、重い精神障害をもちつつ経済的な自立を達成できる人がきわめて少ないなか、彼は誇ってもよいだけのことをしていたのである。

べてるのメンバーたちは誰ひとり裕福ではなかったが、公的援助とべてるからの賃金のおかげで全員に住む家があり、三度の食事を食べられて、医療費の心配もなく、通常は余暇を楽しむだけのお金を貯めることもできた。まるでホームレスのように見える（そしてにおう）メンバーもいたが、彼らにもちゃんと帰る家と風呂と洗濯機はあり、ただ使わないだけだった。一方で非常にきちんとした身なりのメンバーもいて、浦河の他の住人や学生たちと見分けがつかないほどだった。

精神病についての潔の思い

映画「Bethel」は、早坂潔が友人たちと一緒に夜、浦河赤十字病院の前にいる風景で終わる。雪の舞うなか、カメラをまっすぐに見つめて潔はこう言う。

このビデオだかわけわかんない映画なんだけれども、これが外国、世のなかに出たときには、みなさん、精神障害者は特別なものではないです。

もし、ひとりが、もし、母親から生まれた人が、あなたが、精神障害で病気だったら、力いっぱい生きてください。生きることです。

命は神様がちゃんと与えてくれるし、力いっぱい、この病気になっても、ちゃんと力いっぱい生きてください。

病気になったからといってなんも、心を閉ざすことはありません。

精神障害とか、肢体不自由、またこれから生きていく人や、これから死んでいく人でも、今が生きれば、ぼくは最高だと思います。……ありがとうございました！

ここまで読んだだけで、すでにいくつかの点に気づいた読者がいるかもしれない。たとえば、潔が非常に長いあいだ入院していたことや、公立の病院ではなく赤十字の運営による民間の病院にいたことに目を留めた読者もいるだろう。日本の精神科医療の歴史はたかだか一五〇年で、西洋のスタンダードから見れば短い。しかしそれはさまざまな紆余曲折に富んでおり、西洋のそれと同様、汚辱にまみれていると同時に非常に興味深い歴史なのである（巻末の付録1参照）。

第2章
べてるの設立

浦河教会をバックにした佐々木実社長

一九七八年の爽やかな春の日、ひとりの若い男が自身の将来に戸惑いを覚えながら浦河の駅に降り立った。日本の鉄道の駅前通りは普通はにぎわっているものだが、電車から降りると人気のない店先と荒廃した家々しか見えなかった。彼——向谷地生良——は神に見捨てられた土地に来てしまったなと感じたが、ある意味でうれしかった。神の仕事をするためにやってきたのだから。

向谷地は信心深いキリスト教徒だった。彼は北海道生まれではなく本州北部の出身で、中学生のころ母がキリスト教に改宗し、彼もすぐにそれに続いた。彼はみずから入信し、強い信仰を持ち、根っからの理想主義者だった。

向谷地は札幌の大学では社会福祉学を専攻した。彼の家は貧しくはなかったが仕送りを断り、老人ホームの夜勤で生活をやりくりしていた。当時、自由で俗っぽい大学生活を謳歌する他の学生たちとは隔たりを感じていたという。老人や障害をもつ人との出会いを通じて自分の未熟さを痛感した彼は、ソーシャルワーカーとして働くことを躊躇し、就職活動からも遠ざかっていた。そんなところに担当教授から、「浦河に行かないか」という電話がかかってきたのである。

浦河赤十字病院は当時も現在も、日高地域で唯一の総合病院である。この病院と精神科病棟についての詳細は次の章で紹介することにしよう。向谷地は、病院の活動を地域へと広げるソーシャルワーカーとして雇われた。当時多くの病院では保健医療は病院内でのみ行われるものと考えられていたから、これは画期的な考え方だった。彼の仕事は地域の人々に会いに行き、より健康に生活するにはどうしたらよいのかを教え、アルコール依存症とドメスティック・バイオレンスが蔓延する地域の状態を向上させるように努めることだった。

どんぐりの会

就職面接を受けるため向谷地はスーツを買うお金を両親に借り、英語の辞書を質に入れて浦河までの電車賃を工面した。一九七八年ことである。

彼は浦河に着くと、地域の教会を探した。駅の近くの丘の上に小さな教会を見つけて大喜びしたが、そこには専従の牧師がいないと知って落胆した。数週間に一度巡回の牧師が来るが、それ以外は教区の人たちは自分たちで礼拝を行わねばならなかった。しかし信者が集まってキリストを祝福し聖書を学ぶという簡素さと実直さはとても新鮮で、彼はそれを気に入った。

会堂は一九五六年に建てられた簡素なブロック造りの建物だった。断熱材はなく、自然の脅威から守ってくれるのは薄いトタン屋根と一枚の壁板だけだった。建物のなかは寒くて、消されたストーブの上にやかんを置いて寝ると、次の日の朝にはやかんの水が全部氷になっているほどだった［佐々木 1992:46］。

そこには牧師のための部屋が空いていた。病院の職員住宅に住んでいた彼は、日本基督教団の地域のオフィスに掛け合ってそこに住めるかどうか尋ねた。誰も住んでいなかったし、誰かが平日のあいだ教会を見てくれることは教会にとっても助かるということで、住むことを許可された。

向谷地がまず行ったのは、アルコール依存症の患者らも含めて、仕事をなくした精神病患者たちの援助グループをつくることだった。本書付録1に記したように、戦後の日本の通常の精神疾患治療は長期入院を基本としていた。これは病院の利益になり、患者の家族にとっても都合がよかったが、患者自身のためにはならない。

向谷地は当時開店休業状態だった回復者クラブ「どんぐりの会」を再開した。参加者は教会内の彼の部屋に月一回集まった［向谷地 1992:13］。初期のメンバーたちは騒々しかったものの、分かち合いと助け合いの精神に満ちていたと向谷地は当時のことを楽しそうに振り返る。

新しい牧師の転入

一九七六年にはすでにひとりの信徒の献金[1]によって新しい会堂が建っていたが、向谷地が住んでいたのは古い会堂のほうである。古い会堂のすぐ横にある新しい会堂はきらきらした鉄筋コンクリートの現代的な建物で、天国につながる高い塔がついていた。一階は未だ不在の牧師とその家族のためにあり、二階は礼拝堂と会議室だった。

一九八〇年に、専従の牧師が赴任した。宮島利光牧師と妻、三人の子どもがその年の八月に引っ越してきたのだ。彼らは日本中部の和歌山県からやってきた。宮島牧師の妻である美智子は当時を思い出して、「向谷地さんは土曜の午後、ミニバンに近所の家や公営住宅に住む子どもたちを乗せて、土曜学校のために教会に連れてきた」と言う。

家で十分な食事にありつけていなかった子どもたちのため、美智子は心のこもった昼ごはんをつくった。子どもたちの多くは貧しい家庭か、精神病やアルコール依存症の病歴をもつ家族の子どもだった。当時向谷地はアルコール依存症とドメスティック・バイオレンスの問題に取り組もうと地域で勢力的に活動していたので、子どもたちの家族についてよく知っていた[2]。

宮島牧師の赴任とともに教会の中心は新しい会堂に移っていき、古い会堂の建物にはもっと多くの居住者を受け入れることができるようになった。最初の居住者は、アルコール依存症で病院の精神科病棟を出たり入ったりしていた男性だった。

べてるの家の旧会堂

二人目の居住者はこの地域出身の佐々木実〔現・社会福祉法人浦河べてるの家理事長〕という若い男性だった。同世代の多くの若者と同じように、彼も高校を卒業して自分の夢を探しに東京に行った。しかしそこで統合失調症を発症し、入院するために浦河に戻ってきたのだった。美智子によれば、彼は退院してからも、自動車修理工場で働いていたとき、元患者であることが知られて同僚からひどい差別を受けていた〔宮島 1992:38〕。佐々木は幼少期にすでにキリスト教に出会っており、子どものころ日曜学校に通い、クリスマスパーティをしたことを覚えている。

佐々木は古い会堂の一室に引っ越した際に、どんぐりの会の会長になった。教会はたちまち元患者たちのクラブハウスのようになり、毎月行われる夕食会には二〇人もの人が集まった〔向谷地 1992:40〕。他の人たちも教会の建物に入居できないかと向谷地に尋ねた。そのころ向谷地は、赤十字病院の看護師のひとりだった悦子と結婚し、古い会堂からは引っ越していた。
約一年後、佐々木の同居人が出ていき、早坂潔が引っ越してきた。一九八三年のことだった。

べてるの家

一九八四年四月、ボランティアの人々が集まり、むき出しの壁に断熱材を取り付け、居住スペースの修理と拡張を行い、古い教会をより住みやすいものにした〔向谷地 1992:12〕。宮島牧師はこのとき、古い教会を「べてるの家」と命名した。旧約聖書に表れ、「神の家」という意味を持つ〝ベーテル〟と同じ名でもある〔宮島 1992:43〕。またベーテルは、アドルフ・ヒトラーの命令に反して障害者を救ったコミュニティとしても知られている。一九四〇年、ドイツ〔ビーレルフェルト市〕で、施設に収容された（精神・身体・知的）障害者を「安楽死」させることを拒否したのである。

同じころ向谷地は、赤十字病院の精神科の上司から精神病患者への対応を批判され、五年間にわたって精神科病棟への出入りと接触を禁止された。もちろんそのあいだ、病院外で向谷地は元患者や地域の家族のために活動していた。

べてるの家の初期の数年は、てんてこ舞いの状態だった。宮島美智子の回想によれば、酔っぱらった居住者を警察官が教会まで引っ張って連れてきたり、近所の親たちは子どもにべてるの家には近寄らないように言っていたという〔宮島 1992:38〕。しかしべてるには、居住者の職探しというもっと大きな課題があった。自立して暮らせないなら、病院を出ることが何の役に立つのだろうか。

向谷地と宮島夫人は、特に潔に職を与えるのに苦労した。彼は映写技師として札幌の近くの町で数年働いたことがあったが、浦河に戻って以来精神状態が悪化してしまった。新しい職を得るたびに彼は過度のプレッシャーに襲われ、体が動かなくなり入院する。これではだめだと彼らが気づくまで同様の事態が何度も繰り返された。潔が家でできることを探さねばならなかった。

この地域の主婦が行っていた副業の一つに昆布の袋詰めがある。日高地方の海岸は海草の産地として有名である。浦河とその周辺の町は日本の食卓の約九〇%にも上る昆布生産量を誇ったこともある。[3] 日本のコンビニに行けば、日高昆布を使用していることを誇らしげに掲げるおにぎりを目にするだろう。昆布に必要なのは乾燥と梱包だが、日高地方には大きな加工施設はなく、すべて出来高払いの仕事として地域の人々の家で内職として行われていた。自分の好きな時間に自宅でできる仕事だったので、主婦にぴったりの仕事だったわけだ。牧師夫妻は、これなら潔や他の元患者たちもできるだろうと考えた。

昆布の梱包と販売がべてるの家の売り物の一つになることを、一九八八年当時ほとんど誰も予想していなかった。

べてるの理念

べてるは急速に拡大しはじめた。一九八九年七月に「福祉ショップべてる」が開店し、地域の高齢者や病院の患者向けの紙おむつや他のリハビリ関連商品を売った。一九九〇年に古い教会はもう一度修理され、六人まで住めるようになった。この時点で、べてるの家は三つの活動を展開していた。

- 旧教会の建物を使ったグループホーム
- 作業場での昆布の梱包作業
- 福祉ショップべてるでのおむつ宅配サービス

どんぐりの会の会長である佐々木実は、べてるの家が提供できるものについて強い思いを抱いていた。

（べてるの家のような）受け入れ先としての中間施設があれば病院を退院しようと思っても行き場のない人も退院でき、自立の第一歩を踏み出すことができるのではないかと思われます。このような中間施設が多くできることを願わずにはおられません。又、私たちは精神障害者の自立を達成するために一方では行政に働きかける運動をし、もう一方では社会を構成する一員として自分たちをとらえ、積極的に自主的活動をさかんにしていかなければならないと思います。私たち障害者は社会から一方的に援助を受けるだけの存在ではないのです。私たちの側から社会に対して何かを与えていく役割があると思います。私たち回復者が、社会の中に生きていること、その存在自体が自分たちにとっても、社会にとっても、価値があり、意味があるのだということを自覚していきたい［佐々木 1992:46］。

活動の広がりにともなって、官僚主義的な規則と制度を持つ、ありがちな福祉施設の一つになってしまうことをべてるの家は避けようとした。向谷地は次のように述べている。

ある人に「べてるの特徴をひとことで言うと……」と聞かれたことがあります。私はためらうことなく「管理が行き届かないところです」と答えていました。

考えてみるとべてるの家には、いわゆる組織としての規則や管理上のマニュアルは全くありません。一時は他の共同住居や作業所でつくった規則を見せつけられ、その完璧な内容に「べてるでもやはり必要ではないか」と考えたことがあります。しかし、そう思いつつも何か釈然としないものがありました。それは「もし、べてるに様々な規則を導入しても、役に立たないのでは」と思えてならなかったからです。

もし、管理上の規則があったら、すべてが「規則にこう書いてあるから」と片付けてしまい、ひとりひとりの自由闊達な意見や発想が埋もれていくような気がしたのでした［向谷地 1992:16-17］。

べてるの家でも共同作業所を運営しているが、向谷地は、いわゆる共同作業所的なものが社会福祉を暗くするパターナリズムのにおいがすると感じ、嫌っていた。そこで働く障害をもつ人々は、低賃金で単調な作業を行い、おまけに慈善事業家に感謝すべきとされている。彼らは自分の労働環境に対してほとんど何も言うことができない。向谷地は、べてるに何か違ったものを求めた。

パターナリズムと戦うために、べてるでは「スタッフメンバー全員で経営する（全員経営）」という原則を掲げて作業をするよう計画した。「全員経営」は当時日本で飛びかっていた流行の経済学用語だが、彼らの場合、言葉どおりにそれが当てはまっていた。どのように作業に参加したいかを自分で決めることが重要なのだ。仕事ができないくらい具合や調子が悪い朝は無理しなくてよいし、べてるの家には来たいときに来ればよい。

彼らは新しい仲間のために、べてるの家の哲学を説明する理念集をつくった。これらの多くはキリスト教の教義やアルコホーリクス・アノニマス*の教えに由来するものだった。

- 三度の飯よりミーティング＝Meeting is more important than eating.
- 安心してサボれる職場づくり＝We want a workplace where you can goof off without fear.
- 手を動かすより口を動かせ＝Move your lips, not your hands.
- 偏見差別大歓迎＝We welcome prejudice and discrimination.
- 幻聴から幻聴さんへ＝From "auditory hallucinations" to "Mr. Voices."
- 場の力を信じる＝Trust in the power of the group.
- 弱さを絆に＝Weakness binds us together.
- べてるはいつも問題だらけ＝Bethel is full of problems
- べてるに染まれば商売繁盛＝Bethel's colors〔diversity〕make sales go up!
- 公私混同大歓迎＝We welcome the mixing of public and private.
- べてるに来れば病気が出る＝When you come to Bethel, your illness comes out.
- 利益のないところを大切に＝Let's value our lack of profits.

- がんばりすぎない＝Don't try too hard.
- 勝手に治すな自分の病気＝Don't try to fix your illness by yourself.
- そのまんまがいいみたい＝Just letting it be is good enough.
- 昇る人生から降りる人生へ＝Go from a "life of ascent" to a "life of descent."
- 苦労を取り戻す＝Reclaim your problems.
- それで順調＝You're right on schedule.

三度の飯よりミーティング＝Meeting is more important than eating.

ここに挙げたなかで最も重要なのは、「三度の飯よりミーティング」である。べてるでは日中たびたび会議が開かれる。会議は、参加者がそれぞれ自分の名前とその日の気分と体調を述べることから始まる。朝のミーティングでは、前日のすべての活動について復習する（販売チームは売り上げがどうだったか、梱包チームはいくつ昆布の包みができたか等）。この定期的なミーティングの目的は、べてるという会社について、またお互いについて、何が起きているかわかっているという感覚をみんなが持つことである。

みんな自分の体と心の状態を話すので、いま誰がイライラしているからひとりにしたほうがよいと

＊「アルコール依存者の匿名の会」のことでAAとも略される。

か、誰が話し相手とハグを必要としているのかがわかる。その日眠い人、気分が悪い人にはあまり多くの仕事を要求すべきでないこともわかるだろう。

前日の記録を復習するのは別の効果もある。日本の企業では社員たちは毎日出勤することに対して強い義務感を感じている。そうしないと自分を信頼しているはずのチーム全体を裏切ることになると考えるからである。多くの仕事場では、これがストレスを生じさせる。しかしべてるでは全員に何が起きているか伝えることによって、誰か特定の人に「出勤して仕事を終わらせなければならない」とか「他の人に引き継ぎをしなければならない」といったプレッシャーを与えないように工夫している。心理学者はこれを「対人交流的記憶*」の発達と呼んでいる。

一日の終わりの会議は報告会であり、その日に起きたことすべてが記録される。こうしてメンバー個々人には弱点があっても、会社の日々の継続性が保たれることになる。

週の終わりは、金曜午後のミーティングで締めくくられる。そこでメンバーは、その週に起きた問題について語り合う。映画「Bethel」の一場面でも、金曜ミーティングでメンバーのひとりが他のメンバーの体臭に悩んでいると発言して大きな緊張を生んでいた。それでもこれらのミーティングは感情を吐露するために重要な場であり、お互いに隠し事を持っていると感じなくて済むようになる。ミーティングは終始べてるのメンバーによって行われ、たとえ強い感情が吐露されても、スタッフによる介入は行われないことが注目される。このような口論は、べてるのミーティングではよくあることなのだ。

べてるはいつも問題だらけ＝Bethel is full of problems.

べてるは「いつも問題だらけ」であることを誇りにしている。精神障害者は、「悩む力」という重要な能力が奪われていると向谷地は考えている。病院は、人のすべての問題を取り去るようデザインされた環境である。そこでは職業や人間関係、朝食に何を食べるか、何を身につけるかさえ心配する必要はない。病院がすべてやってくれるのだ。

これに対して向谷地は、自分の問題や心配事を取り戻すべきだと言う。悩む力は、社会的リハビリテーションと社会参加への第一歩である。「問題」は歓迎されるべきで、恐れられるべきではない。人は自分の「問題」を復活させるべきなのだ。先に述べた口論も、歓迎されるべき「問題」の一つである。べてるが偏見と差別を歓迎するのも、同じ意味合いからだ。表現してくれなければ、偏見と差別に対してどうすることもできないのだから。

医師の川村は、また違った角度から人々の「問題」を歓迎する。彼は日本の精神医学には、何か根本的に間違ったところがあると考えている。他の病院では、患者が精神科医のもとへ行って幻聴がまだ聞こえると言うと、医者は抗精神病薬のレベルを上げるだろう。もし患者がうつだと言えば、医者は抗う

＊ 集団である物事を記憶しているあり方で、それぞれのメンバーは記憶の一部だけを担い、誰がその記憶を持っているかを覚えている。いわば「誰に聞けば何がわかるか」をお互いに知っている状態のことを指す。

つ剤の量を増やす。患者は、何も感じられず何もできなくなるまで薬を服用するか、精神科医には何も言わないほうがよいということを学ぶかのいずれかである。

この反対の方法がいちばんよいのだと川村は言う。彼は、患者本人が社会的な機能を取り戻せるレベルまで抗精神病薬の量を減らす。まだ幻聴を聞くかもしれないが、幻聴があまりに邪魔にならない限り、薬で感覚を鈍らせるよりも「幻聴をどう扱うか」を学ぶほうがよいと彼は考えている。患者をふたたび社会的な存在にすることが目標だと彼は明言する。それは、日常生活で遭遇する「問題」を取り戻すことなのである。

べてるのメンバーの典型的特徴は何かと聞かれ、川村は以下のように答えている。

> 圧倒的に自己表現が豊かですね。とにかくうるさい〔笑〕。怒りを表現できたり、仲間と争えるということはとっても大事なことです。怒りというのは、本当は相手の愛を求めているんですよ。だから怒りを表せるのは大変健康的なことです。怒りをきちんと表現できないと、怒りがそのうち恨みに変質します。恨みというのは〔怒りとは〕対照的に相手の破滅を求めています。病的といえるでしょう［川村 1992 : 164］。

昇る人生から降りる人生へ＝Go from a "life of ascent" to a "life of descent."

驚くかもしれないが、べてるの目標は「よくなる」ことではない。べてるに来る精神障害の巡礼者の多くは、医者が自分や子どもの精神病を治し、社会に戻してくれるという奇跡を期待している。しかし彼らは結局、失望してべてるを去っていく。

川村は自分を「治さない医者、治せない医者」と呼ぶ。統合失調症にせよ、うつ病にせよ、双極性障害にせよ、向精神薬は症状をいくらか緩和できるが、根本にある疾患を治すことはできない。これが現代精神医学の現実だ。せいぜい投薬で一時的に幻聴を止め、不安を鎮め、生きることに対する痛みを我慢できるようにするぐらいだ。

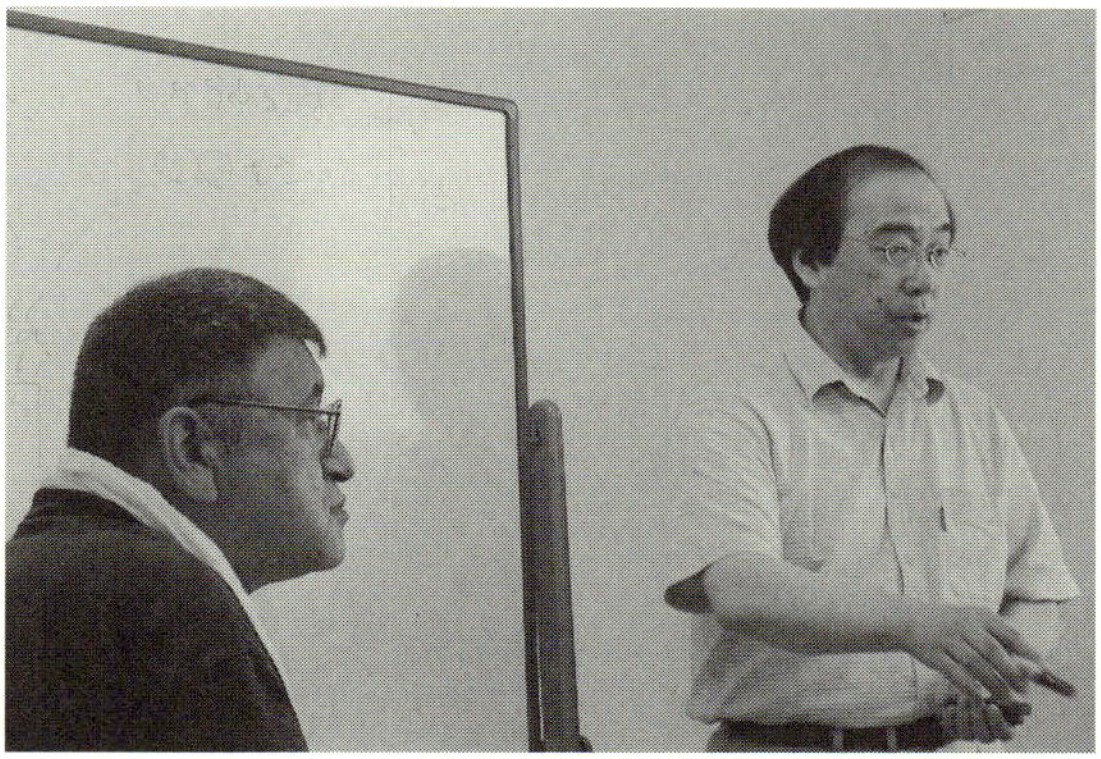
向谷地さんが病院で潔さんと当事者研究をしている

それ以前に川村や向谷地は、精神疾患が本当の問題だと考えていない。多くのメンバーは、精神疾患さえ治ればすべてうまくいくと考えている。しかし精神疾患をもつべてるメンバーの本当の問題は、彼らの生が疾患によって停止してしまっていることだ[4]。病気になってから、自分の（そして親の）すべてのエネルギーが病気を治すことに向けられている。彼らの生は事実上止まってしまっている。学校や仕事をやめ、他人との社会的かかわりを諦め、さまざまな意味において彼らは一般人ではなくなってしまっている。彼らは生きているが、社会的に死んでしまっているのだ。
ここでは、川村と向谷地のアルコール依存症治療の経験が役に立った。二人は、ある意味で精神疾患は治すことはできないと考えている。彼らによれば、メンバーは回復の過程で生き方を学ぶ必要がある。アルコール依存症患者が疾患（すなわちアルコール依存症とその後遺症）とともに生きなければならないように、統合失調症をもつ人は自分の状況で生きることを学ばねばならない。浦河においてこの思想は、「それで順調」「がんばりすぎない」「弱さを絆に」といった理念のなかに表れている。それはある意味、「精神疾患患者」と「精神障害者」の違いである。患者は治ることを期待する。障害者は障害をもちながらも自分の人生の進み方を探す。

向谷地は「よくなる」という考えに逆らいたいと思っている。人は自分があるがまま以上によくなろうとがんばりすぎてしまうと彼は感じている。私がべてるにいたとき、講義のなかで彼は、「降りていく」という考え方について触れた。それはのちに『安心して絶望できる人生』という名前の本になり、『降りてゆく生き方』〔武田鉄矢主演、二〇〇九年〕という名の映画のタイトルにもなった。

「降りていく」とは、実践的ペシミズムとも現実的ペシミズムとも呼べそうな哲学である。私たちのピークは二十代の早い時期にあり、その後はずっと身体や思考が下り坂の人生を生きなければならない。そのような「生命の傾き」を心に留めた暮らし方をすれば、よりましな人生を生きていくことができる、ということなのだろうか。

この「下降の哲学」は、私がべてるをフィールドワークしていた二〇〇七年から二〇〇八年ごろ、すなわちバブル崩壊後の日本に特によく似合った。一九六〇年代から八〇年代にかけて日本は経済成長と繁栄によって消耗してしまった。一九九〇年代前半にバブルが崩壊すると、人々の将来は不透明なものになった。日本には自然資源がない。出生率はどんどん下がり、二〇〇八年には女性ひとりに対して一・四人にまでなった。これは国として人口を維持できる割合を下回っており、日本がもつ唯一の資源である人材が補充されないということだ。政治家やメディアは、日本は高齢者が非常に多く若者が少ないという人口統計的な悪夢の道を進んでいると繰り返し主張する。世界的な不景気が回復への希望をさらに挫《くじ》いたことで、人生は上昇するものではなく下降するものだという考えは浦河だけでなく広く浸透していた。

べてるの心と頭脳

ここまでの話で、向谷地生良がべてるの心であり頭脳であることがわかるだろう。彼なしには教会での最初の会合は開かれず、べてるの家は設立されず、医師の川村は浦河にずっと留まる気も起こさなかっただろう。向谷地はべてるに関する本を六冊以上執筆し、多くの本を編集している。何冊もの雑誌で定期的な連載を持っていて、そのトピックは精神科ソーシャルワークからキリスト教神学にまでわたっている。彼は貪欲な読書家でもあり、自著には日本や西洋の哲学、精神医学、神経学、スピリチュアリティと多岐にわたる分野の研究者からの引用があふれている。彼はいま大学教授であり、もう病院には勤めていないが、べてるのシステムを日本全国に伝えて回り、精神科の施設や機関で新しい仲間をリクルートしている。

あるとき向谷地の車のあとについて、彼が働く北海道医療大学へと里香を乗せて運転したことがあった。里香は他のメンバーと一緒に、向谷地の講義で当事者研究について発表することになっていた。札幌への道は海岸に沿っていた。私は向谷地の車が片側一車線の道を左右にフラフラしているのに気づいた。私は驚いて「どうしたんだろう」と里香に尋ねた。彼は居眠りでもしているのだろうか。里香は答えた。

「何か読んでるんでしょ。いつもそうだから」

休憩でコンビニに寄ったときに向谷地を問いつめてみると、学術雑誌のとてもおもしろい記事を読んでいたのだと笑って答えた。

向谷地は独特のカリスマ性を持っている。浦河で月一回行われる講義は、退屈なドイツ哲学の回でさえ満員である。彼の携帯電話はいつもメンバーからの着信かメールで鳴りっぱなしだ。向谷地はべてるとメンバーに自分の生活を捧げ、メンバーたちは彼に自分の生活を委ねているようにさえ見える。

浦河教会では毎年クリスマスパーティを行う。礼拝のあと、夕飯とケーキが分けられる。私が浦河にいた二年間、向谷地は超能力を披露した。べてるのメンバーで満員の部屋で、彼はコインやハンカチのような何か小さな物を選び、自分には内緒で誰かがそれを持っているようにと指示を与えて、すぐに部屋を出た。みんな、あたふたしていた。多くの人はその小物に怯えたが、なかにはそれを持っていたいという人もいた。数分後、誰が持つかを決めると、その小物をポケットや財布のなかに忍ばせた。すると向谷地が部屋に戻ってくる。

彼は部屋のなかをじっと見て、人々の群れに目を向けた。チェシャ猫のような微笑みを浮かべる者もいたし、彼の視線をひそかに避ける者もいた。彼は私たちの目を凝視しながら、そのうちのひとりに近づき、「どこにコインがあるか知ってる?」と聞いた。その人が首を振ると、向谷地は次の人に続いて聞いていった。向谷地はいつも、彼らを見るだけで数分のうちにコインを持っている人を当ててしまった。それは畏敬の念を起こさせるほど素晴らしいマジックだった。向谷地は超能力者ではないようだが、べてるのメンバーの心を簡単に読めてしまうのである。*

浦河におけるもうひとりの重要な人物は赤十字病院の精神神経科部長・川村敏明である。いろいろな意味で、べてるは川村と向谷地の独特な関係のおかげで繁栄することができた。ここまで、べてるについて説明するなかで川村について何度か言及してきたが、まだ正式に紹介していなかった。彼と病院のことについては、次の章で述べることにしよう。

---

* 向谷地氏によれば、「かれんさんもだまされただけ」とのこと。どうやら誰かと組んで、サインのようなものを送ってもらっていたらしい。

里香の物語

日本で大人になるということ

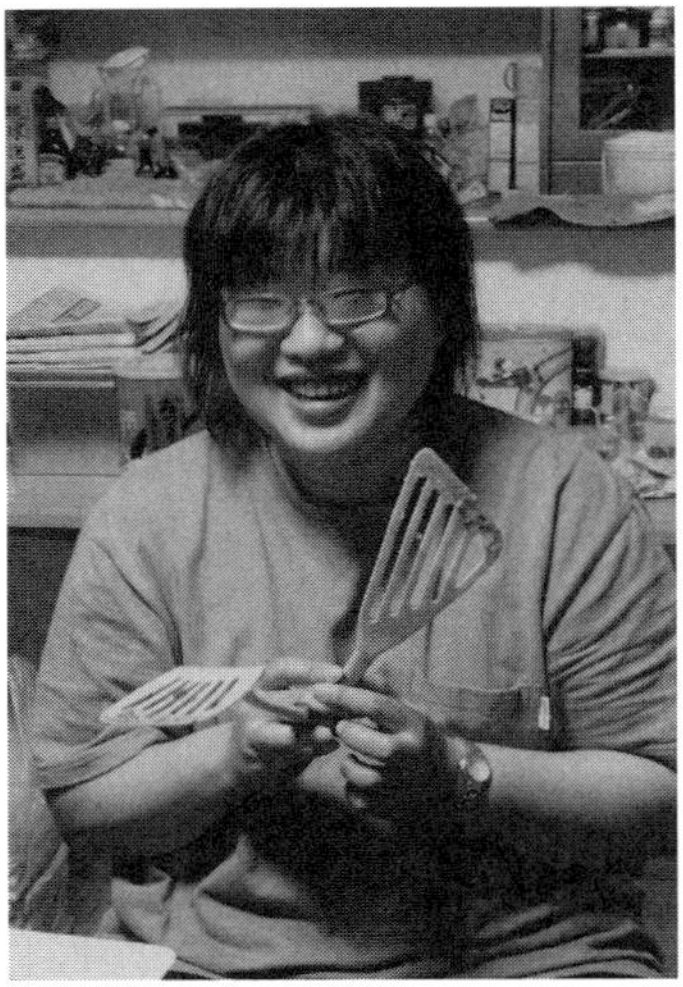

浦河では、私は日曜日が大好きだった。早起きした朝には浦河教会[1]の日曜礼拝に出かけたが、早いといっても「比較的」という意味で、礼拝の始まりは一〇時半だった。この少し遅めの開始時刻は、べてるのメンバー（や私）のように朝が苦手な人間にはぴったりだった。

川村に借りた例の〝ポルシェ〟を走らせると、私の住まいのあった病院から町の反対側にある教会まで一〇分ほどの道のりだった。浦河のメインストリートに入り、海を左に見ながらショップ「よんぶら」、できたてのパチンコ屋、つぶれたスーパーマーケット、シャッターを降ろした多くの店、そして港の横を通り抜け、弁当屋の角を曲がって、線路を越え、坂道を上ると教会があった。礼拝所は二階で、一階には私がはじめて浦河に来たときに泊まった宿泊スペースがあった。

濱田牧師が広島に赴任したあと、浦河教会では常駐の牧師がいない状態が続いていた。新しい牧師が赴任してくる予定になっていたが、教会の経済状態は芳しくなく、遅れ遅れになっていた。月に一度か二度、巡回牧師が来ることになっていたが、それ以外のときは信徒が自分たちで礼拝を執り行っていた。

礼拝の司会は教会の信徒が順番に担当することになっていたが、たまにしか顔を出さない私が行くと、どういうわけか潔が司会をしていることが多かった。潔はひげも剃らず、髪もぼさぼさで、ズボンからシャツがはみ出たまま、一〇時四〇分ごろによく駆け込んできた。しかし、その嘘のないまっすぐな信仰ゆえに、潔こそ誰よりも司会にふさわしい人物であると私は思う。

吉野雅子が日曜礼拝に来る日には、彼女がキーボードを弾いてくれた。それ以外の日や、雅子が知らない曲については、小さな古めかしいヒムプレイヤー〔Hymn Player＝賛美歌自動演奏機〕を伴奏に使った。三桁の讃美歌番号を打ち込むと、細くて高い音が箱から流れ出してきた。

礼拝はいつも、とてもシンプルなものだった。歌が時間の大半を占めていた。声を合わせて歌うと、みんなが一つになるのが感じられる。巡回牧師が来た日にはお説教があったが、参列者の大半を占めるべてるメンバーたちにもわかりやすいよう、難しいことも噛み砕いて話してくれた。一〇名ほどの信徒が定期的に参列していた。

礼拝は一時間ほどで終わり、そのあとはお茶と軽食の時間になった。みんなで礼拝堂のテーブルを片づけて並べ替え、食事ができるようにした。かつて浦河教会の牧師だった宮島さんの妻、美智子さんがいつもおいしいものをつくって持ってきてくれた。当時、娘さんが沖縄に住んでいたので沖縄料理が多かった。冬にはシチューや味噌汁を灯油ストーブにかけて温めて、夏には冷たいお茶と一緒におにぎりをほおばった。

私たちはみんな席に着き、しばらくのあいだおしゃべりと食事を楽しんだ。その後、片づけに取りかかり、ばたばたとお皿を下げて洗い、テーブルを拭き、床にモップをかけ、廊下を掃除した。そしてゆっくりばらばらに散会した。丘の上に住んでいる宮島さんの奥さんは、誰かが車で送っていった。

ひだまり荘

私がべてるで最も仲よくしていた友人のうち、里香や岩田めぐみなど何人かがレインボーハウスの三階、通称「ひだまり荘」に住んでいた。ひだまり荘という名前は、建物の最上階にあって居間の大きな窓から午後の光があふれんばかりに注ぎ込むこの住居にふさわしいものだった。

日曜には朝の礼拝のあと、あるいは寝坊した日には礼拝に行かずに、ひだまり荘に出かけた。朝から何も食べていなかったり、教会でお腹いっぱい食べなかったりしたときには、レインボーハウスの向かいにある小さなコンビニに寄ってお茶とおにぎりを買った。〝ポルシェ〟をレインボーハウスの裏の堤防沿いにある駐車スペースに停め、三階まで裏階段を歩いて上った。

なかでも私のお気に入りは居間の小上がりで、床より少し高くなった畳のスペースにフリースの毛布や枕などが置かれ、昼寝をするのにぴったりだった。三階の窓からは陽射しがさんさんと降り注ぎ、たいていとても静かだった。私は仰向けに寝転がって窓の向こうの空を雲が流れていくのを眺めたり、コンクリートの堤防に当たって波が砕ける音に耳を澄ませたりした。夜には窓から真っ暗な海に目をやり、港に戻る漁船の灯りがたまに光るのを見つめて過ごした。

WAミーティング

日曜の午後は週一回のWAミーティングの時間だった。WAは、病院で毎週開かれているSAミーティングから派生したものだった。[*] べてるの女性メンバーの一部は、SAは女性の抱える問題に十分に目を向けていないし、男性と一緒では話しにくい話題もあると感じていた。それで、ひだまり荘を会場に自分たちでWAミーティングを開くことにしたのだ。[2]

毎週六人から八人がWAミーティングに参加した。WAもSAと同じ「マニュアル」を使い、同じ形式で運営されていたが、WAはミーティングがすべてクローズドであること、ひだまり荘が会場であること、そしてもちろん参加者がすべて女性であることなどが違っていた。浦河のSAは設立当初から統合失調症であるか否かにこだわらず参加者を受け入れてきたが、WAも同じ方針だった。

SAミーティングもWAミーティングも、自分の名前と状態を言って自己紹介することから始まった。いつもべてるでやっている気分と体調の報告と同じように、「こんにちは。かれんです。希望の障害を持ってます。今日は体がなんだか痛くて、気分もちょっと沈んでます」などと話した。

参加者はそれぞれフォルダーに入ったマニュアルを手に持っていたが、そこにはSAとWAのルー

＊ SAはSchizophrenics Anonymous（スキゾフレニクス・アノニマス＝統合失調症者の匿名の会）、WAはWomen's Anonymous（ウィメンズ・アノニマス＝女性の匿名の自助グループ）の略。

ル・目的・ステップが記された紙と、長年のあいだにたまってきた資料のコピーが入っていた。自己紹介のあと私たちは、ルールと目的、そして次に示す8ステップと関連するキーワードをすべて声に出して読んだ〔3〕。

❶私は認めます。

私には、仲間や家族、さらには専門家の力が必要なことを認めます。私ひとりでは回復できないことを認めます。ひとりでは生きていくことができないということを認めます。それによって助けを得ることができます。もはや私はひとりではなく、孤独ではありません。

キーワード 仲間の力…家族の協力…専門家の活用…弱さを認める…助けを得る

❷私は信じます。

いまや私は信じるようになりました。自分自身のなかに偉大な内なる力が備えられていて、この力を用いて自分自身と仲間を助けようとしていることを。

キーワード 信じること…自分の力…自分の可能性…自分を助ける…仲間を助ける

❸私は理解します。

私は、さまざまな不快な症状、ときには望まない行為によって、自分自身の感情を表現せざるを得なかったことを理解します。そして私は深い自分自身の感情に気づき、仲間と語り合い、分かり合うことの大切さと可能性を信じるようになりました。

キーワード 不快な症状…望まない行為…表現すること…自分の感情に気づく…語り合うことの大

切さ…自分とつきあう…自分を知る

❹私は選びます。

私は回復を望み、幸せになろうとしています。私はそのような自分の選択に対して、十分な責任を持ちたいと思っています。そして、それが生きがいのある毎日を過ごすためにとても大切な選択であるということが、心の底からわかっています。

キーワード 回復を望む…幸せになる…自分の選択…責任を持つ

❺私は許します。

私は今までしてきた自分の過ちを許し、弱さを受け入れます。同時に私は、私を今までさまざまな方法で傷つけ害してきたあらゆる人々を許します。そして、私自身をそれらのとらわれから解放します。

キーワード 許すということ…自分の弱さを受け入れる…とらわれる…解放される

❻私は受け入れます。

いまや私は、誤った考えや自分をくじけさせる考え方が、失敗、恐れ、不幸を起こしてきたことを認め受け入れます。そして私は、今までの生き方のパターンを根本的に変える準備ができています。これによって私の人生は変わるでしょう。

キーワード 誤った考え…自分を挫けさせる考え…今までの生き方のパターン

❼私は委ねます。

私は、私を超えた偉大な力[4]に自分の人生を委ねる決心をしました。今までの自分のありのままを委ねます。私は、私自身が深いところで変えられることを願います。

キーワード 私を超えた力…委ねる…任せる…ありのまま…深いところで変えられる

❽私は伝えます。

私は、精神障害という有用な体験を通じて学んだ生き方のメッセージを、仲間や家族そして社会に伝えていきます。

キーワード 精神障害の体験から学んだもの…メッセージを伝えることの大切さ

8ステップを声に出して読んだあと、司会がその日の話題となるテーマを一つ選ぶ。参加者は順番に話すが、必ずしも全員がテーマ（ステップそのものであれキーワードであれ）に沿った話をするわけではなかった。とはいえその週に特に話したいことがない場合には、テーマがあるのはありがたかった。誰かが話している最中に口をはさむ者はおらず、話し終わったときにコメントをする者もいない。自分の番でないときには仲間の独白をただ黙って聞くのが参加者の役割で、対話が目的ではないのだ。

順番をパスした人を除いて全員が話し終えると、司会がミーティングを終わりにした。会場費とお茶菓子代を集めるために空き瓶が回された。お菓子とお茶が出され、みんなで食べた。ミーティング全体の長さは、人数やそれぞれがどのくらい話したかにもよるが、たいてい一時間から二時間のあいだだった。

ひだまり荘での夕食

ＷＡミーティングのあと、何人かは残って午後をひだまり荘で過ごした。別の女性たちも顔を出した。べてるの行事が日曜日に開かれることはめったになかった。

冬になると私たちはよくおでんや焼き肉パーティを開いた。四～五人で里香の軽自動車[5]に乗り込み、町のはずれにあるスーパーマーケットに行って食材を仕入れた。帰りには、レインボーハウスにエレベーターがないことに文句を言いながら、息を切らせて三階まで荷物を運んだ。

ビールやソーダの瓶を居間の外の窓枠の上に出しておけば、北海道の零下の気温のなか、冷たい風や雪にさらされてすぐキンキンに冷えた。ひだまり荘のダイニングテーブルはふだんは四人掛けとして使われていたが、テーブルを小上がりに寄せると四人が畳に、もう六人が椅子に座ることができた。

みんな疲れていて料理をする気になれないときは、宅配のピザを頼んだ。どうやって嗅ぎつけるのかわからなかったが、里香と私がピザでも頼もうかと相談を始めると、ものの三分としないうちに千高のぞみが二階から上がってきて、何を注文するかの議論に無理やり加わるのだった[6]。日本のピザはアメリカのピザとはずいぶん違い、台の生地が柔らかくもちもちしていて、トッピングには、おいしいけれどひどく奇妙なものが載っていた。たとえばイカとタコ、照り焼きチキン、ポテトスライス、ツナマヨ、クリームチーズ、韓国風プルコギ、カレーソースなどはそのほんの一例である。私たちは最後の一切れまで争って食べたが、今でもそれを懐かしく思い出す。べてるには「おとなしい人は食いっぱぐれる」という言葉があるが、ひだまり荘での夕食はまさにそれを証明していた。

食事が終わると掛かった費用を人数で割り、それぞれ同じだけ払った。生活保護を受けているメンバーが料理をしたときなど、特に安く上がった。里香や私が担当すると材料に肉を使うので少し高くなり、ひとり三〇〇円から四〇〇円になった。ピザを頼むといちばん高くつき、ひとり七〇〇円ほどかかった。

のぞみはお金が足りないことがよくあり、年がら年中、銀行から——要するに「里香銀行」から——借金をしなければならなかった。里香がどれほど頻繁にお金を貸していたか、そしてのぞみがどれほど頻繁に残高を通知されていたかを考えると、どうやらのぞみはきちんと里香に返済していたらしい。里香はのぞみの面倒を本当によく見ていた。いや、実際、里香は私たちみんなの面倒をとてもよく見てくれていたのだ。

ひだまり荘での新年のディナー。不格好なクリスマスセーターを着て真ん中に座っているのが私

浦河に来るまでの里香

清水里香はべてるで私の最も親しい友人だったし、今でも親友である。私たちは年頃が同じで、二〇〇五年にはじめて会ったときには二人とも三十代半ばだったが、私のリサーチが終わるころにとも

に四十代になった。私がフィールドワークを終えて帰国したあと、彼女がアメリカまで遊びに来たこともある。

映画「Bethel」には、里香とべてるのスタッフが山根のUFO事件について話す場面が出てくる。彼女は最近までべてるの施設長を務めており、べてるの施設すべての管理について責任を負うなど中心的な役割を果たしていた。しかし残念なことに幻聴が悪化して、べてるのマネジメントから手を引かざるを得なくなった。今ではマネジメントに直接かかわらないスタッフとして働いている。

里香は両親の愛情を存分に受け、中流家庭で何不自由なく育った。大学に進学し、卒業してから大手のスーパーマーケットに正社員として勤めた。自分はどこか人と違うと感じはじめたのは、そのころだった。まわりが自分をどう思っているかがひどく気になりはじめ、心を読まれていると感じるようになった。

当事者研究の論文に里香はこう書いている。

わたしは、自分の抱えた生きづらさが統合失調症の被害妄想であることに気づくことができず、二十代の大半をただただ苦しみのなかで過ごしてきた。しかし、いまはそれが病気であることを知っているし、どうやってその苦しみを回避するか、少しずつだがコツをつかんできたように思う。

自分の病気を語るのは、非常に恥ずかしいことだ。けれども、差しさわりのないことを書いても仕方がないので、自分がいちばんつらかったときのことを思い出し、わたしが統合失調症になってから何を考え、どうやって被害妄想とつきあってきたかを、整理してみたいと思い自己研究を始めた。(…)

わたしにとって明らかな病気のはじまりは、大手スーパーの新入社員として入社して間もないときであった。ある日、朝礼で、突然わたしの考えていることが相手に伝わってしまって、言い当てられるという出来事が起こった。すべての人に自分の考えが一挙に伝わり、「エスパーだ」という噂が広がっていった［清水 2005:93-95］。

里香は、この感覚を「サトラレ」という言葉で表現している。サトラレは「悟る」から来ていて、サムライが忍び寄る忍者の気配を察するときの「悟る」と同じ意味で使われている。サトラレという言葉をはじめて聞いたとき私は混乱して、里香が他人の気持ちを読むことができるのだと勘違いした。しかし逆だった。里香は、たとえばトイレに入っても排尿や排便を見られていると感じるようになった。自分が透け透けになってしまった気がして、他人に考えや気持ちを読まれていると思うようになった。里香にとっては自分というものはなくなった。

いつしか、わたしをいじめていた人たちが幻聴としてあらわれるという状況になった。緊張と恐怖で頭の中がものすごいスピードで考えが止まらなくなり、考えを止めようとすると息が止まりそうになり、過呼吸で倒れるという状況に追い込まれていった。そんな自分を笑う声が聞こえてきて、結果的に仕事の継続が困難になり退職せざるをえなくなった。以来七年間、寝ているとき以外、朝から晩まで他人にこころの中を監視される生活が始まった。

あるとき親戚から、病院の精神科を受診することを勧められた。自分としては病気というよりも、とにかく自分の置かれた状態を話したかったし、自分は病気ではなく、薬でどうにかなるものでもないと思っていた。しかし自分のつらさを聞いてもらえるところが他には思いつかなくて、精神科を受診した。

精神科医の前でわたしは「自分は超能力者になってしまった」と打ち明けたが、信じてもらえたようには思えなかった。それは、わたしを失望させた。

わたしは主治医に「人にこころが読まれるのがつらいから、何も考えないでいられる薬はありませんか？」と聞いてみた。すると「考えをまったく無にすることはできないけれども、考えを抑える薬はあるから飲んでみませんか」と言ってくれた。それにすがるしかなかった。

しかしわたしは、出された薬を信じることができなかった。こっそりと本を買って薬の種類を調べてみると、それは統合失調症に効く薬だとわかったのである。もちろんわたしは自分が統合失調症だとは思っていなかったので、それを飲んでも無駄だと思った。実際、飲んでいてもつらい状態には変わりはなかった。

以来、主治医の前ではすべてを話せず、しかし薬をやめる勇気もなく、七年間通いつづけた。最後には人目がこわくて電車にも乗れず、タクシーで三〇分かけて通院する状態になっていた。

人とのかかわりを絶ち、引きこもるようになると、自分を辱めるような言葉が次々と頭に浮かぶようになった。いじめが続くと、気づかないうちにこころの中でいじめられている自分が習慣化されていく［清水 2005:95-97］。

里香は心を読まれていると感じるだけではなくて、自分のすることにいちいち口を出してくる、ある家族の声を聞くようになった。「山田さん」という一家が頭のなかに住んでいて、家の窓からつねに彼女を監視しているようだった。向谷地の教える北海道医療大学で二〇〇七年に講演した際、里香はこの声について次のように語っている。

（そのとき私は二三歳でしたが）**とてもパニックになりました。どうやってこれから生きていったらいいんだろうって、とてもパニックになって、苦しんでいました。仕事の最中に声が聞こえて、家に帰ってもその人たちの声が頭から消えなくて、心休まるときがなく、それから七年間、ずっと苦しみつづけてました。地元の大学病院の精神科を受診したんですが、あんまり病識がなくて、本当のことを言ったら精神科に入院させられてしまうんじゃないかとか、何の薬を飲まされるかわからないぞという怖さがあって、すごく聞こえてくる声のことや、それから私はサトラレと呼んでいるんですけれど、サトラレがやまないことを、先生にうまく相談できませんでした。**

まわりにつねに心を読まれている状態に耐えられなくなって里香は仕事をやめ、自分の部屋に引きこもるようになった。精神科には通いつづけていたが、医師に本当のことを話すことはできなかった。

私が地元で七年間、病気とつきあって引きこもり状態になってたときに、同じ経験をした仲間っていうのに出会うことがなかったんです。だから、同じ経験をした人だったらどう思っているのかなあとか、なんとなく考えたことはあるんですけれど、そういう人たちと触れ合うチャンスがなかった。七年も精神科に通って

いるのに、そういう人たちと話す機会が一度もなかったんです。大きな大学病院だからソーシャルワーカーもちろんいたと思うんですけれど、ソーシャルワーカーを紹介してもらうってこともなくて、医療ソーシャルワーカーっていう人たちが仕事をしていることも知らなかったんです。ただ毎月、病院に通って薬をもらうっていうだけのことをしていて……。

二〇〇〇年に里香が三〇歳になってまもなく、母親が東京から五時間も離れた岡山で開催された「ミニべてるまつり」にこっそり出かけた。母親はそこで目にしたべてるのメンバーたちの仲間意識に衝撃を受け、べてるの本とビデオを買って帰った。でも、娘の関心を無理やりべてるに向けさせるようなことはしたくなかったので、家のなかで里香が偶然見つけそうな場所にそれらの本とビデオを置いておいた。

当時、里香はつねに人から監視され陰口を叩かれているように感じ、怖くて完全に家に引きこもっていた。しかし家から一歩も出ない生活は耐え切れないほど退屈でもあったので、べてるの本とビデオを見つけるのに時間はかからなかった。

ビデオを見た里香は、突然かすかに希望を見たような気がした。浦河は小さな最果ての町だが、精神科を備えた病院がある。人の少ない田舎に行けば、誰にも会わずひっそりひとりで生活できるかもしれない。

里香は母親に、浦河まで一緒に行ってくれるように頼んだ。母親は驚いて少し考えるふりをしてからうなずいた。二人は水曜の午後に浦河に着き、翌木曜の午前中にはじめて川村医師に会った。母親はその日の午後に実家に帰ったが、里香はもう数日浦河のホテルに滞在することに決め、残った。

当初、里香はべてるにはまったく関心がなく、かかわりを持ちたいとも思っていなかった。最果てのド田舎（だが病院はある）だから浦河に来ただけだった。しかし病院の精神科外来が金曜から日曜までお休みだったため、仕方なく向谷地のところに話しに行った。そしてべてるのメンバーたちに会ってみるように勧められ、その気になった。

月曜の午前中、里香はもう一度、川村の外来を受診した。里香が将来どうしたいのかが話題になり、里香は誰にも頼らずひとりで生活したいのだと言った。川村は里香を患者として受け入れることに同意し、彼女はその日の午後のうちにホテルをチェックアウトして七病棟（精神神経科）に入院した。そして三か月入院したあと、べてるのグループホームの一つに移った。

向谷地の話によると、浦河にSAが誕生したきっかけは里香だったという。三か月の入院を経て浦河赤十字病院から退院する際、里香は自分の抱えている問題について仲間と話ができるミーティングの場が院外にないことを不安に思っていた。今と違ってそのころのべてるには、生きていくうえでのさまざまな苦労や症状について自由に話のできる空間がなかったのである。そのような交流と助け合いの空間が欲しいという里香の思いをきっかけに、浦河のSAは生まれたのだった。

はじめて浦河に来たとき、里香はまさに典型的な統合失調症患者という印象だったと向谷地は言う。自己表現ができないだけでなく、どんな話題に関してもある程度以上に長く話すことができなかった。それを聞いて私は、自分が里香に対して持っていたイメージとあまりにかけ離れているので驚いた。しかし里香によれば、向谷地と出会ったからこそ彼女の人生は大きく変わったのだという。

私、三〇のときに浦河に来たんですよね。で、こんなふうにみんなと語らうっていうことが、薬と同じぐら

い自分にとって大事だっていうことを知ったときに、どうして栃木ではそれができなかったんだろうって思いました。ソーシャルワーカーと出会える機会がなかったんですよね。もっと早く出会えていたら、私の人生、ちょっと変わっていたかなあって思います。

栃木にいるときもずっとサトラレがやまなかったんですけれど、今でもそういった症状は変わらない。変わらないどころか、言葉でなんにも考えていなくても、相手に雰囲気として伝わってしまうというような、どんどんサトラレがバージョンアップしていて、最近、本当に窮屈でしょうがないんです。それでもなんとか生きていけるってことは、ありがたいなあと思っています。

それで、今でもサトラレなんですけれど、浦河に来て八年になってやっと自分でも少しずつ、このサトラレと一緒に生きていくんだっていう覚悟ができてきたわけです。

里香は、サトラレ――自分の考えがいつのまにか外に漏れているように感じること――があるからこそ、仲間と自分自身について話せることの大切さを学ぶことができたと言う。仲間と話さないでいると、彼女の症状はもっとひどくなることに気づいたのだ。仲間こそ、彼女の治療にとって決して欠かせない薬なのである。

仲間と出会うということ

日本では二〇歳で成人となる。二〇歳になると社会人すなわち十全な社会的存在と見なされる。もはや何の責任もない子どもではなく、社会という組織の欠かせない一部となる。選挙権が与えられ、飲酒も可能になり、近い将来、仕事に就いて家庭を持つことを期待される。しかしこれは「病気でなければ」の話である。

重い精神病がもたらす特有の問題のなかでも特に際立って重大なのが、孤立と孤独の問題である。これはほとんどの国のほとんどの患者に当てはまる。今なお多くの国で多くの患者たちが、人との接触を断たれ自宅で孤立したり、人と人とのつながりが希薄な精神病院に閉じ込められたりしている。この回想にあるように里香も、浦河に来て仲間に出会うまで七年間も家に引きこもって暮らしていた。彼女は法律上は成人となっていたにもかかわらず、多くの点で社会人ではなかったのだ。

孤立によって社会や人とのつながりを失うことは、統合失調症をもつ人にとってとりわけ深刻な問題である。日本では今でも、医師や看護師向けのマニュアルや家族向けの本に、「統合失調症のある人の幻覚や妄想を相手にしてはいけない」と書かれているのを見かけることがある。周囲の人が幻覚や妄想に触れないようにしていると、本人は話しても無視されたり、現実との接触を失っていると言われたりするのを恐れて幻覚や妄想について語らなくなり、いっそう自分のうちに閉じこもるようになる。その結果、患者の孤独感はますます強くなるばかりだ。

べてるの哲学はまるで逆だ。幻覚や妄想について語ることはむしろ奨励されている。語ることによって幻覚や妄想はみんなの共有財産となり、誰もが話したり論じたりできる対象になる。毎年開催されるべてるまつりの最大の呼び物は「幻覚&妄想大会」で、その一年で最も素晴らしい幻覚や妄想を体験した人が表彰される。ひねりが効いているのは、「最も素晴らしい」幻覚や妄想とは、人と人とのつながりをつくり出すのに最大の貢献をした幻覚や妄想、あるいは最大数の仲間を巻き込むのに成功した幻覚や妄想を指すという点である。

浦河赤十字病院の川村も、患者たちが体験する幻聴は尊重されるべきだという点で、べてると考えを同じくしている。患者が幻聴を訴えると、患者が本当に伝えたいことには耳を貸さずに、ただ薬の量を増やして対応しようとする精神科医が多すぎると川村は言う。そんなことをすれば患者はただ口を閉ざして何も言わなくなる（あるいは処方された薬を飲まなくなる）だけである。実は幻聴は必ずしもネガティブなものではなく、患者の内部や周囲で何が起こっているかを知るよい手がかりになることも多い。川村自身は診療にあたって、その点にいつも留意しているという。幻聴に耳を傾けることは重要なのだ。

ある日、私がニューベてるの事務所に座っていると、隣に座っていた下野勉が「殺す、殺す、殺す、殺す……」と呟いているのが聞こえた。びっくりして何を言っているのかと尋ねると、彼はときどきそうした考えが頭のまわりを跳ね回ると言う。でもそんなときは、黙っていないで口に出すのがいちばんよい対処法なのだと教えてくれた。怖くないのかと問うと、浮かんでくる考えを頭のなかに閉じ込めてコントロールしようとすると、もっと恐ろしいことになるのだと言った。可能なら外に出してしまうのがベストなのだ。

べてるではこうした方法を「外在化」と呼んでいた。すなわち外在化とは、物事を自分の内側だけで抱え込まず、言葉にして可視化し、仲間たちと共有してともに考えることができるようにすることである。

またあるとき、私はひだまり荘の仲間たちとレストランでランチを食べていた。食事を終えてのんびりしていたら、岩田めぐみが突然身震いし、自分の身体を小さく抱きしめた。私だけだったら気づかなかっただろうが、里香が目に留め、「彼が来たのか？」と尋ねた。「来た」とめぐみは答えた。

めぐみの彼は数年前に亡くなっていた。私たちはそれからしばらくめぐみの彼について話をし、生前の彼がみんなにとってどういう存在だったのかを語り合った。彼は今も、ときどきめぐみを訪ねて来ていた。今度みんなで、めぐみが遺灰を撒いた川のほとりを訪ねようということになった。

私は川村の軽トラックを使わせてもらっていたので責任を感じ、できるときにはみんなを車で送り迎えするようにしていた。特に病院は町のはずれにあって中心部から歩くと遠かったので、病院のそばにあるべてるの支店で働いていためぐみには「乗っていかないか」とよく声をかけた。しかし返事はいつもノーだった。歩くのはいちばんの楽しみなのだと彼女は言った。歩いていると幻聴が話しかけてくるので、彼らとの会話を楽しんでいるのだということだった。

多くのべてるメンバーが、幻聴がなくなったら寂しいと思うと話してくれた。里香は服用していたリスパダール（抗精神病薬）を睡眠補助薬と呼んでいたが、その理由は、寝る前にリスパダールを飲むと幻聴（特にうるさい山田さん一家）が静かになって眠れるようになるからだった。しかし一方で、日中は頭のなかでいろいろ会話が交わされていても、あまり意地悪なことを言わない限り気にしないようにしていると言う。

あらゆる幻聴がポジティブな存在かというと、もちろんそうではない。たとえば千高のぞみは、絶え間なく自分を批判し、けなす幻聴に悩まされていた。のぞみにとってSSTは、他のメンバーたちがネガティブな幻聴さんとどのようにつきあっているかを学ぶよい機会であったし、一方、仲間たちにとっても、のぞみがふだんどのような体験をしているかをより深く理解する機会になった。仲間たちが最終的にのぞみに提案したのは、薬を増やすのではなく、「首相や警察官といったよい幻聴さんたちを雇って、悪い幻聴が増えるのを取り締まってもらったらどうか」ということだった。

誤解のないようにつけ加えておくが、のぞみはもちろん川村の診察も受けていたし、川村もＳＳＴなどを通した認知行動療法や社会的なサポートだけで十分だと考えているわけではない。薬は必要だが、でも薬だけで回復することはできないと川村なら言うだろう。社会的なサポートや一人ひとりの強い気持ちが薬を補完し、薬だけではできないことを可能にするのである。

恋愛と結婚

二〇〇五年のクリスマスはひだまり荘で過ごした。その夜私たちは、私のパートナーも一緒に恋愛について語り合った。べてるのメンバーたちにとって恋愛は尽きせぬ悩みの種だった。メンバー同士で交際するカップルは何組もいたが、それぞれが自分の気持ちの浮き沈みの激しさとつきあうのに精いっぱいで、二人の関係は波乱万丈になりがちだった。べてる内での妊娠・出産も幾例かあったが、その都度べてるは新しく親となった二人の子育てをどのように支えるか、その仕組みを模索してきた[7]。

私がリサーチのためべてるに滞在していたころ、里香は三十代後半で、異性との交際・結婚を折に触れ考えていた。しかし、べてるの内部の人をパートナーに持つのは嫌だと思っていた。仲間たちがパートナーとのあいだにアルコール依存、ＤＶ、共依存などの問題を抱えて苦労しているのを山ほど見てきて、同じ目にはあいたくないと思っていたのだ。とはいえ、べてるにいながら外部の人とつきあうのは難しかったし、べてるを離れるつもりもなかった。

自分の家族を持ちたいと思ったことがあるかどうか、里香に尋ねてみた。

三六になって、もう子どもを産むのもそろそろあれでしょう。四〇越したら大変になってくるでしょう。それを考えて、ああなんか自分も、自分の家族みたいなのを、持てるのは今ぎりぎりのラインなんだなあってふっと思うと、そういう幸せもあるんだなあって思ったりもするねぇ。

ここに来たときは、ここのみんなみたいに、共同住居のみんなで生活していることが家族の代わりなんだって思って割り切ってたけど、でもたまにふっとよぎるね、そういう思いっていうのは。もうちょっとしたらまた、ここが私の家族だって思えるようになるのかもしれないけれど。

里香は、浦河に移住してリカハウス（里香にちなんでそう呼ばれていた）に住んでいたころのことを思い出していた。当時リカハウスには一五歳の少女が一緒に住んでいた。家族の虐待から向谷地の助けで逃れ、向谷地家の里子になっていた子で、浦河に来た当初は彼女自身もたくさんの精神的問題を抱えていた。里香はその少女との暮らしがどんなふうだったか話してくれた。

私、いくつだったかなあ。三一ぐらいのとき、一五の子どもがいきなりできたみたいなもんで、リカハウスで。六六歳の蔵野さんっていうおばあちゃんと一緒に三人で住みはじめて。なんかちょうど真ん中で。引きこもっていたんだけど、食料とか買い出しして、ごはんつくって。一五歳の子も食べられる、六六歳のおばあちゃんも食べられるものをつくるのに苦労して、もう食事つくるだけでもへとへとになって……みたいな人間関係のなかで、こういうのが家族なのかなあなんて思ったりしながらね、いろいろやってきたんだけど。

その一五歳だった少女も、今ではひだまり荘のテーブルを一緒に囲んでいた。彼女はすでに二十代になっていて、べてるの正式なメンバーとして活躍しており、まだほんの子どもだった昔の話を聞かされて少し恥ずかしそうにしていた。

里香が来てから一〇年ほどのあいだに、べてるでは何組かのカップルが子どもを産んだ。その姿を見てきたので、子どもを育てることがどんなに難しいかみんなよく理解していた。実際、べてるで生まれた子どもたちの多くが、里親や児童養護施設、あるいは祖父母のもとで育てられていた。べてるには「こんどうむ社」(「コンドーム」と「今度産む」をかけた言葉である)というグループがあり、カップルに避妊を勧めるなどの活動を行っていた。

私がべてるに滞在していたころ、ひだまり荘の女性たちには誰もつきあっている相手がいなかった。まるで修道院か、かつての駆け込み寺——夫から逃れてきた女性たちを匿った仏教の寺院——みたいだと里香はよく笑っていた。仲間たちもふざけて里香をマザー(修道院長)と呼んでいた。実際、里香は私たちみんなにとってお母さんのようだった。とりわけ不安定で調子を崩しやすいのぞみにとって、里香はお母さんそのものだった。のぞみの携帯には里香の携帯が短縮番号として登録してあり、のぞみは、里香(や向谷地や川村)に一日に何度も電話をかけていた。

私が二〇〇八年にべてるを離れたときには、里香はニューべてるでデータ入力の仕事をしていた。しばらく前に変えた新しい薬の影響で疲労感が強く、朝なかなか起きられずに遅刻を繰り返していた。ときには一一時ごろにならないと出勤できないこともあり、スタッフによく注意されていた。結局、入院することになり、退院したあと施設長の職を降りた。

ひだまり荘の仲間たちを結びつけているのは里香だった。彼女は、社会から逃れるために浦河に来たにもかかわらず、べてるで他者とのつながりを見出し、ふたたび社会的な存在となった。べてると仲間たちは、今では彼女の生きがいにまでなった。彼女はフルタイム（あるいはそれに近い状態）で働けるほど回復し、車を持っている数少ないメンバーのひとりとして仲間たちから頼られ、食品の買い出しやたまの遠出の際に運転を引き受けていた。しかし私はよく里香のことを心配に思ったものだ。彼女はそれらの責任をすべて引き受けながら、その思いを自分の胸のうち深くにしまい込んでいたからだ。

第3章
医者と病院

毎夏、川村夫妻はべてるのメンバーと病院の患者とスタッフを呼んで、自宅で七夕パーティを開く川村敏明は一九四九年、北海道南西部の下のほうに位置する森町という小さな町に生まれた。戦後のベビーブームの最中に生まれたことは彼にとって幸運だった。彼が十代の半ばになるころまでには、日本は戦争後の瓦礫のなかからなんとか立て直し、かつてない経済的繁栄を謳歌していた。

若い敏明は、親孝行のつもりで北海道大学の水産学部に入った。ところが自分の人生をどうしたいのかがよくわからなくなり、三年間勉強を続けたものの卒業することなく退学してしまう。二年後、医者になろうと決心して、札幌医科大学を受験して合格した。

医科大学に入学したものの、敏明はどの専攻に進めばよいのかわからなかった。インターンシップで行った先の一つは精神科病棟だったが、そこで見たものに彼は驚かされた。臨床面談を見学すると、患者は精神科医に話すときに笑ったり泣いたりしているが、精神科医のほうは静かにうなずいているだけだった。終わりになると医師はうなずいて「じゃあ二週間後ね」と言い、患者は医師にお礼を言って立ち去る。敏明は、そこでは深遠な何かが進行しているのだろうと思った。ただうなずくだけで、どうやってよくすることができるのだろう。

大学を卒業し、大学病院の精神科病棟で研修生活を一年送ったあと、川村が最初に配属されたのは浦河赤十字病院の精神科だった。彼がそこにいたのは一九八一年から八三年までの二年間だけだったが、この時期に早坂潔と出会ったのだ。彼が病院を退院して、のちにべてるの家と呼ばれることになる浦河教会旧会堂に入居するのを手助けしている。

しかし、開業していない他の多くの勤務医たちと同じように、川村も自分の職場を選ぶことはできなかった。浦河から出て、札幌旭山病院のアルコール依存症専門病棟に異動することになった。この旭山病院での四年間は彼にとって決定的な経験となった。

のちに統合失調症のような重い精神疾患の治療について持つようになった彼の哲学は、このアルコール依存症患者の回復プロセスの観察に由来している。要するに、患者が自分自身の回復をコントロールできることが必要であり、もし患者がよくなりたいと思っていなかったら、医師としてできることは非常に少ない。川村は強くそう思った。

川村は、「多くの医師が患者に精神的に依存している」という根本的な問題に気づいた。医師たちは患者に見放されることを恐れながら生きている。患者から「よい医者」「よい人」として見られることを求めるあまり、医師たちは治療を重ね、薬を投与しつづける。つまり、治すために大変な努力をする。

彼らが気づいていないのは、一歩退いて、スポットライトから外れる必要があるということなのだ。患者が主役でなければならないし、医師は患者が自立心を取り戻すために必要なことをしなくてはならない。それが、患者に回復に向かって努力しようという勇気を持ってもらう唯一の道なのである。[1]

医療者として大事なことの一つは、自分が無力なこと、限界があるということを知ることです。わたしたちはそこから始めることを大切にしています。だから、薬物療法が進歩し、新しい治療法が出てきたとしても、それは課題にアプローチする道が増え、進歩したということではあっても、その道だけが大きな、あるいは唯一の道では決してないわけです。その意味で、限界、分際をわきまえる部分がないと、精神科医や精神医療というのは、大きな過ちの世界に入っていきそうな気がしますね［川村 2005：264］。

一九八八年、川村は浦河に戻った。浦河を短いあいだ経験したことによって、浦河への思いが募ることになった。べてるの形成期のすべてに居合わせることはできなかったが、結局のところ、べてるが彼を変えたのとまったく同じくらい、彼はべてるを変えることになる。川村の貢献の多くは、浦河赤十字病院の精神科医療の改革を通してのものである。

浦河赤十字病院

浦河赤十字病院は日本赤十字社が運営する病院である。ただしその名称にもかかわらず、キリスト教とは何の関係もない。日本赤十字社は日本がジュネーブ条約に加入したあと、一八八七年に設立された非政府・非営利の独立した組織であり、国際赤十字のメンバーである。災害救護や献血の活動を行っているほか、日本赤十字社は多くの病院や診療所を運営している[2]。

浦河の病院の歴史は一九〇四年に始まる。この年、浦河町

2008年正月、自宅での川村先生。この日も彼はべてるのメンバーを自宅に招いて餅つきをした

によって浦河病院が公的病院として設立・運営された。一九三九年に浦河町が赤十字に運営を引き継ぐよう依頼したとき、病床数は四二床、医師二人、看護婦二人であり、内科、外科、小児科、産婦人科、耳鼻咽喉科の五つの診療科があった。[3] 地元住民たちはたいていの場合、農場や牧場を営んだり漁業に従事したりしていたが、彼らに必要な治療を施すにはこれで十分だった。

一九五四年に大地震がこの地域を襲い、浦河赤十字病院は甚大な損害を被った。古い建物を修復するという選択肢もあったが、以前より大きくて最新式の施設に建て直そうという決定がなされた。数年後に完成した新しい病院は、真ん中に空間をとった大きな四角形として設計され、鉄筋コンクリート五階建ての印象的な建物だった。新しくなった病院は、小児科から眼科まですべての診療科をそろえた日高地方唯一の総合病院として承認された。

病院の理事会は、一九五〇年代後半までに、入院施設を備えた精神科病棟を新たにつくることを決定した。潜在的な需要がかなりあることに気づいたからである。医療人類学者の浮ヶ谷幸代によれば、当時の調査で日高地方に精神疾患をもつ人が約六〇〇〇人いることが明らかになっていた［浮ヶ谷 2009:54］。炭鉱の仕事でひと山当てようと本州から北海道にやって来たものの、炭坑が閉鎖されたために仕事を失っていた内地の人たちもいる。アイヌ系の住民や他の社会的差別の対象者もいた。

病院のいま

現在でも依然として、浦河赤十字病院は周辺地域の最大にして唯一の総合病院である。病院の主要な建物は建てられたときとほとんど同じままだが、二〇〇三年九月二六日にふたたび非常に強い地震が襲い、老朽化した建物は持ちこたえることができなかった。東側の建物すべてが使用できなくなったため、病院は今では、東側が欠けた「コ」の字型をしている。

精神神経科の古い入院病棟がかつて建っていたところには、今は人工透析室がある。二〇〇三年の地震のあと、病院は精神神経科病棟を西側の古い建物に移し、人工透析部門と精神科デイケア部門のために新しい施設をつくった。二階建ての独立した建物であり、人目につかない裏からの入り口がある。この入り口があることは、その場の雰囲気によい影響を与えることになった。

精神科デイケアでは、病棟の患者だけでなく、地域で生活する人たちも参加できる数多くのプログラムを開催している。たとえばSST（一六五頁参照）や、さまざまなかたちのグループセラピーやスポーツセラピーが開かれている。一階には音楽練習室や大きなキッチンもある。キッチンには二つの親子グループ——一つは精神的な問題を抱えた子どもをもつ親のためのグループで、もう一つは精神的な問題を抱えた親のためのグループ——が定期的に集まっている。デイケアには二人の精神科ソーシャルワーカーと二人の常勤看護師がおり、スタッフには恵まれている。

精神神経科の入院病棟は西側の建物の三階にある。この病棟は、専門的な観点から言えば、閉鎖病棟にあたる。というのは、出たり入ったりしようとすれば、ブザーによって担当看護師に知られるようになっているからである。浦河赤十字病院のデータによれば、精神神経科の入院患者は、平均九九・五日間滞在しており[4]、全国平均の三一八日よりもずっと少ない（二五三頁参照）。もっとも数日しか滞在しない人が非常に多くいる一方で、何年も入院しつづける患者が一握りだけいるというように幅が非常に大きいので、入院期間の平均値は当てにならない。川村の長期的な目標は、できる限り多くの長期入院滞在者を退院させることであるが、そのプロセスは想像以上に難しい。

多くの過疎地の病院と同じように浦河赤十字病院も、当地にやってくる——そして着任後ずっととどまってくれる——医師を獲得することに非常に苦労している。結果として、病院は慢性的にスタッフ不足である。

たとえば病院には集中治療専門医（救急救命室の医師）がおらず、そのためすべての医師スタッフが時間外の救急当番のローテーションを交替で担う必要がある。精神神経科部長の川村でさえ、毎月数回は深夜勤務をしている。私が居合わせたあるスタッフミーティングで彼は、前日救急で診た糖尿病患者のことを例にとって、薬を飲んで自分の状態を調節するという気配りの点で両者は似ているとつぶやいていた。精神神経科の看護師とソーシャルワーカーも、救急診療の深夜勤務を交代で手伝わなくてはならない。このことがさらにこの診療科の離職率を悪化させていた。

精神神経科

浦河赤十字病院の精神神経科には二人の医師が勤務していた。そのうちのひとりが川村で、部長を務めている。もうひとりの医師は入れ替わりが激しいようであり、私が浦河を訪れるといつも大学医学部を卒業したばかりの新しい若い医師が二～三年の期間限定で働いていた。この若い医師たちはたいてい、別の場所で仕事を得る機会があると辞めていく。若い医師自身が浦河の町に順応できると感じても、配偶者やその他の家族は、このような過疎の町で残りの人生を過ごすという将来の見通しをひどく嫌がることが多い。ソーシャルワーカーたちはそう嘆いていた。川村のように六人の子ども（そのうちの四人は実子であり、二人は養子である）を育てながら浦河で三〇年を過ごす者は、病院スタッフのなかではたしかに例外である。

精神神経科という名称は、日本で精神科と神経科が同じ分野だと考えられていた一九三〇年代にさかのぼるものである［Kitanaka 2012］。しかしこの名称は有益な効果をもたらしている。一九八〇年代の日本の精神病院の人類学的研究においてジョン・ラッセルは、彼のインフォーマントのひとりが「神経科」と呼ばれる病院の診療科よりも「精神科[5]」と呼ばれる診療科に行くことのほうをためらったと指摘している。「というのも、精神科という名称は心の障害を連想させるのに対して、神経科という名称の場合には、生理学的な、そのため社会的により受け入れやすい障害が暗に意味されているからである」［Russell 1988：29］。別の言い方をすれば、精神神経科という名称のおかげで、患者たちはもし近所の人に見られても「私は精神疾患ではないですよ。ちょっと自律神経系が弱っているだけなのです」と、もっともらしく否定することができるのである。

川村は予約を受け付けていない。彼に診てほしいなら朝早くにやってきて、その日の待機名簿に名前を記入しなくてはならない。精神神経科の外来患者は、建物一階の外来病棟で診察を受ける。診察は先着順のため朝七時半くらいには行列ができる。午前も半ばになると川村のその日の予約はたいてい埋まってしまうが、救急の場合には看護師がその患者を滑り込ませることもある。

日本のほとんどの病院は融通がきくように運営されていて、患者によっては数分の診察で済ませることもできるが、医師が自分の裁量でもっと多くの時間をかけることもできる。特に予約がなくとも、通常はその日に診察を受けることができる。反面、遅く来てしまうと、精神科医（あるいは他の医師または専門医）に診てもらうのに午前中いっぱいかかることもある。[6]

看護師たちが患者の受診票を持ってきて、並んでいる人たちに番号を告げる。ほとんどの患者は常連であるため、待合室にいつごろ戻ってくればよいかをわかっている。そのへんにいる者もいれば、廊下で待っている者もいる。精神科デイケアのほうに歩いていく者もいる。喫煙室で煙草を吸ったり、新聞を読んだり、インターネットを見たり、何をするでもなくソファや畳の上に横になったりしている。前述の通り、朝一番に来なかった場合には名前が呼ばれるまでかなりの待ち時間になることもあるため、近くのコンビニや病院内の食堂に姿を消す患者もいる。

川村医師の診察

外来病棟にある川村の診察室は狭く、ほとんど飾り気がない。個人的に手を加えた形跡は、窓際にある一列の鉢植えだけである。椅子に座った患者の話に耳を傾けながら、川村は簡素な金属製の机を使ってコメントを記入している。[7]

川村の診察はたいてい短い。常連の患者であれば――特に毎日彼に会いたいと思っているような患者の場合には――五分以内に終了してしまうだろう。長いこと診ていなかった人や新しい患者の場合には、三〇分以上の時間がかけられる。

川村は、患者の前で自分自身が偉そうに見えないように努めている。病院の規則があるので医師用の白衣は身に着けているが、その下からはチェック柄のシャツにジーンズがはみ出し、ワークブーツを履いている。彼はしばしば自分の家族について話したり、自分が抱え込んでいるさまざまな弱みについて話したりする。ジョークを飛ばし、最低の駄洒落でも言ってのける。彼がよく言う主張は、「自分は治さない、治せない医者だ」ということである［川村 2005:265］。

彼は、患者の回復プロセスにおいて自分が果たす役割を強調することはない。精神科医や薬物療法の役割は重要だと考えているけれども、これらは人生を取り戻すための最初のステップにしかならない。はるかに重要なのは、患者たちが現実の世界に出ていって人生を——人生に必然的にともなうその他の問題すべても含めて——手にすることである。

彼がよく口にする決まり文句の一つは、「本当に大変だったでしょう」である。単純な承認の言葉ではあるが、患者に涙させるのにこれで十分である。[8] ずいぶん前に医科大学で覚えた通りに、川村は万年筆を使って手書きのドイツ語でカルテにコメントを記入する。私は彼が患者を急いで追い出すのを見たことがない。たいていはごく自然に会話が終わりを迎え、患者は医師にお礼を言っていく。川村が必要に応じて新しい処方箋を書き、患者が出ていくと、次の患者がおもむろに入ってくる。

外出と面会

川村は最初一九八一年から八三年まで浦河赤十字病院で勤務し、その後一九八八年に戻ってきたが、そのときは期限なしだった。翌一九八九年、浦河赤十字病院は一三〇床へと精神神経科病棟を大規模に拡大した［浮ヶ谷 2009:54-55］。川村は前年に着任したばかりだから、この拡大は当然彼の手によるものではない。この新しい精神科医ならばもっと多くの患者を連れてくることができるだろうと病院側が楽観視していたのかもしれない。病床数を拡大しても、設備や看護ケアの手当てにはそれほど負担はかからない。一方で院内処方による利益の増加が見込まれるので、病院の管理者側にとっては、精神科病棟の拡大は財政上の安定を意味したのである。

そのころの病棟は、社会学者のアーヴィング・ゴフマンであれば全制施設〔total institution〕と呼ぶであろう仕方で運営されていた。患者の生活のあらゆる側面は看護職員によって管理されていた。患者の起床時間、朝食、午前の活動、昼食、午後の活動、そして夕食、さらに消灯まで。これらすべては看護職員の官僚的体制によって支えられていた。

川村の記憶によれば、患者が病院の隣のスーパーマーケットに行こうとする場合は、三日前に書面による申し込みをしなくてはならなかった。申込書には、そこに行きたい正確な時間、買いたいと思っている商品の名前と値段を書かなくてはならない〔川村 1992:161-162〕。このようなことが社会リハビリテーションという名のもとで行われていたが、川村にとっては意味のないことだった。彼は、「三日後に何のおやつを食べたいかを前もってわかっているような人こそ、まさに頭がおかしくなった人だろう」と冗談めかして言う[9]。

川村が言うには、このような規則は職員のためのものであって患者のためのものではないし、こうした規則によって患者の側に社会的孤独や依存が生み出されてしまう。彼は着任直後、この規則を他の規則とともに廃止した。今では病棟は、ずっと開放病棟に近い仕方で運営されている。外出自由の許可を得た患者は好きなときに出入りすることができ、訪問者も事前の連絡なしに訪ねることができる。

二〇〇七年七月のある暑い日に私が精神神経科病棟を訪れたとき、ナースステーション脇の掲示板には、六三人の入院患者全員のリストがあった。そのうち一七人には、外出不許可を意味する赤い印がついていた。六人には、病院の建物内に出入りを制限することを意味する青い印がついていた。そして残りの四〇人は、付き添い人がいる限り自由に出入りすることができる。

ほとんど誰でも付き添い人を務めることできた。家族、べてるのメンバー、それどころか私自身でさえ。私は制限のかけられていない患者と一緒にデイケアの部屋や近くのスーパーマーケットに出かけたが、面倒な外出記録の手続きはなかった。外出する間際に、これから出かけてくると看護師のひとりに言っただけだった。

隔離拘束と強制的薬物治療

精神神経科病棟には三つの保護室（隔離室）があった。その日は、そのうちの一つが使われていた。その部屋にいるのが、最近多くの困難を抱えて入院していたべてるのメンバーであることを私はわかっていた。主任看護師によれば、今は人と接触するのが怖いのでひとりでいたいと患者自身が要望したということだった。私は有線のビデオモニターから、彼が部屋を行ったり来たりしているのを見ることができた。部屋のなかにあるものといえば、敷布団と掛布団だけだった。

浦河に滞在中、私は何度となく病棟を訪れたが、拘束や強制的な薬物治療、その他の仕方で物理的な力が患者にふるわれる

浦河赤十字病院第七病棟のメインロビーと喫煙室（左）

ところは一度も見なかった。二〇〇五年のインタビューで川村はこう答えている。

患者さんが暴れるという状況に対して、事前に薬を増やしておくという方法がもっとも有効だと、みんな思いこんでいるんでしょうね。この町でもそういう時代がありましたが、わたしたちが学んだのは、それが少しも有効な方法じゃないということです。だから、あまり薬を出さないのは、そのほうがいいからです。状況に応じて有効な方法を選択しているだけなんですよ。
べてるでは、よくイメージされるような精神病院の暴れる患者さんっていうのは、意外とありません。暴れるといっても、「強い主張」が中心で、「ああ。文句がたまってるんだな。わかる、わかる」って、放っておけるような爆発なんですよ。押さえつけて入院させる、なんていう場面はまず年に何回かしかありません。決して病状そのものは軽くはありませんが、決定的な爆発にならないのは、彼らがちゃんとＳＯＳを出してくれているからです［川村 2005:265-266］。

病院の建物は古いものの、病棟そのものは清潔で明るかった。ほとんどの患者は西洋風の病院用ベッドのある相部屋にいたが、布団で寝るのが好きな人たちのために畳の相部屋もあった。患者たちは私物を持ち込むことが許されており、貴重品用の個人ロッカーも与えられていた。ロビーには、ガラスで仕切られた喫煙用の部屋があった（ありがたいことに、外に向かって換気されていた）。

病棟の縮小

二〇〇〇年に川村は、精神神経科病棟の縮小について向谷地や病院スタッフと数多くのミーティングを行った。一〇九名の入院患者の名簿を見ながら川村と向谷地は、三七名を高齢者介護施設へ、他の二三名をグループホームや共同住居へ、六名を身体障害者療護施設へ、一〇名は家族の元へ移すことができると主張した。そして一年あまりの奮闘ののち、一三〇床から六〇床に入院部門を縮小することに成功した。この徹底した縮小は、日本の精神科ケアにおいてはほとんど前例のないことだった［浮ヶ谷 2009 : 63］。

他の病院も精神科の入院期間を短縮させようとする政府の圧力を感じていた。日本の精神科の入院期間の長さに対して、国際的な注目と批判が高まっていたのである。しかしほとんどの病院は単に長期入院患者たちを他の病院と交換するという、人の人生をもて遊ぶような巧妙なペテンによって平均在院期間を引き下げただけだった。

浦河の場合、いちばん近くの精神病院は二時間以上離れた苫小牧にあった。もし転院になれば患者たちは家族や友人、そして仲間から切り離されることになる。川村は、これは受け入れられないと考えた。各自の退院は完全に自発的なものであるべきで、患者が受け入れられる状態のもとでなされるべきだと彼は主張した。彼の考えでは、強制的に施設から追い出すことは、強制的に施設に収容することと同じくらい悪いものだった。納得して退院するためには、その人が病院を離れたいと思うだけでなく、そのあとに行くことのできる居場所を持っていなくてはならないだろう。

べてるの拡大

ここで、べてるが役割を果たすことになった。病院の精神科部門の規模縮小は、べてるのグループホームの数を増やすことで可能になった。すでに述べたようにべてるの家は一九八四年に、寝室として使うことのできるいくつかの予備室しかない古い教会の建物から始まった。一九九〇年には教会の裏側が拡張されて六名が住めるようになり、一九九二年には定員七名となった。べてるが団体としてさらに多くの退院患者を支援するためには、そのための部屋を見つける必要があった。

一九九〇年代からべてるは、浦河にある建物を購入したり、賃借りしたりするようになった。そうした建物の最初のものの一つにリカハウスがある。そこの最も有名な入居者である清水里香にちなんでリカハウスと名付けられたこの建物は、大きくてモダンな家である。浦河の町を大きな丘の上から見下ろす向谷地夫妻の新居の隣にあった。もともとは高齢の祖父母をもつ家族の居住用に建てられたものであり、車椅子でも行き来しやすい。リカハウスには五名居住することができた。

浦河の経済の衰退と人口の減少は、べてるが拡大するうえで追い風となった。少額でさまざまな建物を買い集めることができたからだ。かつては元精神科入院患者を望まなかった大家たちも、今では交渉にずっと乗り気になっていた。べてるは事実上、浦河の経済のなかで、成長している唯一の存在だった。

二〇〇五年に法律が改正され、精神科グループホームが食事の用意や生活支援といったサービスを提供する場合、政府からの財政的援助を受けることができるようになった。このためべてるは、(食事その他の支援サービスを行う）グループホームと、政府からの財政的支援を受けない共同住居とを区別することになった。より多くの支援を必要とする人たちはグループホームに行き、状態が安定していて自分のことは自分でできる人たちは共同住居や地域の民間アパートに行くことになった。

二〇〇八年までにべてるは、四つのグループホームと四つの共同住居を所有することになり、さらにいくつかの民間の建物を借りていた。*

グループホーム

- 「元祖」べてるの家（教会）
- フラワーハイツ
- 潮見ハイツ
- ぴあハウス

共同住居

- リカハウス
- レインボーハウス（女性専用）
- ひだまり荘（女性専用）
- みかん

民間アパートおよび借家

- きれい荘

・ほっとハイム
・潮騒荘
・武田ハウス
・たのし荘

二〇〇七－〇八年に私が浦河にいたとき、べてるはさらに、二〇名が暮らすことのできる大きな共同住居を購入した。その建物は便利なことに浦河警察署の真後ろに位置していた。新居を建てた向谷地も、旧宅をもう一つのグループホームとして使えるようにべてるに貸し出した。二〇一一年にもべてるは、メンバーの家族の居住支援のために集合住宅を購入した。

べてるが拡大し、居住施設を買い集めはじめたときには、地域住民からの抵抗もあった。向谷地の説明によれば、多くの精神障害者が浦河で暮らすことへ不安を感じる人たちも少なからず存在し、こうした人たちからべてるに対する反発が出る。

たとえば、北海道日高支庁の建物が売りに出たときは公正を期するために入札制度をとるが、途中までは誰が応札したかはわからないため噂が一人歩きしやすい。また、べてるの支援者が購入した建物が

＊ 二〇一四年現在は以下のようになっている。グループホーム七つ、共同住居一つ、民間アパートおよび借家六つ。

べてるに譲渡されることがあると、べてるに反感をもつ者の悪感情も増すだろう。こうしたことが、べてるをカルト的とか秘密主義とみなす人々のイメージを助長していると私は内心思っていた。

べてるの拡大に対する町の反応

私は町の人たちに、べてるについてどう思うかを聞いてみたが、ほとんどの人は礼儀として公に否定的なことを言うことは控えていた。また、べてるが目抜き通りのあるホテルや商店主からは多くの支持者を得ていたことは確かだった。彼らはべてるを訪ねてくる観光客の増加を目の当たりにしていた。

とはいえ浦河の地元警察にとって、べてるのメンバーが頭痛の種であったことは間違いない。警察の人たちは、べてるのメンバーが引き起こしたか、メンバーに起因すると思われる問題のために呼び出されることに嫌気がさしていた。地元警察を特に苛立たせたのは、緊急通報用電話番号である110番（アメリカの911やイギリスの999にあたるもの）が地元の通信指令室にではなく、札幌にある警察本部通信指令センターにつながることだった。このセンターがメッセージを取り次いで地域に送り直すことになっていたのである。

べてるのメンバーのなかには、迫害されているという感情がわき起こると何度も110番する癖がついていた者もいた。地元警察は、自分たちの署があまりにも多くの緊急通報を受けることに困惑していたに違いない。地域ごとの統計上のランキングにおいて彼らに不利に働くことにもなったのである。

警察をさらに悩ませたのは、べてるが最近購入した物件がまさに浦河警察署の裏手にあることだった。べてるの建物の窓は警察署の窓にまっすぐ向いていたため、べてるのメンバーが入居したあと警察は、以前よりも頻繁にブラインドを閉じるようになった。これによって彼らには、見事な海の眺めが遮られることになったのだが。

話し合いが持たれて、二つの建物のあいだに大きな壁をつくってメンバーが覗き込むことをできないようにしてほしいと、警察がべてるに頼むということさえあった。さらにべてるの入居者は、自転車タイヤの空気入れを借りるために警察署本部に歩いていくことがあった。向谷地の話では、これをできなくするためにべてるの建物の入り口に鍵を掛けてほしいと警察からお願いがあった。メンバーのたったひとりがしただけだったが、これが繰り返されると、警察官はガソリンスタンドの店員にでもなったかのように感じていたようだった。地元警察官たちのちょっとしたエゴとうまくつきあうということも、べてるの仕事である。

否定的な感情の多くは根拠のないものだったようである。私がニューべてるの事務所にいたある日、消防車のサイレンが聞こえたので、何が起こっているのかを見に走っていったことがあった。すると近所の古い木造建造物の一つが焼けていた。消防士が水をかけているとき、野次馬のなかにいたひとりの高齢の女性が、「べてるのメンバーの仕業に違いない」と彼女の友人につぶやいているのを耳にした。この建物の二階の部屋にべてるのメンバーが実際に住んでいることをあとになって私は知ったが、そのメンバーは火事が起こったときには幸運にも外出中だった。消防署はその後、建物一階のそば屋から出火したと発表した[10]。

地元商店からべてるの家に電話がかかってきて、酔っぱらって店内に入ってきた人がいるので迎えにきてほしいと言われたこともある。ひとりのメンバーがこの人物を迎えに行くことになったが、結局わかったのは、この人物はべてるとはまったく関係がないということだった。酔っぱらいやクレイジーはみんなべてる関係者だと思っている人も住民のなかにはいた。

　べてるの家の入居者のひとりである岡本勝は、夏になるとよく外で昼寝をしていた。問題は、彼が道端や駐車場の一角で昼寝することを好んだことである。浦河警察署は「死体」があるという通報を、通行人からしばしば受けていた。彼はたいてい汚い身なりでひどくにおったので、近づいて安否確認する人はいなかったのだ。これを受けてべてるは、二〇〇九年に毎年恒例の幻覚&妄想大会で岡本に、「ベストスロー」賞を授与した。そして昼寝中に地面に差し込むことのできる「ただいま昼寝中」と書かれた小さな旗を贈った。

ニューべてる近くにある、アパートと食堂が一緒になった建物。消防士たちが火を消そうとしているところ

　こんな例以外にも、地域住民がべてるを好んでいないと思われる理由は数多くあった。たとえばクレイジーな人たちがいる町として全国で有名になることに困惑する人もいたし、べてるのメンバーが何か起こすのではないかと不安に思っている人もいた。実際べてるのメンバーは、しばしば騒動を起こしていたわけだが。

　自分たちは生活のために必死で働かなくてはならないの

に、べてるのメンバーが社会福祉の恩恵で暮らしていることに妬みを持ったり、町全体が死にかけているのにべてるのビジネスだけが順調にいって、町中の建物を安く買い上げているのがおもしろくない人もいた。毎年行われているべてるまつりには、観光客にお金を落としてもらうことで、べてるがコミュニティにとってよい存在であることを町や地域の商店主たちに納得してもらい、妬みの感情をよい感情へと変えてもらうという目的もあるのだ。

病院からグループホームへ、次にアパートへ、そしてまた病院へ

べてるが保有する施設にはさまざまなタイプの住宅が混在していたが、それは意図した通りの効果を生んだ。べてるはグループとして不動産を所有したり長期の賃貸契約を結んでいたために、柔軟な対応が可能になった。病院から退院したばかりで特別なニーズを抱えている人は、グループホームに入居する。グループホームでは食事のサービスを受け、訪問看護師、べてるのスタッフやメンバーによって定期的に様子を確認してもらえる。病院の外の生活に慣れ、前より自立した生活が送れるようになると、共同住居や民間のアパートに移ることが可能になる。

川村とべてるのスタッフは、メンバーが病院を退院してグループホームや共同住居にスムーズに移れるようにと努めていたが、逆にグループホームや共同住居から病院に移ることもスムーズにしようとしていた。浦河では、入院することは間違いだとは見なされていなかった。むしろ入院は、精神疾患のリズムの自然な要素だとされていた。入院し、調子がよくなって退院し、生活をふたたび始める。しかし薬を減らすことや何かが突然再発の引き金となり、病院に戻ることになる。

退院した人たちが自分の精神病のサイクルを理解し、いつ入院がまた必要となるかを予測できるようになるように川村たちは努力していた。どういった状況だと薬物治療がいらなくなるのか、何が再発の引き金になるのか。もちろん彼らがこのサイクルを断つ方法を見出し、入院を必要としなくなれば理想的だが、入院すること自体は否定的な事柄とは見なされていないのだ。

早坂潔は、自分の体が凍るように感じはじめると入院するようにしていた。ある日突然精神病の症状が現れて入院し、数週間ほど滞在するメンバーもいた。こうした柔軟な対応はべてるの家にとっては負担が多いが、メンバーには大きな心の安寧をもたらしていた。自分の住居や仕事に何が起こるかを心配することなく気楽に入院できる。そして調子がよくなれば、また退院できることをわかっていたからである。

画期的な応援ミーティング

人々をコミュニティにふたたび根づかせるための病院やべてるの努力は、病院、べてる、町の行政部門のあいだの素晴らしい関係によって支えられていた。二〇〇七年九月、私は保健所でのミーティングに行った。二人の幼い子どもを持つべてるのメンバー木村明子のために、「応援ミーティング」が呼びかけられたのである。彼女の子どものひとりは小学校におり、もうひとりはデイケアにいた。明子は助けを求めていた。

ミーティングで明子は、会議テーブルの真ん中に座った。彼女の左には病院のソーシャルワーカー[11]である伊藤恵里子が座り、右に保健所のスタッフが座った。川村と、精神科デイケアで母子グループを運営している看護師もいた。教育委員会から二人が来ていて、地元小学校の教頭先生とディケア施設の職員も参加していた。明子の友人もひとりいた。さらに町役場の子育て支援センターから数人が来ていた。会議室には全部で一四人（と、ひとりの人類学者）がおり、全員が明子と一緒に問題に取り組むためにそこにいた。

病院のソーシャルワーカーである恵里子がミーティングを開始した。主題は、明子の子どもたちが学校でいじめられていることだった。二人の子ども（そのうちのひとりに私は、母子グループが集うときに精神科ディケアでよく会っていた）は活発で賢かったが、他の子どもたちから「くさい」「こっちに来るな」「汚い」などと言われていたらしい。

恵里子は続けた。母親の明子がどれだけストレスを抱えているかは家にたまったゴミの量でわかる。ゴミの量は彼女の「ストレス・バロメーター」であると。

明子は体裁を保ちたいという思いが強く、助けを求めることが苦手だった。彼女は自分の家庭内の状況を非常に恥ずかしいと感じてもいて、家庭内の状況を知られてしまったらこれまで以上に人々に見下されてしまうだろうと恐れていた。フラストレーションを自分の子どもにぶつけることもあった。日本の親はアメリカの親よりも体罰を多く与える傾向にある。公に言われているよりも体罰は多いように感じる。

小学校の教頭先生が割って入った。彼はこの問題について以前から心配していた。上の女の子は一年生のときに騒ぐことがあり、教頭先生は家庭で何かがあるようだと考えていた。その子は三年生になっていて、以前よりは落ち着いているようだった。ディケア施設の職員は、そうした状況は知らなかったと述べた。明子が下の女の子を迎えにくるときに機嫌の悪いことがあり、デイケアのスタッフたちは明子にどのように接すればよいのかわからなかったのだ。職員は「状況がわかってよかった」と喜んでいた。

このときまで川村は目を閉じていたが、頭をゆっくりと上下に動かしはじめた。会議のテーブルを視線が行き交い、誰かがクスクス笑った（私だったかもしれない）。川村はミーティング中によく居眠りをしているように見えたが、実際に眠っているのかどうかはまったくわからなかった。というのも突然目を開けて、ずっと起きていたかのように会話に戻ってくることが多かったからである。もしかすると彼は本当に睡眠発作を起こしていたのかもしれない。あるいは、その部屋のなかで権威のある人物として見られることのないよう名演技に努めていた可能性もある。その両方かもしれない。

川村のことはともかくとして、ひとりのべてるメンバーが、明子が家のなかを片づけるのを手伝いたいと言った。前回べてるで彼女の家を整理しに行ったとき、メンバーのひとりは「これで全部？　大量のゴミっていうほどじゃないじゃない！」と冗談めかして言った（同じ夏、あるメンバーのアパートにはあまりに多くの生ゴミがあったため、メタンガスが発生しはじめた。近所の人はガス漏れだと思って消防団を呼んだが、なんのことはない、七〇センチに積み上がった腐ったゴミが発する悪臭にすぎなかった）。べてるのメンバーたちはまた明子の手伝いに行くことを喜んでいた。精神科デイケアの看護師は、手伝ってくれるかどうかを病院の母子グループにいる他の患者にも聞いてみると言った。

ミーティングが終わりに近づいたころ、明子自身が口を開いた。彼女にとっての大きな問題は、住んでいる公営住宅に風呂がないことである。彼女は二人の子どもを公衆浴場に連れていかないとならないが、銭湯までには距離があり、お金もかかるし通いづらくもあった。彼女は新たに風呂がある住居を見つけたいと思っていたが、生活保護を受けている身のため家賃に使える額には限度があった。テーブルを囲んでいる何人かのソーシャルワーカーはメモをとっていた。ミーティングに終わりが告げられた。明子は話を聞いてもらえたと感じて、うれしそうに去っていった。川村ははっと目覚めて、病院に戻っていった。

この光景は、アメリカ人の視点からすると、信じがたいものである。

第一に、病院のスタッフ、町のソーシャルワーカー、教育委員会、学校の先生、デイケアの職員、そして非営利の地域密着型メンタルヘルス・プログラムのメンバーが、たったひとりの問題の解決のために密接に連携して動くことは、アメリカではまったくありそうにない[12]。

さらに重要なことがある。明子が主役であり、彼女は自分が望まないことは何であれ拒否することが可能であり、必要であればさらなる援助を求めることができる――このことが一時間のミーティングのあいだ、ずっと明確にされていたことである。コミュニケーションをオープンにしているため、学校の先生は子どもたちがどういうタイプの困難に突き当たっているかを知ることができ、病院職員は明子の自己肯定感とメンタルヘルスの問題に取り組み、べてるはゴミ問題で彼女を助けていた。

このような応援ミーティングは、もっと小規模なかたちではあるが、日常的にべてるや病院で行われていた。自分は何を求めているのか、それを得るためには何が助けになるのかを――当の本人がそれを理解できるように、べてるのメンバーやスタッフだけでなく病院のソーシャルワーカーも支援していた。

こうしたミーティングは、友達の暮らしぶりを心配した人によって召集されることもあった。ミーティングはほとんどの場合、明確な解決策に至ることはなかったが、それはまさにべてるのスタイルだった。助けてもらえること、人々がケアを提供してくれること。まさにそれらを知るということが、ともかくも彼らの受け取る最も重要なメッセージだった。

何か月か経って、明子はクリスマスに私を家に招いてくれた。私たちは精神科デイケアの親子グループの集まりで定期的に会っていた。私は彼女の家に車を走らせた。彼女の家は町を一望できる岬の上に立つコンクリート製の公営住宅だった。子どもたちへの小さな贈り物を手に私は呼び鈴を鳴らしたのだが、秋のミーティングの記憶があったために少し怖くもあった。彼女が扉を開けたとき、私は驚いた。彼女の小さな家はたしかに物でいっぱいではあったが、汚くもなかったし、散らかってもいなかった。

明子は私が来たことを喜んでくれて、お茶を淹れにいく。とたんに彼女の子どもたちが私にまとわりついてきた。お茶を飲み、おやつを食べたあと、彼女は私に住まいを見せてくれたが、そのグランドツアーは二分ほどしかかからなかった。

応援ミーティングで彼女が言っていたように住まいには風呂やシャワーがないため、町の公衆浴場に行かなくてはならない。洗濯機も見当たらなかった。たとえ自分自身のメンタルヘルスの問題に対処する必要がなかったとしても、こうした環境のなかで二人の子どもを抱え、洗濯や子どもの入浴に追い回されるシングルマザーの大変さは容易に想像できた。

九月の応援ミーティング以来、明子は以前より多くの助けを得て、自分の問題に対処していた。子どもたちも、以前より状態がよくなっているように思えた。

一九九〇年代にべてるがつくったビデオのいくつかを見ていると、川村のべてるにおける存在感が当時いかに大きかったかがわかる。彼はいつもべてるの活動を手伝っていた。メンバーのひとりが体が凍ったようになり、スーパーマーケットのモップがけを終えることのできなかったときに、モップがけを手伝っていたほどである。彼は今でもしばしば夕食に、あるいは単に時間を過ごすために、べてるのメンバーを自分の家に立ち寄らせているし、クリスマスパーティや七夕祭りを自宅で催したりしているが、べてるのイベントで彼を見かけることは稀になった。

川村は、べてるのPRにもほとんどかかわっていない。向谷地がべてるについて六冊以上の単著を出し、さらに同じくらいの量の共著を出しているのに対して、川村の名前は、べてるの臨床実践に関する向谷地との共著のDVDブック（『退院支援、べてる式。』）に見られるだけである。

ある夏の晩、私は川村の家に夕食に出かけた。私はその前日に、早坂潔とソシオグラムを作成した。ソシオグラムとは、その人の社会的関係を描き出すときに、人類学者（と一部の社会学者やセラピスト）が使用する手段である。実生活において自分により近い人たちは、図表のなかでも自分に近くなる。

潔がソシオグラムを描き終わったあと、川村がいないことに私は気がついた。潔は「ああ、そうだ！」と言って川村の名を描き込んだ。私は川村に「医師があとからの付け足しのように描き込まれたことに驚いた」と言ってみた。

川村は、それがいちばんいいと思うと言った。彼はいつも精神神経科病棟を出ていく患者たちに、

「調子がよくなるのに何がいちばん助けになったか」を尋ねている。患者たちはしばしば病棟での友人関係、看護師たち、あるいはソーシャルワーカーだったと言う。こうした場合、予後は順調だと川村は考えていた。

「いちばん助けになったのは医師や薬だった」と患者たちが言う場合には、病棟にすぐ戻ることになる。川村にとってこれはよくある繰り返しのパターンだった。私は別のときに川村と交わした会話のことを覚えている。そのとき話してくれたのは、医学部を卒業したあとに働いていたアルコール依存症治療の科での経験についてである。彼は「最もつらいことを経験した患者は最終的にはいちばんよい結果になる」と言った。再発しがちなのは、苦労することなくアルコールを断つことのできそうな患者のほうだったり、〝模範的な患者〟のほうだったりしたのである。

川村は、病院のソーシャルワーカーのことを嫉妬していたときがあったそうだ。ソーシャルワーカーたちのほうが、医師よりもはるかによくメンバーたちの生活を知ることができると思えたからである。映画「Bethel」のなかで彼が言うように、医師のオフィスは最も寂しいところである。しかしある意味で彼が腹を括っていたのは、自分にとって適切な場所は医師のオフィスなのだということ、そして患者の暮らしの多くの場面で身を入れてかかわろうとすると、実際には逆効果になりうるということである。

それは、患者たちが自分で苦労できるようになってほしいという川村の願いでもある。患者に楽な人生を送ってほしいとは、彼は思っていなかった。彼らは、困難な社会的関係や金銭的問題、そして家族の事柄にうまく対処していく必要がある。自分の人生を回復するということは、苦労もまた回復することを意味していた。苦労のない人生は生きるに値する人生ではない。それは、考えることも心配することも必要としない全制施設（一〇九頁参照）のなかで生きるのと同じである。現実の生活は心配することばかりだし、どの方向に向かうべきか悩むことばかりである。こうした人生こそ、川村が患者たちに望むものだった。

べてるを再現する

ある年の七月に、大阪にある病院の医師グループがセミナー合宿のために浦河にやってきた。彼らは地元のホテルに泊まり、現場視察のためにべてるや赤十字病院を訪れた。この種の訪問滞在は、浦河では非常によくあることだ。こうした人たちを〝サイコツーリスト〟と私が呼んでいたことはすでに述べた。彼らは、べてるの実践を自分たちの町で少しでも再現する方法を知りたいと思っていた。

ある夕方、浦河のシステムを支えているイデオロギーについてセミナーを行うために川村と何人かのメンバーがホテルに出向いた。その思想とは、日本の精神科ケアを支配している医学モデルに対比して、川村が「非援助論」と呼ぶものである。

医学モデルにおいては、疾患の根本原因を突き止めてそれを根絶することに注意が集中する。川村はそう指摘した。べてるの非援助論において目標とされるべきは、「問題」によってつくられた可能性を見極めることである。問題を根絶するのではなく、問題とつきあっていく可能性に取り組むべきだと彼は感じていた。そのためには注意の方向を、病理学や症状から、人々が抱えている特有のニーズへと向け変える必要がある。この観点においては、ケア提供者も「ニーズを抱えた人々」と見なされる。

非援助モデルにおいては、目標は「治す」ことではない。また、（しばしば一方的な関係になってしまう）「助ける」ことでさえない。むしろ非援助モデルでは、専門家は無力だという立場をとる。専門家の目標は、傷を癒し、回復することを助け、励まし、当事者研究（一六八頁以降参照）を通じて人々が自分自身のことをよりよく理解することができるように手助けすることである。人々は、似通ってはいるが異なっている状況にある他の人たちと話し合い、自分自身とのつながりをつくり出すように促される。

医学モデルにおいて医師たちは権威的・支配的・客観的な態度をとりがちであるが、そうした態度をとらないようにすることが重要である。川村は、患者の主体性を尊重する方法を考え、医師と患者双方の成長を促し、相互に信頼を築くようにと、医師たちに訴えかけていた。

川村のパワーポイントの最後のスライドには、そのポイントが箇条書きで示してあった。

非援助論の哲学のポイント

- 励ますという態度で、その人の「自助」の可能性を回復する。
- 認める、信じる、任せるという態度。
- 「私に何ができるのか」より「私は何をしてはいけないか」がわかるようになる。
- いちばんつらい時期であっても、そこには可能性がある。
- 「（医師としての）自分の役割を生きがいにしない」というわきまえを持つ。
- 最も困難な時期でも笑うことができること（最大の勇気）。

日本に存在するあらゆる問題への解決策を求めてべてるにやってくる多くの人々について、川村はむしろ批判的に話していた。たとえば次のように。

医者にだけ礼を言って退院する人がいるのをわたしがまずいと思うように、「べてるが、べてるが」ということだけが語られていくことはあまりいいことだと思いません。べてるは聖地でもなんでもありませんし、変われたとしたらそれはその人たちの実践です。わたしたちがいろんな人との出会いから考えはじめて、さまざまな活動をおこなってきたのと同じように、べてるを訪れた人が、その中身に触れて得たものを、それぞれの場所に持ち帰り、それが具体的な成果につながっていけばいいと思っています［川村 2005：274］。

べてるのメンバーは、自分自身の人生を意味のあるものにしようと苦労している。人生に単純な回答はないのである。それと同じように浦河以外の地域でも、精神障害者たちをコミュニティに組み込むためには、その地域にふさわしいやり方を見つけ出さなくてはならないだろう。浦河べてるのやり方は、浦河とべてるにとってはふさわしいものだが、それが唯一のやり方というわけではない。次の章では、浦河で用いられているいくつかの〝セラピー〟を見ていくことにする。

耕平の物語

UFO事件と集団妄想

得意のパソコンに向かう山根耕平さん（べてるの家提供）

映画「Bethel」の撮影のためはじめて浦河を訪れたとき、このコミュニティではどんな物語が共有されているのだろうかという問いが私のなかにはあった。人類学者なら中心的神話[1]と呼ぶだろうものへの関心である。人間は物語を語ることを好むが、しかし、でたらめに物語を選ぶわけではない。その神話を読み解くことで、その社会の基盤にどのような構造的ないし象徴的な信念体系があり、どんなことが重要とされているかを明らかにできることが多い。

べてるの人々と話すなかで、そのような神話の一つとして浮かび上がってきたのは、山根耕平のＵＦＯの幻覚と妄想をめぐる物語だった。このＵＦＯのエピソードによって、彼は二〇〇二年の幻覚&妄想大会グランプリを受賞した。私は映画「Bethel」でこのエピソードを紹介したが、物語をドラマ仕立てで再構成して見せることはしなかった。そうするとかえって嘘くさくなってしまうような気がしたからである。代わりに、山根と彼の仲間たちがどのようにその物語を語ったかに焦点を当て、清水里香と早坂史緒の二人の語りを交互に並べるかたちでシーンを構成した。

映画「Bethel」のそのセクションは、耕平がＵＦＯ事件のきっかけとなった出来事を思い出そうとしている場面から始まる。そのころ元祖べてるの家に住んでいた彼の耳に突然、かつて勤めていた会社の同僚の女性の声が聞こえてきた。その声は彼に、襟裳岬《えりも》に行ってＵＦＯに乗り込み、地球を救うように告げた。彼はバッグに荷物を詰め、どうやったら襟裳岬（浦河から四〇キロメートルほどの距離にある）に行けるかを知ろうとうろうろしていた。

そのときたまたま出会ったべてるメンバーのひとり（彼も統合失調症である）が、即座に山根が幻覚妄想にとらわれていると気づいた。そして耕平に、まずグループホーム「リカハウス」に行って、ＵＦＯに乗りにいくことについてみんなと相談してみるように勧めた。リカハウスに住んでいる女性メンバーのひとりがふだんからＵＦＯと交信しているからきっと何かアドバイスをしてくれるだろう、という彼の話を聞いて耕平は従った。

リカハウスには山根の話を聞こうと、べてるのさまざまなメンバーと二～三人のスタッフが集合した。耕平が状況を説明し、メンバーたちが質問を重ねた。真冬の襟裳岬は凍えるほど寒いけれど本当にＵＦＯは着陸できるのか？　ＵＦＯは何人乗りなのか？　そしてＵＦＯの運転免許は持っているのか？

耕平は淀みのない調子で次々と質問に答えていったが、最後の質問に来てはたと困ってしまった。浦河では、ＵＦＯに乗るのに運転免許が必要だなんて彼は知らなかった。しかしみんなは口をそろえて要ると言った。しばらく前に無免許でＵＦＯに乗ろうとしたメンバーがいて、屋根から落ち、足の骨を折った。だから耕平も、「川村宇宙センター」に行って免許を取得しなければならない。そう聞いて耕平はみんなの意見に従うことにし、付き添われて川村のいる病院に向かった。そこで、ＵＦＯ探検に出かける前に精神科病棟で二〜三日休んでいたほうがいいと言われ、本人も納得し、入院した。

ここで見逃してならないのは、このとき山根はまだべてるのメンバーではなく、したがってメンバーたちは彼に精神障害があるとは知らなかったということである。事実、浦河に来るまで彼は精神科を受診したこともなければ、精神疾患があると診断されたこともなかった。それはべてるメンバーの多くが何年も精神科病棟に入退院を繰り返し、さまざまな診断名をつけられ、大量の薬を処方されたあげく、ようやく浦河にたどり着いたのと対照的であった。

映画「Bethel」は、この山根の経験にどんな背景があるのかを描いていない。このエピソードからべてるの家についてどんなことを読み取れるかも論じていないし、したがってなぜそれが二〇〇二年の幻覚&妄想大会のグランプリを受賞したのかも考察していない。

映画で私が使った短い語りを連ねるスタイルは、ドラマチックな出来事を描くのにはふさわしいが、一人ひとりの人生をていねいに解き明かしたり、知的な解釈を加えたりするにはあまり有効ではない。これに対して書き言葉によるテキストの強みは、解釈と語りを絡め合わせつつ、ていねいにじっくりと論旨を展開できるという点にある。そこで以下、山根のインタビューを書き起こして長めに紹介し、背景を論じつつ、分析を加えてみたいと思う。

UFO事件と、幻覚&妄想大会グランプリ受賞

子どものころの耕平の夢は、自動車のデザイナーになることだった。一九八〇年代のバブル経済期に育った日本の多くの子どもたちと同じように、耕平はよい小学校に入るために懸命に勉強し、さらによい中学校そしてよい高校に入るためにさらに勉強し、最後にはよい大学――国内で最も評価の高い私立大学の一つ――にめでたく合格した。一生懸命に勉強し働けば物質的な豊かさと安定を手に入れられる、という戦後日本を駆り立ててきた信仰に耕平もまた従っていた。一流企業のサラリーマンになれば、終身雇用に加えてさまざまな恩恵を期待できた時代のことである。一流大学に入った耕平は、ジャパニーズドリームを達成するための道を着々と歩みつつあった。

しかし不運なことに、耕平が大学を卒業した一九九六年の日本は、かつてないほど長く厳しい不景気に直面していた。株価や不動産価格はそれ以前から激しく下落しており、経済は大きく停滞していた。さらに悪いことに前年の一九九五年には巨大地震が港町神戸を壊滅させ、オウム真理教というカルト集団が東京の中心部の地下鉄に猛毒のサリンを撒くというテロ事件を起こしていた。まさに暗闇の時代だった。

そうした厳しい状況のなか三菱自動車に就職が決まって、耕平はうれしかった。三菱は第一志望ではなかったし、ホンダやトヨタに決まっていたらもっとうれしかっただろうが、しかし就職できないよりずっとましだった。数年前には考えられないことだったが、友人たちの多くは就職先を見つけられないでいた。三菱自動車は一流の会社なのだから、いったい誰が文句を言えるというのだろう？

三菱自動車は三菱グループの一社で、日本の自動車製造会社のなかでは第五位の規模を有している。トヨタ、日産、ホンダに大きく後れをとってはいるが、トラック部門の業績は堅調で、数種のスポーツセダンの販売も好調である。したがって三菱自動車への就職は耕平にとってこの世の終わりというわけではなかった。いや、少なくとも彼はそう考えていた。

三菱自動車に入社した際、耕平は学生時代の専攻である設計工作部門への配属を希望した。しかし配属されたのはデータ解析の部門だった。これはめずらしいことではない。日本の大企業では、社員がもともと持っているスキルに合わせて配属を決めるのではなく、会社側がその社員に身につけてほしいスキルに合わせて配属を決めるということがよく行われる。

耕平は特にコンピューターやデータ解析が好きというわけではなかったが、そうした部門で働くなら、そこでできる限りよい仕事をしようと心に決めた。そうすれば人事は、彼が勤勉で有能な社員であることを認め、次には設計工作部門に配属してくれるかもしれない。

彼は、顧客やディーラーから寄せられる欠陥情報の解析を担当することになった。欠陥情報とは、製造した車が実際に道路を走行するなかで判明した問題点のことである。日本の自動車会社は通常、欠陥情報を詳細に検討し、それに基づいて製造ラインを改良し、将来の設計デザインも見直す。ところが耕平が上司から命じられたのは、設計や製造上の欠陥によって三菱の車やトラックに生じた問題や事故の報告を、無視するようにということだった。耕平は戸惑った。

耕平は、三菱自動車が路上で最も安全な車をつくろうとしていると信じていた。だから上司が欠陥情報を隠すように命じたとき、上司が何か思い違いをしているのではないか（あるいは耕平が聞き間違えたのか）と思った。

それで彼は欠陥情報に関心を持っている他の社員たちとネットワークをつくり、情報を共有するために社内向けニューズレターを発行しはじめた。三菱自動車を世界で最も安全な車を製造する会社にするため、自分のできる最善のことをしていると思っていた。

ところが、彼が期待していたのとはまったく正反対の反応が上司や同僚から返ってきた。彼はすべてのグループ・プロジェクトから外され、まったく意味のない暇な仕事を与えられた。同僚たちは彼を無視しはじめた。二〇〇五年に私がインタビューした際、社内でのいじめについて彼は次のように語った。

会社でまわりから孤立していました。仕事を持って「あのー」って話しかけても、「おっと」と言って行っちゃったり、他の人がドーンと机を叩いて、みんながサーッといなくなっちゃったりするようになったんです。話しかけると人がいなくなる、または遮られるという状態が続いて、話しかけられなくなりました。そのうち隣の人の机とぼくの机のあいだに段ボール箱が積まれて、ますます話しかけられなくなってしまって。「余計なことをしたら、ぶっ殺すからな」とか、「安全な車づくりなんてアホなことを言うんじゃねーぞ、オラァ」とか、「お前ひとりで会社が動かせると思うな」とか言われました。

耕平はこうした心理的ないじめを、同僚たちからだけでなく、上司からも受けたという。

あるとき中堅社員を対象にしたセミナーが開かれて、そこで自分が今までいかに価値のない人間だったかっていう反省文をいっぱい書かされました。それから、自分はこれから死ななきゃいけないっていうことで、自分の死について「五分間、鉛筆をまったく止めずに書きつづけなさい。絶対止めてはいけません」って言

われて書きました。それから自分がいかに無価値な人間かって書いて、最後に遺書を四通書かされました。両親、友達、彼女と、あと誰だっけかな？　とにかく遺書を四通ぐらい、「今までの生き方は間違ってました。本当に駄目な人間です」って書かされました。それで、ああ、もう、ぼく死んだんだ……って思いました。

ありえないことのように聞こえるかもしれないが、日本ではこうした企業内のいじめが実際に起こっている。ただ耕平がいじめを受けていた当時は、まだあまり一般には知られていなかっただけである。二〇〇五年にＪＲ福知山線で恐ろしい脱線事故が起こり、その後、ＪＲ〔西日本〕社内において懲罰として「再教育」[2]が広く行われていたことが明らかになった。そうした「再教育」は、わずかな電車の遅れといった小さなミスに対してさえ課されていた。福知山線の運転手はふたたび「再教育」を受けることを恐れるあまり、遅れを取り戻そうと制限速度を超えるスピードのまま急カーブに突っ込んで列車を脱線させ、自身を含む一〇七人を死亡させたのである。耕平のケースでは、彼らはそこから逃れる方法も教えてくれた。

で、翌朝かな、「次に新しい生き方を教えてあげます」って言われたんです。「今までの生き方は間違っていたのはわかりましたね。新しい生き方を教えてあげます。これからは、話したり、水を飲んだり、歩いたり、何かするたびに、その一つひとつの動作がどうやって会社のために役立つかを考えて生きるようにしてください。そうすると、あなたの人生は開かれます」と。
ああ、そうなんだ……って思って、誓約書を書いて、今こうやって考えているときも、この動作や考えていること一つひとつが、どうやって会社のために役立つか考えよう、と思うようになったんです。そうした

ら、隠蔽システムを途中で投げ出したりしてやっぱりまずかったなとか、ちゃんとみんなと一緒に隠蔽しなきゃいけなかったなとか、隠蔽訓練はぼくだけさぼってたなとか、いっぱい思い浮かんで……。

隠蔽訓練？

たとえば国土交通省——あ、以前は国土交通省じゃなかったな——の人が来たら、「来たぞー」でそれぞれ手分けをして書類を隠す、という訓練です。社内には日ごろから普通の書類と隠す書類がセットしてあって、その二重書類は一〇分間以内に隠さなきゃいけない。「それー」って言ってみんなで持っていくんですけど、台車が足りないんで、ふだん座っているキャスター付きの椅子に書類を乗っけて、コンピュータールームの裏にある隠し部屋までみんなで廊下を走っていくんです。

みんなでバケツリレーみたいにして隠し部屋に書類を積み上げていくんですが、それを課長がストップウォッチで測ってて、「一〇分切らないと駄目なんだー」とか言って一生懸命やるんです。一二分だと「もう一回やり直し」って言われて、みんなまた椅子の上に荷物を乗っけて元の場所に戻して、それからもう一度「それー」って乗っけて、また走るんです。一〇分を切ると「やったー、切ったね」なんて言ってやってました。

耕平はそうした訓練が嫌いで、いつもなんとかさぼろうとしていた。

ぼくはコンピュータールームにいるほうだったから、また後ろでバケツリレーやって、書類を積み上げて、一〇分の壁がどうたらこうたらって言ってる……。見てて、何やってんだろうなあって思ってました。コンピューターのなかにもそういう二重帳簿がいっぱいあったから、こんなことやっているよりは安全な車をつくったほうがよっぽど早いじゃないかと思って文句言ったら、さっき話したように最後は遺書まで書かされたわけです。
研修の最後には四つのグループに分かれて話し合いをしたんですが、四つのグループの出した結論はなぜか同じで、「中堅社員は会社のために死力を尽くして働くこと」ってなったんです。「ああ、そうなんだ」って思って。その結論を書いた模造紙四枚をもらって帰ってきて、自分の部屋の四面に貼って、「ぼくもみんなみたいにがんばるぞー」「会社のためなら何でもするぞー」ってぶつぶつぶつぶつ言ってました。

耕平が自分を非難する同僚の声の幻聴を聞くようになったのは、このころだった。声は家でひとりでいるときにさえ聞こえてきた。彼は以前にも増して一生懸命、働くようになった。耕平の母親は、この調子で働きつづけたら会社に殺されるのではないかと心配するようになったが、それは決して根拠のない不安などではない。日本ではサラリーマンが文字通り死ぬまで働くケースがあとを絶たず、「過労死[3]」という言葉さえ存在している。耕平は療養休暇を取得した。耕平の母親は、近所に住む主婦のひとりに不安を打ち明けた。耕平は振り返る。

うちから三〇メートルぐらいのところに、TBSのニュース23のプロデューサーの斉藤道雄さんという方のお母さんが住んでいて、うちの母と友達だったんですよね。そのプロデューサーの斉藤道雄さんが「今度、北海道のべてるの家に取材に行くから、山根くんを一緒に連れていってあげよう」ってことになったんです。
でも、ぼくは「会社が会社が」って思ってたから、「会社でやることがいっぱいあって」と言ったんですよ。そうしたら、「いや、いいから行きなさい」って言われて、カメラマンの助手みたいな感じで斉藤道雄さんにくっついて回ってました。そうやって一週間くらい経ったところで、斉藤さんは「ぼくはこれで帰るか

ら、じゃあね」って帰っていきました(4)**。それでぼくはべてるの家に住みはじめたんですよ。**

ＴＢＳテレビの撮影チームには耕平のホテル代を払う予算がなく、彼は元祖べてるの家、つまりかつての浦河教会の建物に滞在した。撮影チームが東京に帰ったときになぜひとりで残ったのかを尋ねた。

東京にいたら、「会社のために」って完全に暴走していただろうから。あのまま会社に行ってたらもっとおかしくなるって母も思ってたし、斉藤道雄さんも「それはちょっとまずいだろ。もう会社には戻るな。とりあえずここにいなさい」って言ってくれました。

彼自身は当時、精神状態の悪化に気づいていたのかどうか聞いた。

自分では全然、おかしいって思ってなかったんです。だからべてるに来ても、最初みんなに話したのは、「べてるのためだったら犯罪だろうが何だろうが、なんでもやっちゃいましょうね」というようなことだったんですね。

どうしてそんなことを？

いや、だから、やっぱり……。ぼくは今まで隠蔽訓練をさぼってたし、どんな悪いことでもしてがんばんなきゃいけないと思い込んじゃってたから、べてるの人たちも、べてるのためなら隠蔽とかもみ消しとかいろんな手段を使って売り上げを伸ばしてるんだろうって。売り上げが伸びてるすごい会社だって聞いてたから、きっといろんな悪いことしてるんだろうって思って……。

それで、「死に物狂いでがんばりましょうね」ってみんなに言ったんですよ。そしたら誰もが悲しそうな目をして、「かわいそうになあ」「お前、だいぶ悪いんだなあ」って言うんです。

もし「違うぞ。ばかやろー」って言われたら、ぼくも「なんだ！」とかって言えたんですけど、みんなに悲

しそうな目をされてそう言われると、もうなんて言っていいのかわかんなくて……。「会社のために会社のために」って言うたびに、「大丈夫か、お前。疲れてるんだなあ。休め休め」としか言われなくて。自分が今までやってきたのは違うのかって思って、もう大混乱でした。それで何を信じていいのかもわからない状態になって、まわりが誰も信じられなくなっちゃいました。

人々が彼を狙っているという不安は、浦河の元祖べてるのグループホームまで耕平を追いかけてきた。

それでひとりで食べていかなきゃと思って、とりあえず買い物に行って、お肉を一階の冷蔵庫に入れておいたんですよ。ところが翌朝に取りにいったら、それが全部食われてて。うわ、ここでもぼくは嫌がらせを受けるのかって思いました。あとで、もうちょっとよくなってから聞いたら、「下の冷蔵庫はみんなの共有の冷蔵庫だから、入れといたらみんなで食う。下の冷蔵庫においしい肉を入れといたお前が悪い。おいしいものをとっておきたかったら、自分の部屋で保管しておけ」って言われました。それで、この人たちは嫌がらせじゃないみたいだなっていうことにだんだん気づいていきました。

もう一つ、いちばん具合が悪かったとき、つまり「どんな犯罪を犯してもがんばりましょう」って言ったのに「かわいそうになあ」って言われて落ち込んで、やってきたこと全部が信じられなくなったときに気づいたことがあったんです。隣の部屋の早坂潔さんのところに、具合悪くなった人がみんな次々と訪れるんですよ。それでみんなニコニコして帰っていくから、きっとこの人がいちばんのキーマンなんだろうなって思ったんです。この人の真似をしてればぼくもよくなるのかもしれないって思って、片っ端から早坂潔さんの真似をしてみようと思ったんです。

たとえばどんな真似？

潔さん、一日五食、六食ぐらい食べるんですよね。ぼくの倍ぐらい食べているから、いっぱい食べればいいのかもしれないと思って、同じ分量をがんばって食べたんです。そうしたら六〜七キロぐらい太って、夜中に「うえー」って戻したりするようになっちゃった。でもそのうち、これはどう考えてもぼくには合わないんじゃないかって気づいて、とりあえず同じ分量を食べるのはやめました。あとは潔さん、浦河の寒さで鍛えているから、冬でもストーブのあるときは、パンツ一丁で、（うちわで仰ぐ真似をしながら）「あちい、あちい」とか言ってたんです。それでパンツ一丁になると治るのかもって思って、パンツ一丁になって風邪引いて寝込んだりしました。

これはずっと潔さんには話してなかったんですけど、一年くらい前にようやく、「実は片っ端から潔さんの真似して、これとこれとこれはよかったけど、パンツ一丁とか大食いはぼくには向いてませんでした」って言ったら、潔さんには、「お前、ほんとのアホだったんだなあ〜。でも、そうやってだんだんわかってきたっつうのはいいことだから、これからも苦労はあると思うけど、ま、二〇年ぐらいはジタバタすんな」って言われました。

川村の診察は受けに行かなかったのかと尋ねた。

行きました行きました。浦河に来て川村先生に最初にかかったのは二〇〇一年の一一月下旬で、そのときには上司の声が聞こえてくるなんて話はできませんでした。川村先生の顔を見ても、上司の顔や同僚たちの顔が重なって見えて、「余計なこと言ったらぶっ殺すからな」みたいな声が聞こえてくるなんて、とても言えませんでした。

「すごく大変なことがいろいろあったんですけど」って話をしたら、「うんうん」って聞いてくれたんですが、そのころは今みたいにしゃべれなかったんです。しゃべろうとすると恐怖の記憶が蘇ってきてしまって、胃がぐーっと持ち上がったり、（鉢巻を巻くような動作をしつつ）頭がぎぎーって痛くなったりして。それで「うー、あー、あのですね……」ぐらいの感じでしゃべってました。

川村先生からは「苦労しているみたいだね」って言われて、「友達をつくりなさい」とか、そういう話をされました。「みんなのなかで伝える練習をしていきなさい。とにかく気持ちを伝えるのが大切だから。浦河は外国に来たようなもんだから、気持ちをちゃんと伝えても大丈夫なとこなんだよ」って言われました。そのときは意味がわかんなかったんですけど、いろんなミーティングに出るうちにみんなが勝手に意見を言ってるってことがだんだん見えてきて、ああ、自分もこうやっていけばいいんだなっていうのがわかってきました。

こうした話をしている最中に、元祖べてるの家でメンバーの身の回りの世話をしている女性が部屋に入ってきた。彼女はインタビュー中だと気づき、すぐにまた出ていった。

この話は、いま来た赤尾さんって人にもろに関係あるんです。ここに住みはじめた当時は、住居がすごく汚かったんですよね。住みはじめて二か月くらいして、さっき言ったように「なんで肉食ったんだ?」ってコミュニケーションが始まったころに、自分でもなんかできないかと思って、あることを始めたんです。台所がぐちゃぐちゃで誰も皿を洗っていないように見えたから一生懸命洗って、ご飯も炊いてないみたいだから炊いたんですね。そうしたらみんな、ぼくが洗っている横にがちゃーんって皿を置いて何も言わないで行っちゃうんです。誰も「よくやってるね」とか「がんばってるね」とか言ってくれなくて、「くそー」と

思いながら一生懸命洗ってました。

それをある人に言ったんです。そうしたら「そういう文句はここでぶつぶつ言ってても何も変わらんから、ミーティングで言え」って。「面と向かって言ったらけんかになるんじゃないですか?」と聞いたら、「ばかやろー、そこが勘違いだ。いいから言ってみろ。大丈夫だから」と言われました。で、おそるおそるミーティングのときに、「あのー、ぼくはこんなにお皿洗って、お米炊いてんのに、なんでみんなついてきてくれないんですか?」って言ったんです。

そうしたら今の赤尾さんに、ちょっと汚い言葉なんですけど、「自分のケツも拭けない人間が他人様のケツを拭こうなんぞ、百年早いわ!」って言われました。それでがーんとなって、「じゃ、自分の皿だけ洗ってりゃいいんですか」って言ったら、みんなから、「おお、そうだそうだ。自分の皿が洗えるようになったら、みんなの洗ってみろ」「でかい顔しなくていいんだぞ」って言われたんです。腹が立って「ああ、そうかよー」って、次の日から自分の皿しか洗わなくなったんですけどね。

そうしたら、実はぼく以外にも皿洗ってる人がいるんですね。隣の佐々木実さんは朝一時、二時に起きて、夜のうちに洗ってしまってるとか、高橋ヨシ（吉仁）さんってあんまりしゃべれないメンバーが、昼のあいだに洗ったりしてくれているとか……。朝と夕方しか見てなかったから気づかなかったんですけど、そういうことがだんだん見えてきて……。ああ、ひとりで黙ってぶつぶつ言ってると、たしかにここはつながらない所なんだと。文句があったら全部ミーティングで言うから陰口にはならないし、直接、問題点を言い合うから、たとえ解決しなくても落ち着く。

ミーティングの議題で絶対解決しないのってあるんですよ。ゴミの捨て方が下手だっていうやつとか。あるメンバーがゴミを捨てるのが汚くて、いつも的を外すからゴミ箱のまわりにちり紙が散らかってしまうんです。みんなそれをわかってるから、「タキさん、ゴミ捨てんの、ちょっと困るねー」って話が毎週ミーティングに出てくるんですが、「でも治らないよね、しょうがないよね」って終わっていくんです。でも、そうやってみんなの前でみんなで話すから悪口にもならないし、「みんなもタキさんがゴミ捨てるの苦手なのを知ってんだ。じゃあいいか」って落ち着くんです。根本的な解決にはなっていないかもしれないけど、みんなも認識してるならいいやっていう安心感があるんです。一見ここのコミュニティは無秩序に見えるけれど、実はわりとみんな基本的なコミュニケーションスキルは持ってて、それに乗っかって暮らしていけば居心地がいいんです。

それまでいたビジネスの世界とは違っていたんですね？

そうです。ビジネス社会にいたときは、自分で全部やる。どんな手段を使っても物事を達成しようっていうやり方でした。最初はわかんなかったんですけど、べてるではみんなそれぞれいいところと苦手なところがあって補完しあっている。昼間に皿を洗ってる高橋ヨシさんは、しゃべれないのとお金の計算ができないから、買い物に行ったときにいくら出せばいいのかとか、おつりがいくらなのかわかんない。だからヨシさんが買い物に行くときは、みんながきるだけ付いていって見てあげるとか。その代わりヨシさんは料理がすごくうまいから、ヨシさんが料理をつくってくれるのをみんながありがとうって言って食べるとか、うまく支え合ってるんだよね。ここ〔グループホームべてる〕がいちばん古い住居なんですが、古い住居ほどみんなのいいところ、悪いところがうまく補完されるようになってるんです。暗黙のルールっていうか、「俺はこれやるから、お前これやってくれ」っていうのはよくできているんですね。

そうやってだんだん、べてるはどういうところかわかって、うちには帰るつもりはなくなってしまったんですか？

うーん、ないです。家に帰るってことはまた隠蔽に参加するってことにもなるし、もうそんなの絶対嫌だし……。思い出して戦おうとすると、また具合がどんどん悪くなっていくんで。みんながみんな言うんですけど、苦しかったりつらかったりすることについて、相手を糾弾したり、裁判にかけたりして、楽になったやつは誰もいないぞって。みんなで語り合うことで――あ、みんなじゃない――この人なら話せるっていう人に話して、受け止めてもらうことで安定してきてる。

苦しかった時期のことを思い出すのは嫌かもしれないと思いつつ、耕平にUFO事件について聞いてみた。彼は続けても大丈夫、と言った。

買い物を終えて帰ってきて、家に入るちょうどそのへんのところで、「地球と会社を救ってー」ってわーっと聞こえてきたんです。ああ、そりゃそうだな、やっぱりつくりかけの隠蔽システムはぼくじゃないとできないのがいっぱいあったと思って。これは帰らなきゃと部屋に戻って、東京に帰る荷造りをして、いつでも出社できるようにしたんです。すると声が「UFOに乗って地球と会社を救って」と言ったので、みんなに「襟裳岬にUFOが来るので、それに乗って帰って、ちょっと地球と会社を救わせてください」って言ったんですよ。そうしたらみんなが、「ああ、ああ」って聞いて、「まあそれ、ちょっとみんなに話してみない」って緊急ミーティングが開かれたんです。リカハウスで毎週行われている住居ミーティングが、急遽ぼくのカンファレンスに切り替わったんですね。

ぼくはそこに連れていかれて、「山根くんが宇宙船に乗って地球と会社を救いたいらしいけれど、ちょっと

話を聞こう」ってことになりました。「どういうふうに聞こえるの？」と聞くからみんなに話して、「今からちょっと救ってきます」って言ったんですよ。ちょうど一月だったんですけど、みんなは「今の季節、襟裳岬は氷点下十何度だよ」「何もないとこで、風強くて、木も生えてないよ」「宇宙船の着陸、難しいんじゃないかなあ」とかいろいろ言ってくれました。でも幻聴さんが「地球と会社を……」って言うから、「いや、そんなの大丈夫です。ＵＦＯならマイナス十何度だろうが、風速何十メートルだろうが、たぶん大丈夫です」とがんばって言ってたんです。そうしたらあるメンバーが、「でも浦河で宇宙船に乗るには免許証が必要なんだよ。ライセンスが必要だって知ってた？」って聞くんです。「ううん、知りません」と首を振って、「そんな話聞いたこともない」って。

「じゃ、多数決とろう」ということになって、「浦河で宇宙船乗るのに、免許証が必要だと思う人？」って聞いたら、ぼく以外のメンバーがみんなぶわって手を上げたので、「は？」と思いました。みんながきれいに手を上げたから、ぼくもそういうもんなのかと思って、「わかりました」って言ったんですね。「じゃその免許証を発行するところに連れてってください」って言ったら、「うんうん、わかったわかった」って言われて車に乗っけてもらいました。「ところで何てとこで発行してくれるんですか？」って聞いたら、「川村宇宙センターってところがあるから、そこに連れてってあげる」って言われて、「そんなとこあったかなあ」と思いながら車に乗りました。

車に乗って着いたら浦河日赤病院で、医療相談室に川村先生が待ってました。「ああ山根くん、よく来た。話を聞こう」って言うんで、「地球と会社を救えという声が聞こえて、襟裳岬から旅立ちたいと思います」と話しました。

先生はうーんって考えてから、「山根くんの気持ちはわかるけど、三年前に同じく宇宙船に乗ろうとして、二階の窓から転げ落ちた人がいるんだ。ちょうどクリスマスイブ、一二月二四日だったんで、足を複雑骨折したのに誰もまわりに助けてくれる人がいなくて這って病院まで来たんだよ。今の山根くんに襟裳岬に行ってよしって言うと、そういう例に近い状況になっちゃいそうだから、今は免許証出せないなあ」って言ってくれました。そして「ちょっと休んでいかない？」と。それで一週間、入院しました。

翌日にみんなが来てくれて、「きのうは大吹雪だったらしいわ」とか、「宇宙船、飛んできたっていうニュースは流れてないよ」とかって話してくれました。それで落ち着いて考えてみたら、やっぱりありえない話だよなあって思って、安心して退院できました。

それで幻覚&妄想大会グランプリを受賞したんですね？

二〇〇二年の幻覚＆妄想大会のグランプリをもらいました。表彰式で川村先生曰く「宇宙船を呼んだからあげるんじゃないんだよ」って。「宇宙船に乗ろうとしてみんなに助けてもらったところを評価しての受賞だから、みんなに助けてもらったことを忘れないでほしいな」って言われました。そう言われて、「ひとりきりだったら這ってでも行っちゃったかもしれないなあ」と思いました。

入院生活はどんな感じでしたか？

まわりのみんなは、入院した理由をいろいろ分析するんじゃなくて、「みんな苦労してるから大丈夫だー」って言ってくれました。それで、苦労の分析はしなくていいんだっていうのがだんだんわかってきました。それから二週間のあいだに外泊を繰り返して、だんだん話せるようになっていきました。

日赤に入院するとカンファレンスっていうのが三回——入院したときと、真ん中と、退院するときにあるんです。先生以外にべてるのメンバーが一緒になって話して、「入院した人が今どのぐらいか」とか、「今退院してもいいか」とか、「この人、大丈夫か」っていうのをみんなで相談して、みんながいいって言ったら退院できる。その最後の退院カンファレンスのときに、みんな「山根くんは順調に苦労してる」と。メンバーから、「俺んときは、これこれこういう苦労があって、退院してもこういう苦労があった」とか「困ったら俺らに言えー」とか言ってもらえて、それでまあ安心して退院できましたね。

それが二回目の入退院で、それ以降はわりと順調に？

いや、そのあともう一回入院があるんです。あれから一年以上経って、もうだいぶ話せるようになってきて、気持ちを伝えるのもうまくなったんですが、ただ一つできなかったのが「思い出す」ってことだったんです。

べてるにたどり着いたときはいちばん苦しくて、一〇分前のことを思い出そうとしても、「余計なこと言ったらぶっ殺すぞ」って言われてたときのことを思い出しちゃって、うーってなってました。ちょっと前のことだけ思い出そうとするんですけれど、脅迫されていたときのことを思い出しちゃって。それで、片っ端からメモして暮らしていたんです。「何時何分に何やった」ってメモを見ながら暮らす生活をしてました。思い出すのがもう苦しくて苦しくて……。それでメモメモメモメモってやってました。でも一年後ぐらいにはメモメモぐらいに少なくて済むようになって。

そのころちょうど講演に行ったんですね。春でした。みんなと一緒だから大丈夫だと思って川村先生の車を運転してたら、向こうから来た車を見て、あの車タイヤ外れるんだったなあって。あの車エンジンが火噴くんだったなあ、あの車ハンドル取れるんだったなあ、あの車シャフト外れるんだったなあって。で、「しまった、一〇〇万台以上もみ消している。すごく危ない車だってあるんだ」って気づいちゃって……。そのときはまだニュースになってなかったから、「一〇〇万台以上のすごく危ない車が走ってるなんて言ったら、また入院だろうなあ」と思ったり、「でも伝えないと、また誰かが亡くなっちゃうし」と思ったり。もうどうしたらいいんだ！　ってずっと考えながら走ってました。

講演の最後に行った道北のきれいな湖のところで、ついにぷちっと切れて、「川村先生、人間ってなんで欲があるんですか？　自分の欲のためなら何をしてもいいんでしょうか？」って問いつめたんです。そうしたら先生が、「いやぁ人間っていうのは難しいもんなんだよね。いろんな悩みとかを抱えながらみんなが生きてて……」とか、ちゃんと答えてくれたんです。帰りの車のなかでは、いろんな隠蔽のことが堰切ったように思い出されて、「うわぁー、あんな隠蔽もしてた、こんなのもしてた」とがくがく震えてました。そうやって道北から帰ってきたら、川村先生が「山根くん、だいぶ具合悪いからこのまま今日は入院しよう」って言って、病院に入って一か月。

でも以前ほどガチガチの入院じゃなくて、外泊もしながらでした。今度はもうだいぶ伝えられるようになっていたんで、思い出したときにそれを伝えるという練習をしてました。なんせ、とても怖かったから。会社でいろいろと同じようなことを言った人が脅迫されてやめていったから、浦河にもそういう脅迫する人が来てるかもしれないと思うと怖くて住居に戻りにくかった。病院なら安全だって思いがあったから、なかなか怖くて退院できなかったんです。

それで一か月間かけて外泊を繰り返していたころ早坂潔さんに、「お前、幻聴があるならはっきり俺らに言え」って言われました。「俺らは幻聴のプロだから、幻聴聞こえたら俺らが判断してやるから、俺らに言え。

ひとりでがんばってるほどよくないことはない」って言われたんです。そのへんで、ああ、住居も安心できるところなんだって、やっと退院できたんですね。それが三回目の入院です。

そのころから三菱自動車の隠蔽事件がマスコミでクローズアップされるようになったんですか？

三回目の入院から退院して、半年ぐらいしてからかなあ。最初、〔横浜の母子死傷事故に関して〕**神奈川県警の捜査が入ったんですけど、そのときは証拠不十分でうやむやにされました。その翌年、二〇〇四年ぐらいからマスコミにだんだん明らかになっていったんです。***

そういうニュースは冷静に見たり読んだりできたんですか？

いえ、それが見れなかったんですよ。ぼくは気づかなかったんですけど、社長が逮捕されたときのニュースをぼくがテレビで見てると、「猫の目になってる」って言うんですね。

「具合が悪くなるとみんな猫の目になる」って潔さん言うんです。恐怖で瞳孔が開いて、目が真っ黒になって、猫の目みたいになってる、と。そういう人はみんなで見つけて、ケアして、先生と相談して、すぐ入院。怒ってぷ

幹部７人が逮捕され、謝罪会見をする三菱ふそうの堀会長（手前）と三菱自動車の岡崎会長（2004年５月６日、読売新聞社提供）

りぷりしてる人とか、悲しんで落ち込んでる人は話を聞いてあげればいいんですけど、恐怖で固まってる人は追いつめられているから次に何するかわかんない。だからそういう人こそ、みんなで助けようと。社長が逮捕されたニュースを見ているときのぼくは、猫の目になってて固まってるから、「お前、ひとりでいはニュースが出るたびに誰かを探して、「一緒に見てください」って言って。

三菱自動車のニュースを見るな」と。「三菱自動車のニュース見るときは俺らと一緒に見ろ」と。半年くらいみんなもわかってくれて、「お前、走ってる車のタイヤが取れるだの、エンジンから火噴くだの言ってたけど、本当だったんだなあ」って言ってもらえるようになりました。それで、もういいやっていうか、だんだん落ち着いてきました。

明らかにそれまでべてるの人たちは、耕平の語る欠陥車と会社ぐるみの隠蔽工作の話を彼の妄想の一部だと思って聞いていた。だからその話が全国放送のニュースになり、本当だとわかったときにはみんな驚いたのである。

二人、三人、四人……さまざまな集団妄想

耕平のＵＦＯ事件で重要な点は、彼が自分を連れにＵＦＯが来ると話したときに、べてるの家のみんながその話に乗ったことである。まず彼らは、ふだんから宇宙人と交信しているという女性メンバーのところへ耕平を連れていった。そしてリカハウスでミーティングを開き、ＵＦＯに乗れるのは何人なの

＊　三菱自動車の欠陥情報隠しそのものは、二〇〇七年七月に発覚し、報道されている。

か（二人乗りなので、みんなを連れていくわけにはいかないと耕平は言った）、どこに着陸するのか、寒さのため着陸がキャンセルになることはないのか、などと質問を重ねた。最後には、浦河でＵＦＯに乗るには免許証が必要なのだと話し、病院の精神神経科部長の本業のかたわら、川村宇宙センターでアルバイトをしている川村のところへ連れていった。

このことは幾通りにも解釈することができる。まず、映画「Bethel」を以前見てもらったときに一部の人が言ったように、べてるのメンバーたちは耕平を病院に連れていくために嘘をついていたのではないかという見方がある。一方で別の人たちからは、メンバーたちが耕平の妄想につきあったのは、やってはいけない危険なことだったのではないかという批判も聞かれた。実際に、日本の精神科看護師向けのハンドブックには、患者の幻覚や妄想を相手にしてはいけないと書かれているようである。〔5〕

私の解釈は異なる。ここで起こっていたのは、フランスの精神科医たちが「フォリー・ア・ドゥ〔folie à deux〕」と呼ぶもの、すなわち二人組精神病ないし共有妄想〔6〕の穏和なバージョンだったのではないだろうか。それぞれに精神疾患の病歴をもつべてるのメンバーたちは、耕平が精神病状態にあることも、ＵＦＯがやってくると本気で信じていることもわかっていただろう。驚くことではないが、実はＵＦＯは頻繁に浦河への着陸を試みている。だからべてるのメンバーたちは、最も危険なのはひとりでＵＦＯを迎えに行こうとすることだとよく知っているのである。

耕平の事件のほんの二〜三年前、「ＵＦＯがもうすぐ着陸する」と幻聴を聞いたメンバーがいた。それで彼はクリスマスイブにＵＦＯに乗ろうとグループホームの屋根に上った。しかし、積もった雪で滑りやすくなっていた屋根板の上から地面に滑り落ちて足を骨折してしまった。休みの日だったので、まわりには誰もおらず、彼は病院まで肘を使って這っていく羽目になった。その事件があって、ひとりでUFOに会いに行くのは危険だとみんな心に刻んだのだった。

UFOに乗ろうとするなら、身体的にも精神的にも十分にその準備ができていなければならない。そして、準備ができているかどうかを確かめるいちばんよい方法が、UFOの操縦免許を持っているかどうかを確認することだ。それを判断する能力を誰よりも持ったその道の第一人者が、UFO体験をもつ人たちとたくさん話を重ねてきた川村医師だったのだ。

耕平は、集団精神病、すなわち一種の集団妄想をつくり出した功績によって、二〇〇二年の幻覚&妄想大会グランプリを受賞した。とはいえこの場合、他のメンバーたちはUFOが存在しているのは耕平の頭のなかだけだとよくわかっていた。数はつねに安全につながる。最も危険なのは、妄想や幻聴をたったひとりで抱えていることなのだ。

耕平のもう一つの功績は、妄想を共有しただけでなく、「共有の記憶」をつくり出した点にある。彼の物語は伝説としてべてるの共有財産になった。そして、ひとりの仲間を助けるためにみんなが適切に行動した例として、繰り返し参照されることになった。

私がべてるに滞在していた二〇〇七年の幻覚&妄想大会では、フラワーハイツの住人全員がグランプリを受賞した。フラワーハイツには透明人間が潜んでいて、さまざまなかたちで悪さを仕掛けてくると住人みんなが信じたことに対してだった。誰かが神経質になって参ってしまうのも、モノがあるべきでない場所に置かれているのも、ドアがバタンと強い音を立てて閉まるのも、すべて透明人間の仕業ではないか……等々と、四人はそれぞれに「透明人間にされたこと」を話し合うようになった。

こうして四人の住人たちはより積極的に会話をするようになり、それぞれがどんなことを不安に思っているのかをお互いによく知るようになった。フラワーハイツが二〇〇七年のグランプリを受賞したのは、まさにそうした理由によってであった。

第4章

べてる的セラピー

当事者研究ミーティングでの本田幹夫さん（左）。薬と仲間の力で病気が治ってしまって困っている二〇〇七年六月から翌二〇〇八年一月までの七か月間、私は浦河で集中的にフィールドワークを行った[1]。そこでは、べてるの人たちの生活リズムに極力合わせるようにした。日中はべてるや病院で開かれるミーティングにできるだけ参加し、夕方はほとんどべてるの人の家で過ごすか、べてるのイベントに参加した。たとえば友人の柳一茂の家へ行きロック・ミュージックについて語り合ったり、下野勉のギターを聴いたりした。みんなでカラオケに行ったり、夕食にピザを食べにひだまり荘に行ったりもした。

本書の冒頭に述べたように、川村は私の住まいを病院の敷地内に用意してくれた。病院は医者や看護師用の小住宅を何棟か管理していた。砂利道を挟んだ向かい側には看護師長、隣には最近引っ越してきたばかりの医者が住んでいた。スタッフたちの家は病院の後ろに建っていた。駐車場の脇や山腹に沿って、同じような形と大きさをした木造の平屋が並んでいる。家のなかは2LDKのつくりになっていた。

家の外には大きな灯油タンクが置いてあって、一つだけあったストーブの燃料はそこから補給する。ストーブそのものは特に問題はなかった。しかし暖かいのはストーブのあるリビングだけで、他の部屋は冬場になるととても寒かった。里香が、ポータブルの灯油暖房機を寝室用に貸してくれたが、一酸化炭素中毒になるのが怖かったので夜は使わなかった。そこで布団を何枚も敷いて寝ることにしたのだが、朝は寝室が凍るほど寒くなるので、暖かい布団からなかなか出られなかった。

私の家は駐車場のすぐ目の前にあったため、プライバシーというものがほとんどなかった。おそらくこの家が空き家になっていた理由もそこにあるのだろう。たとえば裏口の玄関に座っていたら、駐車場に出入りする看護師や医者に手を振ることができるほどだ。私が朝方遅くに洗濯物と格闘したり、暴風雨が吹きすさぶ午後に洗濯物の取り入れに走り回ったりする姿は、ソーシャルワーカーたちに丸見えだった。

質素な設備ではあったものの職員用住居に住むのは心地よかった。スーパーは通りを少し行った病院のすぐ隣にあった。このスーパーは生活協同組合によって運営されていて、いつも新鮮な野菜や魚、肉を売っていた。特に魚は波止場から直接仕入れているからとてもおいしい。牛乳も、北海道は乳製品の生産地であるだけに絶品だった。日本の牛乳はアメリカよりバターミルクの含有量が非常に高い。つい最近まで、高脂肪牛乳は積極的に宣伝されていたのである。

浦河の私の住まいは、精神科のデイケアセンターにすごく近いという点でも最適だった。私はほぼ毎日そこを訪れるようにした。

カメラの機材を抱えながら、冬はどうやって移動したものかと思いながら浦河を自転車でウロウロしている私を見た川村が、彼の愛車である二座席の軽トラック〝ポルシェ〟を貸してくれたというわけだ。この〝ポルシェ〟は高速道路の最低速度をかろうじて出せるかどうかというものだったが、浦河での足として十分役に立った。ニューべてるは病院とは町の正反対のところにあり、特に冬は車なしで通うことはほぼ不可能だっただろう。川村先生にはいくら感謝しても足りない。

車を持っていたことは、私がべてるの多くの人たちと異なる点だった。べてるにいる人のほとんどは生活保護を受けているが、日本では生活保護を受けている場合、車を所有する許可が下りることはまずない。さらに幻覚や妄想など統合失調症の重い症状を抱える人が運転免許を持つことは、法的に禁止されている[2]。しがたってべてるでは、ごく限られた人しか車や運転免許は持っていなかった。

車を持っている者は、食料品の買い出しなど、ことあるごとに車を出すようにべてるメンバーから頼まれていた。彼らは一日の大半を同じ場所で過ごすことが多かったので、私もできる限りみんなを町のいろいろなところに車で連れていくようにした。

浦河の一日

私の一日は、午前八時ごろに始まる。家のすぐ後ろにある駐車場に車が入るときの、タイヤと砂利がこすれるジャリジャリという音で目が覚めるのだ。朝食はたいてい、ピザソースを塗ったトーストの上にプロセスチーズを乗せて小さなオーブントースターで焼く。そしてインスタントコーヒーか紅茶を飲み干す。

夏になると朝のうちに窓を開けて家の空気を入れ換え、布団やシーツを他の洗濯物と一緒に干す。一般に日本の家には乾燥機がないので、洗濯物は外に干すのが普通だ。寒くてジメジメした日は家のなかで干すこともある。ともあれ、晴れた日に洗った洗濯物を干していることはよい主婦の証しである。その意味では私はとてもダメな主婦だった。

朝食が済むと、精神科デイケアかニューべてるのどちらへ行くかを決める。これはほぼ、その日が何曜日かによって自動的に決まる。ニューべてるで開かれる午前中のミーティングは、作業の報告や前日に受けた注文の確認がほとんどなので、あまりおもしろくない。けれど金曜日のミーティングでは、みんながその週をそれぞれどう過ごしたかを話し合う場が設けられており、不平や不満があれば、ここで胸のうちをさらけ出すことができるようになっている。映画「Bethel」の最後に出てきた言い争いのシーンは、まさにこのミーティングのときに起こったことである。

精神科デイケア

精神科のデイケアへ行こうと思ったら、病院のあるほうに向かって砂利道を歩いていけばいい。私の家からデイケア病棟の裏口までの距離はほんの二〇〇メートルほどしかなかった。裏口から入って階段を上り、荷物をスタッフルームに下ろしてから、メインのアクティビティルームへと向かう。早朝は数人しか来ていない。デイケアの活動が始まるのを待っている人や、洗濯室で朝の病院の仕事が始まるのを待っている人、外来患者を担当する精神科医との面談を待っている人、そして他にどこにも行くあてのない人などがいた。

デイケアがあるのは、本館ではなく二階建ての別館のほうである。そもそもデイケアは、二〇〇一年に外来患者用のスペースをつくるために入院患者のベッド数を一三〇床から六〇床に減らした際に創設された。その当時は本館にあったのだが、二〇〇三年に起こった地震で病院の側面部分がすべて壊れてしまったため、別館として新しくつくられたのである。

別館にあることはいろいろな点で理想的だった。病院特有のアンモニア臭がなく、日当たりもよく明るかった。病院へと続く窓や扉に格子はなく、執務時間のあいだは自由に出入りできた。それに加えて精神科デイケアに携わるソーシャルワーカーや看護師たちは、制服ではなく普通の服を着ていたため（白とピンクの服を着た入院病棟の看護師とは対照的だった）、病棟にいるとは思えないぐらい明るく開放的な気分になれた。デイケアのメンバーとソーシャルワーカーたちの目に見える唯一の違いは、首に病院のIDカードがぶら下がっているかどうかぐらいである。

メインルームは、六メートル×二〇メートルほどの大きな部屋だった。隅には、これまた大きくて座り心地のよいソファが置いてある。ぼやけた映像がやっと映るぐらいのテレビがあり、VHSビデオを見ることができた。側壁には古いWindows 2000のパソコンが置いてあり、インターネットとプリンターに接続されていた。みんなはこのパソコンからべてるのSNSのアカウントにログインして、ブログなどを更新していた。

奥には小さな畳の部屋があった。膝の高さほどのコーヒーテーブルと座布団が置いてあり、そこでぐっすり寝ている人をよく見かけた。畳の部屋の隣にはガラスで仕切られた喫煙コーナーがあり、真ん中に大きな灰皿が置いてあった。窓が閉め切られていたため煙草の煙が外に出ていかず、喫煙コーナーは有毒空間と化していた。空気洗浄機が置いてあったが、たまった煙草のヤニのせいでずいぶん前から使い物にならなくなっていた。

晴れた日は喫煙コーナーの窓を開け、換気をすることができた。会話を続けるために喫煙コーナーに入らなければならないことが何度かあったが、それは恐ろしいものだった。数日は空咳が止まらず、においい消しのファブリーズをどんなにかけても服から煙草のにおいを消すことができない。

私の知る限り、ひだまり荘の数人の女性を除くと、べてるのほぼ全員が煙草を吸っていた。潔はヘビースモーカーで、煙草を吸うことが唯一の休息であるかのようだった。里香は喫煙者ではなかったが、彼女の当時の依存はアルコールだった。つらいことがあるときなどは、かなりの量を飲んでいた。

精神を患っているときは特に何もすることがない。これが、べてるの人たちが煙草や他のものに依存する原因の一つなのではないかと私は思う。

病気はもとより薬物治療も視覚や集中力を低下させるため、読書で時間をつぶすことはできない。テレビやラジオも、頭のなかでグルグル回っている幻聴と混同してしまうおそれがある。彼らにとって、煙草を吸うことはもっともらしく振る舞うための一つの方法なのだ。煙草を吸っていれば、ぼんやりと突っ立っていても暇人に見えない。健常な大人の男性あるいは女性であるかのように過ごせる、いわば社会的に認められた時間のつぶし方なのである。

べてるの人たちにとって、「普通っぽさ」は大きな目標のようだった。これは川村が言うところの、生活において苦労する権利の一つである。彼らはみんな、普通っぽさの象徴である家庭や人間関係、職場といったものを求めており、べてるはその枠組みを提供する場所となっていた。一方で病院は、正反対の立場をとる。病院のなかでは一切の責任が問われず、病人としての役割のみが与えられる。ただよくなることだけが要求され、眠るのがつらくなるまで眠りつづけること以外にすることはない。

医療専門家からはよく、「統合失調症を抱える人たちにとって必要なのは、まとまりのある思考や行動様式だ」と聞くが、病院というものはまったくそうではない。社会復帰を目的とした活動は病院でもいろいろと試みられているのだが、その多くは明らかに役立っていない。瀬戸物の人形を売って生計を立てていけないにもかかわらず、それに一日を費やすのは無意味以外の何物でもない。患者自身、誰よりもこのことを理解している。

浦河赤十字病院では、何のＩＤカードも発行されなかった。ＩＤカードを身につける必要はなかったし、ましてやイェール大学のＩＤを提示することもなかった。インターンや訪問者にはＩＤカードが発行されていたようだが、私にはそのようなことは一切なかった。

私は看護スタッフが着るスポーツウェアとは混同されないような普段着を着て、精神科デイケアに出入りしていた。ノートにひたすらよくわからないことを書きなぐっていた私の姿は、傍から見れば患者と区別がつかなかったのかもしれない〔3〕。

さて、デイケアかニューベてるのどちらかで午前中を過ごしたあとは、自分のスケジュールを見ながら午後の予定を決めていく。べてるのメンバーは、昆布の袋詰めや魚の塩漬け・乾燥、作業場あるいは「よんぶら」や「ぱぽ」*のお店での製麺など、さまざまな仕事を持っていて、午後はそれぞれの持ち場へと移動する。仕事を持っていない者も病院に入院している者も、幅広い種類のグループミーティングに参加しにいく。

私が参加したのは浦河で行われていたイベントのほんの一部にすぎなかったが、一週間の日程はだいたい次頁のようになっていた。

---

* 福祉ショップべてるの支店。介護用品などを主に取り扱っている。

	午前	午後	夜
月	•ニューべてる …朝ミーティング •ニューべてる …当事者研究	•デイケア …スタッフミーティング •デイケア …当事者研究	•潮見ハイツ …ハウスミーティング
火	•ニューべてる …朝ミーティング •ニューべてる …夕方ミーティング	•デイケア …メンバーミーティング •よんぶら …メンバーミーティング •デイケア …うわつらミーティング	•フラワーハイツ、武田ハウス、リカハウス …ハウスミーティング •病院 …SA ミーティング
水	•デイケア …スタッフミーティング •デイケア… ピアミーティング •ニューべてる… 新鮮組、工場ミーティング	•ニューべてる …SST	•教会での聖書研究
木	•デイケア …朝ミーティング •デイケア …作業療法 •ニューべてる …SST	•デイケア …幻聴ミーティング	•レインボーハウス、ひだまり荘、旧べてるの家 …ハウスミーティング
金	•デイケア …スタッフミーティング •七病棟〔精神神経科病棟〕 …べてるミーティング	•デイケア …親子料理クラス •デイケア …金曜スペシャルイベント •よんぶら …SST	
土			
日	•日曜ミサ	•ひだまり荘 …WA ミーティング	

個別ミーティングとグループミーティング

私は、毎週開かれるさまざまなグループミーティングになるべく参加するようにしていたが、その他にも必要に応じて個別のミーティングが開かれていた。

●精神科医……赤十字病院には二人の精神科医がスタッフとして働いていた。川村医師は圧倒的な人気を誇っていたが、患者はさまざまな理由でもうひとりの医者にもしばしば診てもらっていた。また、町には個人が経営しているメンタルヘルスクリニックがあり、べてるのメンバーやその家族、町の人などが訪れていた。[4]

●ソーシャルワーカー……赤十字病院には三人のソーシャルワーカーがスタッフとして働いている。一人は精神科のデイケア、残りの二人は地域でのケアを担当していた。病院には、個別にカウンセリングを行う場所があった。そこは医者の診察室には見えないようにデザインされていた。伝統的な茶室のように畳と障子があり、ロールプレイ用のぬいぐるみがたくさん置いてあった。

●向谷地生良……彼はもうソーシャルワーカーとして赤十字病院に勤めているわけではないのに、多くのべてるメンバーは彼を相談相手に選んでいる。メンバーたちは向谷地の携帯電話の短縮番号を登録していた。私が向谷地の車に乗っていると、彼はメンバーからの電話に出るためにいったん車を脇に止めて、そこで三〇分近く時間を費やすということがよくあった。

グループミーティングは、さまざまな種類のものが行われていた。主だったものとしては、SAやWA（七九頁＊参照）、SST、当事者研究をあげることができる。この他にも病院では、園芸をしたりスポーツをするなどの作業療法や、芸術療法も行われていた。また、昆布の袋詰めや製麺といったべてるでの仕事も効果があるという点を付け加えておきたい。

この章では以下、べてるで行われているSSTと当事者研究に焦点を当てていきたい。この二つのグループセラピーは認知行動療法の原理に基づいている。認知行動療法とは、病気や症状によって引き起こされた反応や行動の基になっている認知的・行動的プロセスを理解してもらうための治療法である。彼らは、これらのプロセスがどのようになっているのかを理解することで、行動パターンの悪循環を断ち切ったり、起きたことに対する心理的反応を変えるための道筋を立てられるようになる。当初これはうつ病の治療として使われていたが、今では不安障害や気分障害、統合失調症、その他の深刻な精神疾患にも広く用いられるようになっている。

SST（Social Skills Training）

SSTは一九七〇年代、UCLAのロバート・リバーマン博士によって開発された。ロールプレイやモデリング、相互フィードバックやコーチングなどを通して、重度の精神障害をもつ人たちのソーシャルスキルを回復するための手助けを目的としたものである［Liberman et al.1989］。

ソーシャルワーカーである前田ケイによって、SSTのワークショップは日本に紹介された。彼女はニューヨークにあるコロンビア大学で修士号を取得し、一九九〇年代に勤務先の三鷹市にあるルーテル学院大学で精神障害の治療法としてSSTの実践と紹介を始めた。それを向谷地が知り、浦河に紹介したのである［伊藤・向谷地 2007:167］。

SSTワークショップは、病院にある精神科デイケアやニューべてる、「よんぶら」で週に何回か開かれた。デイケアのSSTはたいてい精神科担当のソーシャルワーカーが、ニューべてるとよんぶらでは向谷地悦子か彼女のスタッフがとりしきっていた。

病院のほうのSSTは一般に公開されておらず、自分の問題を発表するのは社会参加をしはじめたばかりの初期段階にいるような人たちだった。一方べてるのSSTは一般に公開されており、すでにコミュニティに社会参加しているような人たちが参加する傾向にあった。このように、開かれる場所によって集まる層は異なっていたが、SSTのミーティングではつねにメンバーやスタッフ、訪問者が積極的に参加していた。だいたいいつも一五〜三〇人ほどが集まっていた。

映画「Bethel」では、よんぶらのお店で開かれた二つのSSTが紹介されている。聴衆にはべてるのメンバーだけでなく、外部の支援団体の人たちもいた。

SSTの目的は、社会生活上のさまざまな問題を乗り越えるための手助けをすることにある。もしべてるのメンバーが問題を抱えていたら、SSTの場に持っていくようソーシャルワーカーが勧めるのが一般的だ。たとえば映画「Bethel」では、滝井敏が友達の角正浩に年度末の大掃除を手伝ってくれるかどうか頼みたいのだが、どう頼んでいいかわからずにいる、というシーンがあった。そこで司会役である悦子は、メンバーの誰かに友達役になってもらって、聴衆の前でその状況をロールプレイで演じるように滝井に促した。

ロールプレイが終わったあと、悦子は聴衆にフィードバックを求めることになる。何がうまくいき、どこに改善の余地があるのかを聴衆と一緒に話し合うのである。何らかの提案がなされると、悦子がそれをホワイトボードに書いていく。このプロセスのなかで悦子はアイディアを出したりもする。そして滝井はみんなで話し合ったことを取り入れつつ、もう一度ロールプレイをする。このようにロールプレイとモデリングは、親しい間柄であっても頼みごとを躊躇する滝井の内面的な気後れと内気さを克服する手助けとなるのだ。

SSTには多くの利点がある。まず滝井はフィードバックをもらうことで、友達とのあいだに生じた問題を解決するための助けを直接受けている。そのうえ聴衆からの意見を通して、角の近況がどうなっているのか（腰痛や、つきあっている彼女のことなど）をそれとなく知ることができるかもしれない。べてるで行われる他のしきたりにも言えることだが、滝井自身の悩みや角の恋愛事情のように情報は公開され、みんなに共有される。そして実際どうなったのかを次回報告するという宿題を出すことによって、アドバイスに従って行動したり解決をするように当人に促すのである。

もう一つのSSTでは、もっと内面的な問題が取り上げられた。レインボーハウスに住んでいる千高のぞみは、向谷地に電話で助けを求めたとき、自分の状況をうまく説明することができなかった。彼女の悪い声（幻聴のこと）は絶えず彼女を叱責し、責め立てるからだ。彼女が前回SSTへ来たとき、グループのメンバーたちはどうしたら問題を解決することができるかを話し合い、「首相や警察官などがしゃべるような高圧的な口調で対抗してみてはどうか」という提案を行った。その週の彼女は、彼らのアドバイスが有効だったかどうかを報告することになっていた。

SSTワークショップのあと、私はべてるのメンバー数人にインタビューした。彼らは、このワークショップが引きこもり状態から抜け出すための手助けになっていると信じていた。圧倒的に多くのメンバーがSSTを非常に役立つものと見なしており、現に発表を希望するキャンセル待ちのリストができるほどだった。発表をしなかったとしても、みんなが置かれている状況は似たり寄ったりなので、有益なものであることに変わりはない。

彼らの多くは、人に頼みごとをするとか意見を聞くなどの場面に際して、具体的にどのような言い方や行動をすればよいのかということに悩んでいたのだ。

当事者研究

当事者研究は、「べてる的セラピー」のなかでも特に賞賛に値する部分として、二〇〇〇年代の初めごろから急速に知られるようになっていった。当事者研究は、日本中でべてるのトレードマークとなったのである。二〇〇五年には研究成果をまとめた『べてるの家の「当事者研究」』が出版された。また新たに『レッツ！当事者研究』の第一巻と二巻が二〇〇九年、二〇一一年に続けて出版された。

当事者研究はいくつかの前提に基づいている。統合失調症をはじめとするさまざまなタイプの精神疾患は、当人にその自覚がないという特徴がある。彼らは、自身の心理過程が不安定だったり、思い違いであったり、不可解な行動をとっていることに気づいていない。自分たちに問題はなく健康であり、間違っているのは世界の側であると信じているのである。

家族や愛する人たち、セラピストやケア提供者にとって精神疾患が難しいのは、当人が自分は病気ではないと思っていることである。助けなど必要ないと思っている人間をどうしたら助けられるというのだろうか。

専門家のなかには、統合失調症をもつ人たちの幻覚や妄想に取り合ってはいけないと忠告する人たちもいる。たとえば、世界が終わる前にＵＦＯが迎えにくると言う人の話を聞くことで、私たちはＵＦＯの実在を認めてしまい、その人の現実逃避を助長してしまうことになりはしないだろうかと。しかし、そもそも彼らが抱いているのは妄想にすぎないことをどうやって理解させられるのだろうか。彼らに向かって「ＵＦＯなんていないんだ！」と叫んでも、たいていの場合効き目はない。誰も信じてくれないので「頼れるのは自分自身だけだ」と逆に意固地になってしまう。

ここに、当事者研究が重要なイノベーションとなった理由がある。メンバーは当事者研究を通して病識を得るだけでなく、経験したことや感じたことを語るための「社会的に認められ、かつ一種の儀式として形式化された物語的構造」を獲得するのである。医療人類学者であるローレンス・カーマイヤーは、統合失調症を患う人たちが洞察と自覚を構築するための第一歩として、「物語化する機能」の重要性について述べている。また日本においても北中淳子は、彼女が調査した病院の精神科医は、患者たちにケースカンファレンスの場で症状を語ることによって「語りの統合」を達成するよう奨励していたという［Kirmayer 2007:235, Kitanaka 2012:100, see also Tranulis et al. 2008］。

当事者研究の「当事者」は、日本語では裁判における利害関係者を意味する法律用語として使われることが多かったが、社会運動を通して、差別に遭遇する人や差別を受ける社会階層に属する人全般に対して使われるようになった。それはまた、差別を受けている仲間の一員であることを確認するためのていねいな言い方でもある。「あなたは当事者ですか?」「はい、私は当事者です」というように。[5]

当事者研究とは「当事者によって行われる研究」を意味しており、「当事者に関する研究」ではない。こうした文脈であえて「研究」という格式張った言葉を使うのは、患者が自分の症状から距離をとる手助けをして、自分の状態を理解する積極的な面を強調するためである。したがって、「当事者」と「研究」の二語の組み合わせは、自分の患者としての側面を研究する、という意味になる。けれども私は、「当事者」という語に含まれる政治性が失われかねないことを十分に理解しつつも、この言葉をself-directed research(自己主導型研究)と英語に訳すことにした。[6]

二〇〇五年に出版された『べてるの家の「当事者研究」』の冒頭で向谷地は、最初の当事者研究が二〇〇一年の二月に立ち上げられたことを回想している。それは、統合失調症で入院していた河崎寛と話をしていたときのことだった。

> 入院していながら親に寿司の差し入れや新しいゲームソフトの購入を要求し、断られたことへの腹いせで病院の公衆電話を壊して落ち込む彼に、「一緒に〝河崎寛〟とのつきあい方と〝爆発〟の研究をしないか」と持ちかけた。「やりたいです!」と言った彼の目の輝きが今も忘れられない。[向谷地 2005:3]

続けて向谷地は、当事者研究を行ううえで必要なステップを詳しく説明する。

❶〈問題〉と人との、切り離し作業

最初に取り組むのが、「〈問題〉と人とを切り離す」作業である。それによって「爆発を繰り返す○○さん」が「爆発を止めたいと思っても止まらない苦労を抱えている○○さん」という理解に変わる。これは、当事者ばかりでなく、まわりの関係者にとっても重要な作業になる。

❷自己病名をつける

医学的な病名ではなく、みずからの抱えている苦労の意味や状況を反映した「病名」を自分でつける。たとえば「統合失調症〝週末金欠型〟」とか。これは、仲間と共に、自分の苦労の特徴を語り合うなかで見えてくるものであり、苦労を自分のものにする重要なプロセスである。

❸苦労のパターン・プロセス・構造の解明

症状の起こり方、引き起こされる行為、〝金欠〟など苦しい状態への陥り方には必ず規則性があり、反復の構造がある（…）。

❹自分の助け方や守り方の具体的な方法を考え、場面をつくって練習する

（…）

❺結果の検証

（…）［向谷地 2005：4-5］

当事者研究は、「自分自身で、共に〔individually within a group〕」行うためのものであり、それは、だいたい同じような枠組みで分析をしている人たちと一緒に研究したあとに、他のグループのメンバーや、

研究アドバイザーである向谷地たちソーシャルワーカーに報告し、共有するのである。そして最終的に、メンバー一人ひとりが当事者研究の一連のステップを書き込んで（べてるは当事者研究に関するワークブックも発行している）グループに持っていき、自分が悩んでいる問題についての新しい仮説と解決策を考えて、その仮説をテストして、グループに再度報告できるようにしている。また、当事者研究から得られたさまざまな介入法と対処法は再検討されて、SSTワークショップを通して実行に移される。このようなSSTと当事者研究の二つが、べてるの認知行動療法システム全体を構成していると思われる［伊藤・向谷地 2007］。

　べてるのメンバーのひとりであった中山玄一は、当事者研究を行ううえでの利点を次のように述べている。

> 研究することによって自分自身をわかるようになるね。面白いんだけど、仲間と研究していると、俺がわからないことを仲間がわかって、仲間がわからないことは俺がわかることが多いんだよね。そうい

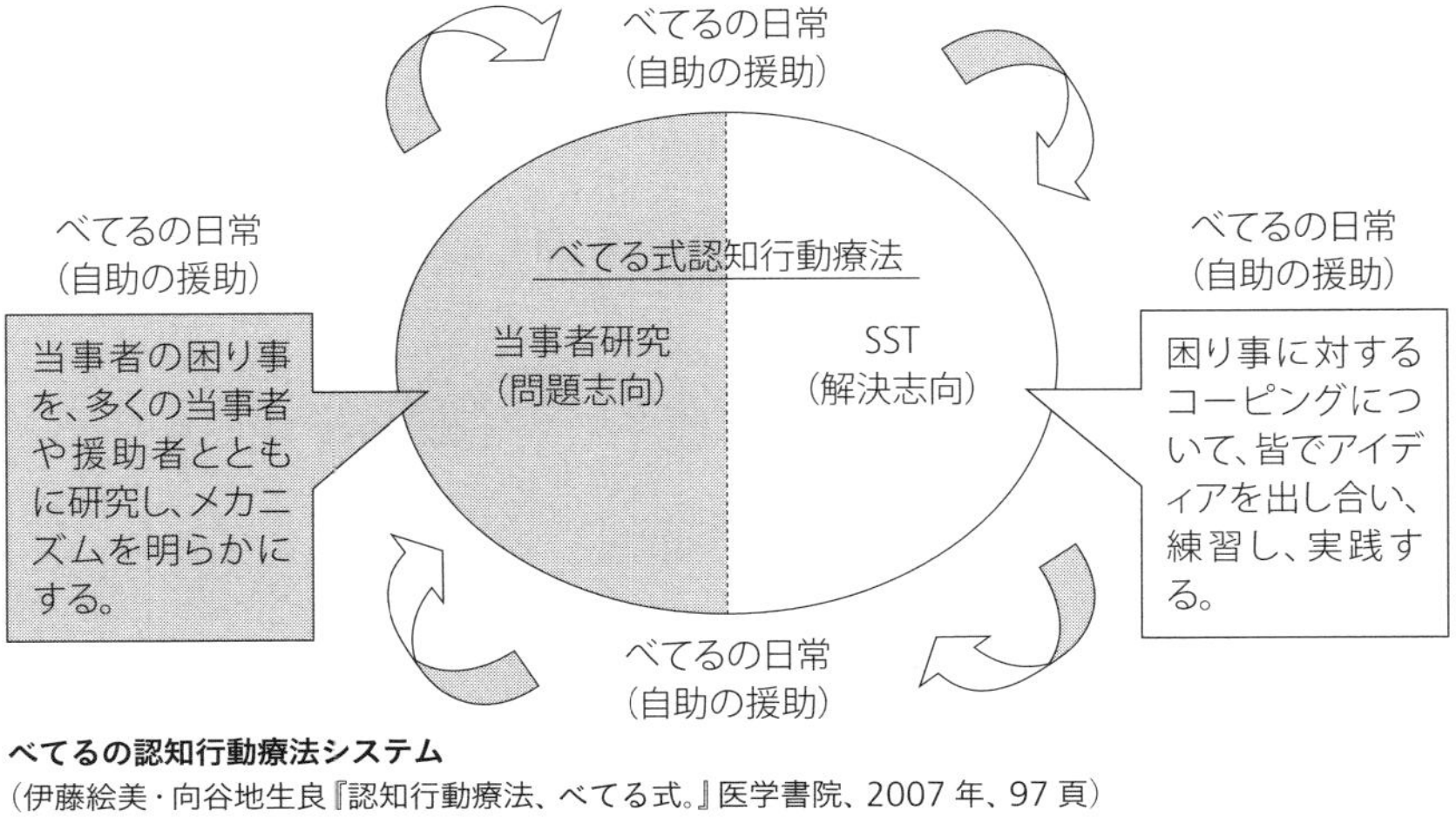

べてるの認知行動療法システム
（伊藤絵美・向谷地生良『認知行動療法、べてる式。』医学書院、2007 年、97 頁）

う面で、お互いが持っている意見や、経験を交換することを覚えた〔向谷地・浦河べてるの家 2006:222〕。

当事者研究が目指すべきゴールの一つは、さまざまな場において研究発表を行うことである。たとえば浦河にいるあいだ、私はべてるだけでなく病院や地元の中学校、看護学校などで行われている発表を見てきた。また製薬会社のMRへの発表、自立支援センターの地域会議や、東京で開かれる精神科医のグループに対する発表、年間行事であるべてるまつりでの発表などがある。この他にも、べてるが出しているたくさんの本のなかで紹介されている。

当事者研究の発表

二〇〇七年一一月のある朝、私はニューべてるで毎週開かれる当事者研究のミーティングに参加した。べてるの当事者スタッフのひとりである伊藤知之[7]が司会進行役を務めていた。向谷地は彼のそばに座っていたが、それ以外は特に何をするということもなかった。だいたい三〇人ほどがミーティングに集まっていた。知之はまず聴衆に向かって、その日訪問してきた人たちや他のメンバーに当事者研究とはどういうものかを紹介してくれるボランティアを募った。すると若い女性が手を挙げて、部屋の真ん前に立った。

私は鈴木真衣と言います。当事者研究とは、自分の病気や症状についてみんなの前で話して、全員で何が起こっているかをしっかり考えようとすることです。……でも私たちは、問題を解決しようというのじゃなくて、私たちは自分の問題をみんなに言って、……すると、いつも何かがこの場所から生まれるのです。

真衣は少し言葉に詰まった。知之は彼女に、今やっている研究プロジェクトについて話すように頼んだ。

私はいま統合失調症をやっています[8]。……私の自己診断は「幻聴さんとの共依存型統合失調症」です。なぜ共依存かというと、幻聴さんが聞こえると、とてもイライラするのですが、いなければいないで心細いからです。私の幻聴の名前は「みちあき」です。みっちいがいるときはとても大変なのですが、いなくなると寂しくなります。私はどうやったら幻聴さんと一緒に生きていけるかを学びたいと思っています。

知之は、真衣が当事者研究の説明をしてくれたことにお礼を言ったうえで、参加者に彼女のことを紹介した。彼女はちょうど浦河に来たばかりで、当事者研究プロジェクトに積極的に取り組んでいるということだった。私たちは拍手をし、真衣は席についた。もうひとりの紹介が終わったあと知之は、自分の研究を発表する人はいないか尋ねた。

すると宮西勝子が手を挙げ、部屋の真ん前に立った。勝子は二十代前半の若い女性で、真衣同様、浦河には数週間前に着いたばかりだった。彼女は苫小牧の近くの町の精神病院でわびしく暮らしていたが、回復に向かって進んでいるようには感じられなかった。そこで、向谷地の著作を読んだあと彼に手紙を送ったところ、浦河に少しのあいだ「留学」したらどうかと、べてるに招待されたのである。

勝子は白のブラウスにカーディガンというスマートな格好をしていた。人と目を合わせようとしないことを除けば、彼女は普通の、育ちのいい大学生のように見えた。彼女にとって、今回が多くのべてるメンバーの前で発表する最初の機会であった。

宮西勝子と言います。自己病名は「統合失調症自分いじめ型」です。

彼女が話すと、知之がその内容を彼女の後ろにあるホワイトボードに書いていく。

私は罪悪感の研究をしています。

勝子はどう言っていいのかわからず、口ごもった。知之は彼女に「罪悪感」がどのようなものであるのか質問した。世界で起こる悪い出来事がすべて彼女のせいだというのだろうか。

私は北海道新聞をとっていますが、私の犯罪が全部北海道新聞に載っていて、毎日それを読まないといけないんです。

聴衆はクスクスと笑った。知之は、なぜ新聞を読まなければならないと感じるのかを聞いた。

不安なので、読まないといけないんです。

ホワイトボードに基本事項を書いたあと知之はマイクを取り、勝子が抱えている問題の基本的な情報は共有できたので、他に何か質問のある人はいないかと聴衆に投げかけた。向谷地は、北海道新聞以外の新聞、たとえば朝日新聞や毎日新聞といった全国紙で彼女の犯罪と関連したことは書かれているのかを聞いた。

北海道新聞だけです。私の犯罪は全部北海道ローカルなので、全国紙には載りません。

続けて向谷地は、全国紙に進出するつもりはないのかと質問した。

全国紙は私には興味がないので、全国紙に載るのは難しいです。全国紙にも載りたいんですけど、オファーがないんです。

次に私が手を挙げ、北海道新聞のどこに載るのか、そして彼女が関与している犯罪がどのようなものなのか質問した。

胆振《いぶり》地方に住んでいるときは、北海道新聞の胆振版を読んでいました。浦河に引っ越したので、これからは日高版に載ると思います。私の犯罪は公金横領とか、公然わいせつとか、暴行とか、殺人とか、公選法違反とかです。

それじゃあなたはとても忙しいわね、と私は付け加えた。

すごく忙しいです。

これらの犯罪は彼女が実際に手を下したものなのか、それとも濡れ衣を着せられているだけなのか、と向谷地が聞いた。

前に入院していたデイケアワーカーの人と一緒に研究してみてわかったんですが、濡れ衣みたいなんです。真犯人は「悪男《わるお》」といって、ギャングのボスなんです。犯人は悪男で、悪男は犯罪を私のせいにしているんです。悪男の手下に「スパイ」という名前の男がいて、彼は幻聴さんのひとりです。

知之は勝子に悪男の絵を描くように頼んだ。

悪男は公安警察をひそかにコントロールしてるんです。悪男は情報を操作するのがうまくて、私が悪人だとみんなに思わせることができるんです。悪男はみんなを洗脳しています。私も悪男にだまされて、自分のせいだと思って自白してしまうんです。

悪男ついて説明する宮西さん

べてるメンバーの吉野雅子は、勝子がどうして犯罪の責任を負っていると思うのか尋ねた。これは一種の関係妄想なのだろうか、と。

新聞を読むと幻聴さんが「お前がやったんだ。お前がやったに違いない」と言うんです。幻聴さんが耳元でささやくので、そう信じるようになったんです。

続けて雅子は「それじゃあ、これらの犯罪が全部自分のせいだと強制的に信じ込ませようとしているの？」と聞いた。勝子はどう答えていいかわからず、口ごもった。すると座ったままでいた向谷地が立ち上がり、「北海道新聞の日高版があった」と言った。

「もしよかったらどういう感じなのか、ここで再現してくれるかな？」

向谷地は、勝子に聞こえる声の役を演じてくれるボランティアを数名募った。新聞記事に載っている犯罪はお前のせいだと責め立てる声を後ろで聞きながら、勝子は新聞を読む役をロールプレイで演じた。

これで勝子がどのような状況に置かれているのかを理解できただろうかと向谷地がみんなに問いかけ、私たちはうなずいた。彼は勝子に、当事者研究を通して何を達成したいか尋ね

「お前のせいだ」と後ろから責め立てる

た。

濡れ衣の犯罪については、罪を晴らしたいです。私は暗殺に動揺しています。社会から私を追放しようとしている世間の人たちにわかってほしい。……暗殺者集団がいるんです。暗殺者集団がやってくる前に罪を晴らしたいと思います。

向谷地は、「宮西さんは、さまざまな犯罪の責任がすべて自分にあるように感じていると私たちに教えてくれました」と言った。それはいったいどんな気持ちなのだろうか？　向谷地は私たち全員に、勝子に向けて指を指すように言った。「こんな感じなのかな？」と向谷地が聞いた。私たち全員から指を向けられている勝子の目は見開き、溜め息を強く吐き出した。

そう、ちょうどこんな感じです。

そうすると、あなたはどうするの？

逃げます。

逃げるとどうなるの？　気持ちは楽になるの？

そのときは楽になります。でもみんなが私を追っているという感じは残ります。警察は私を捕まえる道具を持っていないので、ただ追いかけてくるだけなんです。誰が警察なのかわからない。変装しているかもしれないし。

向谷地は、彼女を追跡している捜査官を演じた別のロールプレイも数人のメンバーと行った。その後、彼はみんなに、彼女がどのような経験に苛まれているのかを理解できたかどうか尋ねた。そして彼女の目標は、被害妄想の恐怖から解放され、安心できるようになることだと結論した。彼女の研究テーマは「どうしたら安心できるようになるか」であると彼は言い、このテーマをめぐって彼女と一緒に研究するようグループを誘った。

向谷地からマイクを返された知之は、勝子が安心できる方法について何かよい案がないか尋ねた。真衣は勝子に、「もし犯罪の疑いが晴れ、無実であることがわかったら何をするつもりか」と質問した。

そんなこと考えられません。そんな恐ろしいこと。

向谷地は横から割り込んで、彼女に「でも、あなたはこれらの犯罪には本当は関与していないんでしょ？」と勝子に聞いた。

そうだけど……よくわかりません。

向谷地は続けた。

「日本では最近、裁判員制度が導入されました。有罪か無罪かは裁判官だけでなく、そのへんを歩いている普通の人々である裁判員によっても下されるようになりました。みなさんにも裁判員になってもらいましょう。みなさんは、宮西さんが暴行や殺人、万引き、選挙違反をしているという訴えを聞きました。驚いたことに宮西さんはまだ生きています。とっくに死刑になっていてもおかしくないですが……。さて裁判員のみなさんに、彼女が無罪か有罪か聞いてみましょう。宮西さんが有罪だと思う人は手を挙げてください。えーと、誰も手を挙げていませんね。無罪だと思う人は手を挙げてください」

知之は挙げられた手の多さを見て、「んー、べてるの陪審員による全会一致であなたの無実が決まりました」と言った。

困ったなあ。みなさん方はよくわかっていないんじゃないですか。

向谷地は勝子がどうしてそう思うのかわからないと言った。

「ほとんどの人は無実になればうれしいはずなのに、宮西さんは逆にそうなることを心配しているようですね」

メンバーの何人かが手を挙げ、罪悪感や被害妄想に関する自身の経験についてそれぞれ話した。そして、日本で起こるさまざまな犯罪の責任がすべて自分にあるかのように感じる感覚とどう向き合っていけばいいのかについて話し合った。

それから向谷地は勝子に、別のロールプレイをするよう促した。それは、勝子が他の人たちと交流を持ちたいのに、近づこうとすると声に邪魔されてしまう様子を聴衆に見せるというものだった。それらの声は、彼女に引きこもるようにつねにバリアを張っていた。ときには自分を罰するために頭を叩いたり、壁に打ち付けたりして深い傷を負うこともあるほどだ。

引き続き、べてるのメンバーたちが被害妄想とどうつきあってきたかを参考にして新たな提案が何個か出されたあと、勝子は席に着いた。

これが勝子のはじめての当事者研究の発表となった。この発表には二つの目的があった。一つ目はべてるのコミュニティに

予備調査結果を発表している宮西さん

彼女を紹介するということ、二つ目は彼女と話をするときに生じるかもしれない問題を他のみんなに知らせておくということである。また、勝子にとっては当事者研究の第一ステップとなった。今後数週間以上にわたって、彼女は他のメンバーとともに「べてる当事者研究ワークブック」のワークシートを使って、自分が置かれている状態について考えていくことになる。

当事者研究について向谷地とメンバーとのあいだで交わされたこのような会話をめぐって、川村は別のところでこう述べている。

当事者研究がはじまって何年か経つけど、私が感じるのは当事者研究をやりはじめた人たちは、いわゆるあまり治そうとしなくなってきたという感じがするね。もっと大事なことをやっているような感じがする。「治す気なくなった」というのは悪い意味じゃないんだ。放っておくという意味でもなくてね。病気を抱える本人が、すごく研究的な態度で、しかも当事者目線っていうのかな。それまでは健常者を目標にしてとか、あるいは医者がどう見ているかとか、病気以外の人たちを基準にしてものを見て判断して頑張ってきたんじゃないかな。そうすると、それに応じて医者も病気の症状があるとそれを少しでも減らさなきゃいけないんじゃないかってがんばってしまう。治療っていうのはそういう関係で成り立っていた気がするんだけど、当事者研究がはじまってすごくわかりやすくなったね。見かけの症状を語る言葉だけじゃなくて、言葉の背景や悩みや苦労のきめ細やかな表現みたいなことが、みんなと研究してるから人に伝えようとする言葉がとても適切でわかりやすくなってきているな。逆に考えているのは、当事者研究が進んできて「精神科医は何をすればいいんだろう」ってことだね［向谷地 2006：231-232］。

べてるへの留学

二〇一〇年、向谷地はべてるに関する一二冊目の本『べてるな人びと 第2集』を出版した。この本のなかに「広がる当事者研究——留学のすすめ」という章がある。冒頭ではまず、公開講演を行うために日本中を駆けめぐり自分たちの考えを広めてきた奮闘記や、浦河におけるべてるの活動などが書かれ、次いで、べてるへの留学プログラムが紹介されている。向谷地はここで、最近来た二人の留学生と彼らの当事者研究に関する経験を取り上げている。たとえば、先ほど紹介した「統合失調症自分いじめ型」の自己病名をもつ宮西勝子である。

勝子自身が『レッツ！当事者研究1』のなかで自分の当事者研究を発表している。彼女の許可を得たので、彼女の当事者研究報告書の一つを少し短くした形で抜粋してみる。

罪悪感の研究　宮西勝子

・**研究の目的**

今までは、自分で裁判を開いて、自分で判決を下して、罰していた。別な方法を編み出して、この苦しみから解放され、「自爆」しないですむ方法を見つけたい。

❶罪を犯したような気がする感覚を解明し、罪悪感のメカニズムを研究する。
❷自分で勝手に判決を下さないで正当な裁判で判決を下すようにする。
❸爆発以外の方法でたまってくる苦労のマグマを解消する方法を探し出す。

・研究の方法

❶自分の苦労を語りながらスタッフやメンバーに協力してもらい、一緒に自爆のパターンを解明する。
❷自分の助け方が上手になるために、SSTや当事者研究ミーティングに参加しながら研究を進める。

・自爆のパターンの解明

まず幻聴さんに「犯罪をやった」と言われ尾行が始まり、家のドアにちょっとでも隙間があると心配になり仕事に行くこともできなくなる。しかも新聞の地元版には、名前は伏せられているが私の犯罪が暗号で報道されている。そして幻聴さんに「この新聞に報道されているのはお前だろう」とはげしく責め立てられると、警察の取り調べを受けているのと同様のひどい感覚に襲われ、やっていないのにやったような気分になり、最後は「自分がやったんだ」と思い込んでしまう。

まるで自分で勝手に裁判を開いて、判決を出し、最後は自分で罰するというやり方を繰り返してきた。刑罰は、自分の頭をげんこつで殴ったり壁にぶつけたり、顔を平手で叩いたりする。このように罰を与えると幻聴さんもおさまり、落ち着く。

・新しい自分の助け方

❶指名手配

幻聴さんに「お前がやったんだろう」と言われても、自分はやった記憶はない。そこで「真犯人が他にいて、悪男が陰で糸を引いている」という仮説を立てた。この仮説に基づいて、いま悪男を指名手配している。

❷弁護士を頼む

スタッフが「弁護士になってあげるよ」と言ってくれたので、幻聴さんに「弁護士を通してください」とお願いする。

❸苦労の公開

ＳＡに参加する。秘密にしていると罪悪感が強くなるが、仲間に公表すると少し楽になる。

❹「なつひさお」のチェック

「なやみ、つかれ、ひま、さびしさ、お金・おなか・お薬の不足」という「なつひさお」の自己チェックを活用して、まわりの人に意見を求めて自分で判決を下さないようにする。

❺語ること
❻「良男《よしお》さん」に頼る
❼罪悪感のフィルター仮説
❽爆発のサイクル
❾注射依存からの脱却

入院していたときには、眠るために注射に依存していた。プラス面はナースに血圧や脈拍を測ってもらえるのがうれしく、大切にされた感じがする。また自分の問題に直面しないで眠れる。マイナス面は自分の問題が解決しないので繰り返してしまい、結局、朝起きるとナースに愛されていない気になる。おそらく自己評価の低さがベースにあり、注射に依存して罪悪感にさいなまれていると、「自分を見る」つらい作業をしないですむのだと思う。浦河に来てからはいろいろな人や物に依存を分散させることで、まわりも自分も負担が軽くなって楽になった。そうすることで、あれほど必要だった注射が必要なくなった。

・当事者研究に取り組んで

それまでは自分が病気に巻き込まれて包まれているような感じだったが、当事者研究をしてからは、目の前に病気を置いてちょっと離れて観察するというスタンスが持てるようになった。どんなに苦しいことが起こったとしても「あっ、これは研究材料になる」と思い、ほくそえむ自分がいる。私と同じように罪悪感で苦しんでいる人には「冤罪だよ」と言ってあげたい。冤罪だから信じて無罪を勝ち取るまでがんばってもらいたい［べてるしあわせ研究所他 2009 : 70-79］。

宮西勝子は、べてるの新たなスーパースターのひとりとなった。二〇一二年の初めに私が浦河を訪れたとき、彼女はべてるの講演旅行に参加するため町を離れていた。この他にも毎年恒例のべてるまつりの司会をするなど、彼女はべてるにとって欠かせないコアメンバーになりつつある。

だが、べてるに来る新参者たちが全員うまくいくというわけではない。べてると赤十字病院は両方とも満杯であり、ほとんどの人は門前払いされる。残ることができた場合でも、すぐによくならないことにがっかりして立ち去る人もいれば、回復を気長に待ちながら静かに生活することを選ぶ人もいる。そもそも失敗はべてるの試みの根本的な一部分として受け入れられているため、いわゆる「失敗」例はほとんどないわけだが（「失敗はチャンスだ」は、べてるでよく耳にする呪文だ）、多くの人の人生にとって悪い状態から改善している人のほうが多いこともまた事実である。

べてるの実験の再現性

べてるに移り住まなくても、自分がいま住んでいる場所にべてるの要素を取り入れることもできる。たとえば、べてるに関する研究グループが日本中で活動していて、そこではべてるの本や映画、ビデオを勉強し、べてるのメンバーの話を聞くために北海道から招待することもある。彼らはＳＳＴのワークショップに参加したり、自分たちで当事者研究のチームをつくったりしている。

これらの研究グループは、精神障害をもつ人々の家族や当事者自身、ソーシャルワーカーや医療専門家などによって構成されている。べてるを訪れる人たちに会うと、私はいつも彼らの町とべてるではどこが違うのかと聞くのだが、ほとんどの場合「べてるの人たちは本当に元気ですね」と答える。彼らの町にもべてるのような場所をつくることは可能かと尋ねると、口をそろえて不可能か非常に難しいと断言する。

べてるは、地理的条件の悪さ、資源の少なさ、恵まれた人材、の三つの要素がユニークに組み合わさっている。べてるのまわりにはまったく何もないからこそ、メンバーたちはお互いを助け合いながら自分たちの抱える問題に集中する。それ以外にすることがないのも事実である。映画「Bethel」のなかであるメンバーが言っていたように、「都会では自室で餓死することがあるかもしれないが、ここではありえない」のだ。また、べてるは資源不足だからこそ、恵まれている。というのも、資源不足を解決するためには創造的でなければならないからだ。みんなが一緒に協力しあわないと何もできないのである。そして最後に、川村、向谷地、早坂潔やその他のコアメンバーたちがいなければべてるは成り立たなかっただろう。川村の自立を重視した心のケア、向谷地の過激なソーシャルワーク、潔のカリスマ性によるコミュニティ結集力のすべてが必要であった。

とはいうものの、日本における精神医療は間違いなく、よい方向に向かっている。政府からの圧力により、多くの病院が入院日数を短くしようとしている。また精神科のグループホームや障害者のための仕事場が次々とつくられている。べてるに触発され、当事者研究グループも日本中で増えてきている。

よく考えてみると、べてるのような場所を他の地域でつくる必要はないかもしれない。同語反復のように聞こえるかもしれないが、そんな必要はないのだから。べてるが試みたことの要点は、精神障害をもつ人々が元気に暮らせるような空間をつくることにある。それが可能であるとわかった今、他の地域はべてるを通して学んだことを「自分たちの必要に応じて」改造していけばよい。べてるはあくまで一か所でいい。残りの地域は聖地べてるを〝サイコツーリスト〟として訪れて、そこから学べばよいのである。

譲の物語

三七年間の入院生活

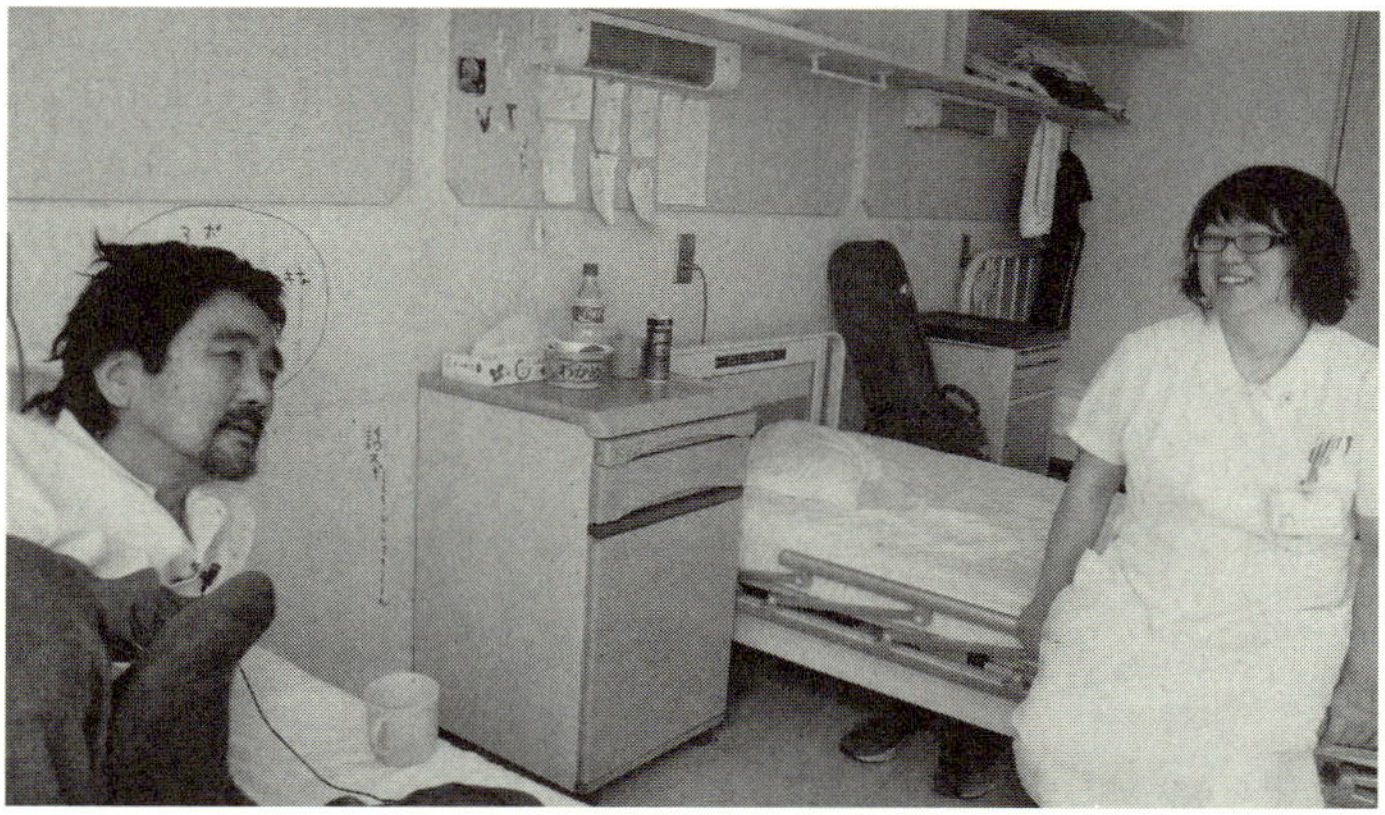

37 年間の入院生活の最後の日に病室にいる横山譲さん

ウィークデイの朝、私はたいてい病院の精神科デイケアに歩いて出かけた。デイケアの朝はいつも短いスタッフミーティングで始まる。三人の精神科ソーシャルワーカー[1]、看護師、看護助手が出席した。川村も診察日には同席した。

スタッフミーティングが終わると午前中のプログラムが始まる。その時点で私はデイケアの見学を続けるか、車を運転してニューべてるまで行って向こうの活動を見学するかを決めた。けれど一〇月のある朝、スタッフミーティングを終えた私が向かったのは、精神科入院病棟――病院本館の西ウィング三階にあり「七病棟」の名前で知られている――でのピアサポート・ミーティングだった。ミーティングは横山譲《ゆずる》のために招集されていた。

譲は一九七〇年から七病棟に入院していた。一九七〇年といえば、私が生まれた年である。彼は二〇〇七年についに退院するまで、実に三七年間も入院生活を続けていた。七病棟のなかでも最長の入院期間だ。

向谷地は以前に、「べてるの家の目標は、Yさん〔横山さんのこと〕のような人でも退院して地域で安心して暮らせるようになること」〔向谷地 2008:137〕と書いた。その言葉通り、べてるの人々は過去二十数年間、病院のソーシャルワーカーもメンバーも、一方で横山に退院を働きかけつつ、他方でそれが可能になるような社会をつくる努力を続けてきたのだった。

なぜ日本の精神科患者の入院期間は先進国のなかでも最長の部類なのか。譲の物語は、それを読み解く一つの鍵になるだろう。

若き日々

一九六〇年代にまだ十代だった横山譲は、病院の道一本挟んだ向かいにある浦河高校に通っていた。校庭からは、七病棟の患者たちが格子のついた窓越しにこちらを見ている様子が観察できた。[2]「お前は七病棟行きだ！」というのが、生徒たちが互いを侮辱する際の決まり文句の一つだった。

譲は浦河高校の水産科を卒業し、自動車整備工として働いたあと、自衛隊に入隊した。しかし統合失調症の症状が現れ、やむなく精神科に入院することになった。格子の反対側から母校を眺めることになって、譲は自分の人生が望みもしなかった方向に進んでしまったことを知り、深く傷つき、恥じ入ったりもしただろう。向谷地の言葉通りならば、かつて「浦河という町で最も惨めなことは、精神病を患い、浦河日赤病院の精神科病棟である七病棟に入院すること」[3]〔向谷地 2008:186〕であった。

一九八〇年代に譲は、べてるの前身となった「どんぐりの会」という当事者サポートグループの草創期のメンバーのひとりだった。今よりずっと社交的で、どんぐりの会のメンバーたちと野球をしたり、キャンプに出かけたりしていた。ところが友人たちがひとりまたひとりと退院してべてるのメンバーになっていくと、病院内で孤立していった。それでも彼は、退院しようとしなかった。入院してからまだそれほど年月が経たないうちに一度だけ退院したことがあったが、外での生活があまりに厳しく感じられて、すぐさま病院に舞い戻ってしまった。仲間たちがどんどんと退院して、べてるに加わるなか、譲はますます孤立を深めていった。

シックロール

社会学者のタルコット・パーソンズは「病人の役割〔sick role〕」について語った。病気になると普通の社会的義務や責任を免除される一方で、回復に向けて努めるように、できる限り医者や看護師に協力するように義務づけられる。日本の患者は、病人の役割を果たす（演じる）よう強く期待されている。病院外での責務を放棄し、受け身で、従順で……、要するに「病人らしく」おとなしくしていろと期待されるわけだ〔Parsons 1951: 452-460〕。だから日本では、精神障害者の多くは無力になってしまう。

しかしシックロールを演じているあいだ、病院の外では、友人たちは卒業し職を得ていく。結婚し子どもをつくる。入院している本人はもはや社会的な存在ではなくなり、人類学者が言う「境界線」、社会学者がかつて言っていた「社会的逸脱」という場所に置かれることになる。回復するまであなたの人生の続きは始まらないのだが、精神医学はいまだ精神病を回復させるには至っていない。精神医学はただいくつかの症状を一時的に緩和する薬を見つけているだけである。そこで必要なのは、「精神病」をむしろ「精神障害」として理解しようとする努力である。それは、病気やインペアメント〔機能障害〕が完全に回復していなくとも、社会への参加は可能であるという主張なのである。

さて、譲にとって病院での生活は楽なものだった。何一つ心配することはなかったし、アメリカの精神障害者みたいに経済的な理由で退院する必要もなかった。生活保護によって長期入院費用は賄われ、障害年金から煙草代を払うこともできた。誰とも話すことはなかったが、少なくともひとりぼっちではなかったし、誰も変な眼で彼を見たりしなかった。内側の暮らしは悪くなかったのだ。

向谷地によると、譲は「お願いだから病院にいたい」〔向谷地 2008:137〕と懇願したのだという。川村は、本人が望まない状況になるなら退院させないという方針だったので、譲は望み通り病院にいつづけることができた。実際、退院の話が出るたびに譲はひどく不安定になり、スタッフは長いあいだ退院の話題を持ち出すことさえできなくなった。譲はますます人を避け、自分の内側に閉じこもるようになった。自分の身体や病室の壁に呪文のような数字や文字を書き連ね、外の脅威から身を守っていた。

ピアサポート・プログラム

二〇〇六年に厚生労働省は、障害のある人の自立した暮らしを支える仕組みの一つとして、ピア〔peer＝仲間〕サポーター制度の普及を推進するための新しいガイドラインを発表した。この制度のもとでピアサポーターとなった多くは身体障害をもつ人たちで、その役割は同様の障害をもった人に施設を出て地域で暮らす方法を伝授することだった。たとえば視覚障害者が視覚障害者の、車椅子利用者が車椅子利用者の、施設の外での自立生活を援助した。残念ながら、精神障害をもつ人でピアサポーターになろうという人は多くはなかった。

この新しい施策に従ってべてるがピアサポーター制度を導入しようとしたとき、最初に手を上げたのは古参メンバーのひとりである坂井晃《あきら》〔4〕だった。ほどなく若い仲間の中山玄一もピアサポーターに加わった。玄一自身も精神病性の症状やその他の精神科系の症状に苦しみ七病棟に入院していたが、当時は退院してべてるの共同住居の一つに住んでいた。

玄一と坂井はピアサポーターとして、譲を含む入院患者たちの退院を支援する役割を担った。譲の問題は、入院があまりに長期化していたために、病院での生活にすっかり慣れ切っていたということだった。彼は退院したいとは思っておらず、また外の世界には彼に退院したいと思わせるものが何もなかった。家族はみんな亡くなっているか、もしくは譲とかかわりを持ちたがらないかのどちらかだった。

何十年ぶりかにはじめて外出したときには、浦河の町並みさえまったく見知らぬものになっていた。歳月によってそれほど何もかもが大きく変わってしまっていた。まるで浦島太郎になったみたいだと彼は言った。竜宮城に連れていかれて陸に戻ってきたときには何世紀もの時間が経っていた、あの浦島太郎である。

玄一が最初にしたのは、毎日、病院に譲を訪ねることだった。彼は毎朝七時きっかりに病院に現れた。最初はごく短く挨拶するだけだったが、しだいに譲は玄一の気立てのよさや優しさに惹かれ、打ち解けるようになった。玄一は譲を頻繁に外に連れ出すようになった。最初は煙草を吸いにいく程度だったが、やがてラーメンを食べにいったり、スーパーマーケットに煙草を買いに出かけたりするまでになった。

彼らは徐々に連れ立って遠くまで出かけるようになった。北海道の南東の果てを見ようと襟裳国定公園を訪れたり、工場見学に行ったりした。その後、ようやく譲はべてるのグループホームの一つに外泊を果たした。どんな感じか様子を見るためだった。

そうこうするうちに二年が経った。玄一をはじめとする多くのべてるメンバーやスタッフの熱心な働きかけが実って、ついに譲が退院を決意する日が来た。六月二九日に川村の自宅で開かれたミーティングで最終決定が下され、横山譲の退院日は二〇〇七年一〇月一七日と決められた。

しかしその六月のミーティングに、玄一はいなかった。べてるまつりの準備で疲労困憊し、彼自身が七病棟に入院していたのだ。とはいえ譲の退院日の決定は、玄一がこれまで何年かにわたってやってきたことのすべてが一つの頂点に達した証しだった。

一〇月初旬に、譲の退院支援のための最後のピアサポート・ミーティングが開かれた。退院にともなう諸々の手続きや変化を無事に乗り越えられるよう支援し、仲間たちのほうでも受け入れに向けて必要な準備を整えるためだった。べてるの家からは早坂潔や坂井、そして譲を支援してきたピアサポーターたちが出席した。病院の看護師やソーシャルフーカー、べてるスタッフのほか、保健所の女性スタッフもひとり同席していた。私も参加した。病院の小さなカンファレンスルームはすし詰め状態だった。

譲にはまだいろいろと不安が残っていた。たとえば譲はこれまでもずっとお金の問題で苦労してきた。精神科病棟にいるときなら、煙草が買いたいと思えば預けてあるお金からいくらか渡してくれるよう看護師に頼むだけで済み、自分で管理をする必要はなかった。でもいったん外に出れば、お金を貸してくれと頼まれて返してもらえないことだってあるかもしれないし、月曜に手にしたお金を金曜までに使い果たし、週末に食べ物を買うお金がないなんてことも起きるかもしれない。

メンバーのひとりが、地域福祉権利擁護事業〔現在は日常生活自立支援事業〕を利用したらどうかと言った。地域福祉権利擁護事業は金銭管理の手助けをしてくれる制度で、潔や長期入院から地域での生活に移行したべてるのメンバーたちも何人か利用していた。お金を管理するのは利用者自身だが、予算を立て、その範囲内でやりくりすることを生活支援員が手助けしてくれる。

退院する日に横山譲さんと面談する川村先生。左に早坂潔さんが付き添っている

譲は元祖べてるの家に住むことになっていた。元祖べてるの家には、食事を毎食つくってくれるスタッフがいる。定期的に訪問する看護師によって、一人ひとりの健康状態や薬をちゃんと飲んでいるか、何か相談したいことはないかなども細かく目配りされていた。

しかし譲にとってより大切だったのは、そこがすでに彼にとって一つのコミュニティになっていたということだった。玄一に招かれ何度も夕食をともにするうちに、譲は潔や佐々木実など住人たちと親しい友人になっていた。だから、まるで自分の家に帰るような気持ちで、元祖べてるの家に移ることができるだろう。実際、これからはここが彼の家になっていくのだ。

帰宅

二〇〇七年一〇月一七日、横山譲は三七年間の入院生活を終え、浦河赤十字病院の精神科病棟から退院した。看護スタッフが全員、一列に並んで彼を見送った。彼の持ち物は全部合わせても、大きめのビニールバッグ三つに収まる程度だった。退院して彼がまずしたことは、病院の精神科外来に行き、外来患者としてはじめて川村と面接することだった。その後べてるのワゴン車に乗り、彼の新しい家となる元祖べてるの家に向かった。

譲の部屋は二階で、早坂潔の隣だった。ソーシャルワーカーたちが荷物を運び上げ、布団や毛布を用意するのを彼は黙って見ていた。潔も、新しい同居人が歓迎されていると感じられるよう、傍らに付き添っていた。

病院の精神科看護師がひとり、譲に付き添って入居の手伝いに来ていた。彼と譲はある意味、不思議な似た者同士だった。その看護師――伊藤祐――は、精神科病棟での四〇年に

横山譲さんが元祖べてるの家に入居したその日に、彼の新しい部屋で過去を語り合う。(左から)横山さん、潔さん、伊藤祐さん

わたる勤務を終え、もうすぐ定年退職するところだった。彼も譲と同じくらい病院での生活に慣れ切っていた。二人とも人生の古い一章が終わりを迎え、新しい一章が始まろうとしていることを、ゆっくりと噛み締めつつあるところだった。

ふたたびの帰宅はいつ

三か月後、譲は病院に戻った。川村は「予定どおり」と冗談を飛ばした。外での生活はつらかった。病室はいつも一定の過ごしやすい温度に保たれていたのに、老朽化の進んだべてるの家の部屋は隙間風が入って寒かった。なにより、日中、仲間たちがみんなそれぞれに出かけてしまうと寂しくなった。物理的な環境の面でも、人とのつながりという面でも、病院のあたたかさと居心地のよさが恋しくて仕方がなかった。

とはいえ、もう二度と退院しないと決めたわけではなかった。向谷地は、譲は春になって桜が咲くころ、また退院するかもしれないと言った。[5]

第5章
出発

バッターは早坂潔。
打った！大きい！
ホームラン!?

でも、そのときはまだふたりともマヌケみたいに街のなかを踊りまわり、その後をぼくは、興味をそそる連中に会うといつもそうしてきたように、よろよろくっついていったわけで、ぼくにとってかけがえのない人間とは、なによりも狂ったやつら、狂ったように生き、狂ったようにしゃべり、狂ったように救われたがっている、なんでも欲しがるやつら、あくびはぜったいしない、ありふれたことは言わない、燃えて燃えて燃えて、あざやかな黄色の乱玉の花火のごとく、爆発するとクモのように星々のあいだに広がり、真ん中でボッと青く光って、みんなに「あぁ！」と溜め息をつかせる、そんなやつらなのだ。

——ジャック・ケルアック『オン・ザ・ロード』青山南訳、河出文庫、二〇一〇年、一七頁

朝のスタッフミーティングのとき、精神科ソーシャルワーカーの伊藤恵里子は、このごろ浦河にやってくるメンバーのタイプが変わってきていると言った。統合失調症などが減って、パーソナリティ障害やうつ病が増えてきているというのだ。さらに、統合失調症はべてるのやり方にうまく合うけれども、パーソナリティ障害やうつ病には難しいと思うと言った。「どういう意味ですか」と私が尋ねると、彼女はこう答えてくれた。

統合失調症の人は自分の病気を受け入れて、それと一緒に暮らすことができる。けれどもパーソナリティ障害やうつ病の人は、それが難しい面がある。彼女は自分がかかわってきた患者の例を挙げた。その女性は以前、企業で働いていたが、職を失って浦河に来た。浦河べてるは昆布詰めをする作業療法で有名だが、この女性は、仲間が雑談をしている横で作業をすることに耐えられなかった。また昆布詰めの仕事は、自分の理想のイメージにもマッチしていなかった。

べてるでの昆布詰めは、仕事そのものが目的なのではなく、他者とコミュニケーションをとって共同作業することが目的である。このことは、すぐに自分の内面世界に閉じこもってしまう統合失調症の人には特に重要である。人とつながっていることは救いなのだ。でも、(自分の経験からすると)うつの人にとっては、自分が健康だったときにできたことと、現在の自分がどうであるかのギャップが症状を重くしてしまう。

浦河の三〇年にも及ぶ実験は、いくつかの世代にはっきり区別できる。第一世代は、浦河や北海道日高地方で育って、一九八〇年代に向谷地と川村に会うまで何年か赤十字病院に入院していた人たちだ。このグループには早坂潔や佐々木実が含まれていて、初期のべてるの家のコアメンバーである。

第二世代は、一九九〇年代になってべてるを報じた新聞記事や書籍に引き寄せられて、いろいろなところから浦河に集まってきた人たちである。第一世代と同じくこの世代の人たちも統合失調症を患っていたが、本州では望んでいるような治療が見つからずに浦河に移ってきた。この世代の若い人たちの多くは、病気になる前に大学を出ている。いろいろな専門知識と技能を持っていたため、べてるの宣伝などに力を発揮し、べてるがさまざまな方向に発展していくのを助けた。この世代には、清水里香、山根耕平、中山玄一が含まれる。

二〇〇〇年代になると、べてるは元の数倍の規模にふくれあがった。定期的にテレビスタッフが入っては、日本における精神科ケアと自立生活の最先端としてべてるを特集した。斉藤道雄の『悩む力』は、べてるがいかにして生活上の出来事について〝悩む力〟と、気苦労について〝語る力〟を回復させるのかを論じて、二〇〇二年の権威のある講談社ノンフィクション賞を受けた。同じ年、べてるは正式に社会福祉法人として認可され、共同作業所の運営で副収入が得られることになり、さらに多くのメンバーを引き受けることになった。

べてるに関する本や論文の数も急速に増えた。二〇〇五年には、べてるには受け入れ能力いっぱいの一〇〇名以上の当事者メンバーが集まっていたが、さらに何十人もが入る順番を待っていた。まだ順番待ちなのに、多くの人が浦河に引っ越してきた。べてるが急速に拡大し、こうした第三世代の新人（その多くは統合失調症ではなく、これまでべてるがあまり扱ったことのなかったパーソナリティ障害やうつ病の人たちだった）が殺到すると、べてるという組織にもいろいろな問題が増えてきた。

他にも変化の兆しが

恵里子にインタビューしていたころのことである。ニューべてるに入ると、一階の壁に苦情箱が掛けてあることに気がついた。「匿名で苦情や提案を受け付けます」と書かれている。

苦情処理窓口の設置は自立支援法で義務づけられているとはいえ、私はすごく悲しくなった。匿名の苦情箱は、べてるの基本方針がうまくいっていないことを示しているように私には見えたのだ。べてるは、当事者によって当事者のために運営されてきたと思われていたし、メンバーは自分の不満をいつでも公的に（あるいは私的に）自由に声にできるはずだった。だからこの苦情箱は、みんながもはやべてるという環境がオープンだと信じていないことの象徴のようにも思えてしまった。実際に、当事者メンバーと運営職員のあいだには距離があるのかもしれない。

べてるの拡大にともなって起こる問題は、これがはじめてというわけではなかった。二〇〇三年一一月、べてるが社会福祉法人になって、ニューべてるの新しい建物に引っ越して二年ほど経ったころのことである。会計不正と非営利団体に関する法律違反の疑いでべてるに北海道庁から特別監査が入り、みんな驚いた。監査について報じた新聞記事によれば、べてるの外部理事の二名が支庁の福祉課に行って、べてるのずさんな経理と仕事の仕方について申し立てたそうである。[1] 一〇〇万円を超えるオフィス設備の不正購入があった、というのが申し立ての内容だった。

二〇〇二年にべてるは、コンピューター購入のために非営利基金からの助成金を得ることになった。備品を納入した業者からは早めの支払いを督促されたが、助成金の支払いが遅れていたので、べてるの会計担当のスタッフが、先に自腹で業者に立て替えて支払った。しかし基金には「事業完了報告」を提出する必要がある。そこですでに支払い済みであったにもかかわらず、も、う、一、回支払いをしてから、後日その金額を戻してもらったというわけだ。基金側に「業者さんの資金繰りが苦しいらしいので、先払いしてよいでしょうか」と聞きさえすればよかったのである。

特別監査は、二〇〇三年一一月から二〇〇四年三月まで四か月もかかった。調査の結果、最終的には、べてるへの深刻な不正の疑いは晴れた。だが、べてるという組織には、すっきりしないものが残った。特に道庁は、べてるの経営の仕方を根本から変えるように要求した。理事や執行役ではなく、当事者メンバー自身（たとえば精神障害をもつ人たち）が仕事の内容を決定するやり方がとりわけ問題視された。内部告発した二人の理事は辞職し、他の理事二人も辞職した。

この事件が起こって数年経ってから、私は向谷地にこの事件について尋ねてみた。べてるの職員と当事者メンバーが非営利団体の運営について経験不足だったこと、多くの問題はそこから来ていると向谷地は感じていた。

初期のべてるでは、当事者メンバーは組織を運営するのに、今よりもっと大きな役割を担っていた。そのころはボランティアの職員は三人しかいなかった。つまり向谷地夫妻と宮島利光牧師以外に、フルタイムで働いている人はいなかった。べてるは、企業というよりもクラブみたいなものだった。そのころはお金がなくて、帳尻を合わせるのにお金をかき集めてこなければならなかった。クリスチャン的な言い回しをすれば、「聖パウロに支払うために聖ペテロから盗む」*くらいだった。

法人化したおかげで、作業場や訓練プログラムを運営するのに、道庁や非営利団体の助成金や便宜が見込めるようになった。しかしべてるは、それらの基金が求める新しい会計処理方法には慣れていなかった。加えて向谷地の感じでは、特別監査員がべてるに来て、理事長の佐々木実をはじめ早坂潔ら職員と理事の多くが精神障害をもっていることを知ると、あっけにとられていたという。べてるに上下関係がないことや、意思決定の責任をとる明確な道筋がないことも、彼らにとっては苛立たしかった。向谷地によれば、こうしたことすべてが道庁の監査員からの嫌疑と警告を招いたのである。

監査結果とそれに基づいた行政指導は、べてるの会計業務を型どおりにしただけではなく、根本的な次元で、べてるの活動そのものを型にはめていった。官僚的な縦社会化、マニュアル化が忍び込んできたのである。それまではどのメンバーも他のメンバーの昆布詰めの仕事の肩代わりができたし、多くの仕事が共同で行われていた。けれども道庁は経理と管理に関しては専門職を雇うように求め、当事者メンバーがそれらに触れることを禁じた。べてるの家は、法人べてる〔Bethel, Inc.〕になったのである。

事務所のなかを歩き回っていると、片隅に大きな本の束が積んであったのに気づいた。一つを手に取ると、タイトルは『健康保険法の早わかり』。一七〇〇ページもある立派な印刷物だった。その上に積んであった同じくらい分厚い本は、やはり胸が躍るようなタイトルで、『業種別経費分類ガイドブック第一巻・第二巻』と『社会保険――実例付き申請ガイド』だった。経理のガイドブックは二四〇〇ページもあり、社会保険のガイドブックは一九〇〇ページをわずかに下回るくらいだった。そんな本を読めるのはよほどの変わり者である。

仕事が専門化するにつれて煽りを受けたのは、当事者スタッフである。[2] べてるは当事者メンバー（すなわち精神障害と診断された人たち）を、管理事務所のスタッフやグループホームの管理人などのなかにもいつも含めていた。初期には当事者スタッフは組織の中核であったし、向谷地や宮島牧師たちはそのつなぎ役として働いていた。しかし、べてるが法人化すると何人もの健常者の職員が雇われて、向谷地悦子が実質上の管理責任者となった。新たな規制は、いくつかの職については特定の資格を持つ人が担当することを求めた。この要求によって、当事者スタッフが責任ある地位に就くことは難しくなった。

さらに当事者スタッフは、どんどん増える仕事量に追いつくのがきつくなってきて、健常者スタッフが彼らの代わりの地位につくようになった。べてるは「安心してサボれる職場づくり」を自認してきたというのに、今は日本のどこにでもあるような共同作業所になりつつある。

＊ ある借金を返済するために、別のところから新たに借金をするという意味。

目的をもたない「目的型コミュニティ」

ユートピア（理想郷）を目指すコミュニティがつくられた瞬間から、そのメンバーはコミュニティの外の人たちに対してどう接すればいいのかという問題に直面する。ユートピアを求める集団のほとんどは、うるさいことを何も言われないで済む田舎に逃れたときでさえも、世界に無関心になることはなく、むしろ世界を改良しようと熱望するように思われる。宇宙空間に放り出されるのでもない限り、ユートピア主義は、一般社会の人々との接し方、特に近隣住民との接し方の規則を決め、それを「日常生活に取り込む」方法を見つけなければならない。ユートピアを目指すコミュニティは、通常、規模が小さくて脆いものだから、それを取り囲んでいる大きな社会のなかにある既存の規範や制度に自分のほうから適応していかねばならない。しかし同時に、コミュニティの自己イメージと調和するような仕方で外の社会と適応しなければならない。これは適応の仕方として二重に負担がかかる［Plath 1966：1152］。

目的型コミュニティ〔intentional community〕とは、共通の目的・義務・関心を持って、共同の住居や施設で一緒に生活したり働く人々の集団のことである[3]。そこでは社交的な活動や、上下のない社会関係、人間のつながりに重きが置かれる。コミューン*とキブツ**が目的型コミュニティの最もよく知られた形であるが、広い意味では、協同組合やエコビレッジ、グループホームも含まれる。そこには通常、よりよいコミュニティや社会——ユートピアではないにせよ——を創造しようとする意図が共有されている。

ユートピアの理念に基づいた目的型コミュニティの運営は、年を経るにつれ困難を抱えるようになることが多い［Kanter 1972, Bouvard 1975］。初期の立ち上げメンバーは、さまざまな背景や目的や夢を持った新参者からなるさらに大きなグループに取って代わられていく。コミュニティの拡大は、官僚化と専門化を強める。権力の集中と派閥分派が進む。中核となる原則は失われるか歪んでいく。

べてるは、〝意図せざる〟目的型コミュニティとして始まった。そのもともとの目的は、単に浦河赤十字病院の精神科の患者だった人がコミュニティのなかで生活して働ける場所を自分たちに提供することだった。他の多くの目的型コミュニティは、核となる原則や哲学をもって始まる。しかしべてるの場合には、できてから何年かしたあとに、ようやくそうしたものがつくられたのである。そしてその原則や哲学はなお変化しつづけている。

べてるは、大きく成長するにつれ理想主義的な性質をいくぶん失ったものの、それは決して失敗した実験とはならなかった。

法人べてるは財政上成功し、会計的に破綻する危険性はない。苦情に対しては役所のように組織的に対処するようになったが、不平がひどく高まることなどまるでなかった。さらに言えば、浦河町は日本のどこよりも、精神障害をもつ人たちにとって最もしばりの少ないところに違いない。統合失調症や他の精神病の重い症状を示す人たちでさえコミュニティのなかで生きることができ、施設のなかに永続的

＊　ヨーロッパ中世都市などの自治体。
＊＊二〇世紀初頭、帝政ロシアの迫害を逃れたユダヤ人の一群がパレスチナで設立したイスラエルの農業コミュニティ。

に閉じ込められる必要もない。べてるの存在そのものがそのことを証明している。

これまでべてるは、たぶんにカリスマ的な三人の男性のおかげでまとまってきた。早坂潔、向谷地生良、川村敏明である。しかし早坂潔は二〇名の小さなコミュニティのなかでは目立っていて活動的だったが、今では新人全員を知っているわけではない。向谷地生良はべてるの中心にいるソーシャルワーカーであるが、さまざまな方面に駆り出されている。彼は北海道医療大学の常勤の教員で、毎週へとへとになるような通勤をしている。それでもいつも日本中の施設からの相談に応えている。彼は毎年一〜二冊べてるに関する書籍を出版しているが、なお新しいテーマに忙殺されている。

多くの目的型コミュニティと同じく、向谷地家もまた仕事に巻き込まれてきた。妻の悦子は以前は病院の看護師だったが、今は実質上べてるの経営者である。息子の宣明は東京で、べてるの広報活動的な役割を果たしている。以前の住宅にはメンバーの両親が住んでいて、新しい自宅の上には小さなアパートがある。

べてるが、向谷地家が家族経営している「法人べてる」になっていると非難するメンバーや当事者家族もいる。これがどこの大きな施設でも見当たるような普通の不平不満の範囲のものなのかどうかは、私には判断することが難しい。ただ、規模が小さくて横のつながりの強い人間関係で結びついていた昔のべてるだったら、個人レベルで不満を処理する仕組みによって、こうした批判を和らげることができていたのだろう。

べてるの仕事部門にも不満が高まっている。障害をもった人のための共同作業所や生産施設は、それ自体としては新奇なものではない。べてるをユニークにしているのは、利益が、参加している人たちの中心的なモチベーションになっているところである。資本主義的に言えば、利益分配制が中核にあったのである。マルクス主義の言葉で言えば、彼らは、自分たちがつくっている成果物から疎外されていなかったということである。

しかしニューべてるによって確立されたルールは、人々を労働の成果物から疎外している。監査の影響から生じた官僚主義化と合理化の傾向が強まっている部分が大きい。だがそれは、仕事をした人は、時間給でわかりやすく賃金を支払われているということでもある。昆布詰めは作業所の規程のもとで行われており、時間給は、社会福祉に関する法規によって定められた一時間二二〇円と、わずかな額になっている。

知らず知らずのうちに、べてるの成長は、べてるに多くの問題をもたらすことになった。べてるという組織をどのようにしていくべきかについて考えが割れているように思われる。一方でべてるは共同作業所の数を二つに制限し、メンバーの上限を一〇〇名にしている（規制により、各施設で五〇名となっている）[4]。だが同時にべてるは、浦河で手に入れられる不動産を積極的に買ってきた。べてるがもっと大きくなればさらに官僚的になり、メンバーの生活のすべての面をコントロールする全制施設になってしまう危険性だってある。

べてるは、日本の他の施設と違わなくなってきている。同時にまた日本の他の施設は、べてるのようになってきている。精神障害をもつ人のために、さまざまなグループホーム、共同作業所、自立生活支援センターがつくられてきている。その多くは進歩的なリーダーや地域の全面的な支援に支えられている。そのなかには、べてるの理念に着想を得たものもあるけれども、独自に発展してきたものもある。

おそらく、べてるはこれからも、日本における地域に根ざした精神医療ケアのイメージキャラクターでありつづけるだろう。他方、今では北日本の最果ての地に旅行せずとも、他に訪れるべき場所ができてきたのである。

アメリカから見る日本のコミュニティ

べてるには何か日本特有の要素があるのかと、よくアメリカ人から聞かれることがある。私は、「べてるでは精神病からの回復における社会(コミュニティ)の役割を重視している」と答える。障害者の自立生活についてはこれまで多くの議論があったが、障害があろうとなかろうと私たちは社会的な存在であり、誰も他者なしには生きられない。絶え間ないグループミーティング、ハウスミーティング、そしてSSTワークショップはすべて、共に生きて働くという能力の回復を援助するために行われている。

べてるの活動のほとんどすべては、社会的なものに焦点を当てている。べてるは社会生活の諸問題に尻込みするのではなく、そうした問題を「社会のなかで人間として存在すること」の根幹をなすものとして受け入れるのである。多くの西洋人は、基本的価値として「自立」よりもむしろ「社会性の回復」をべてるが重視していることを、べてるが日本社会に根ざしている証拠として見るだろう。しかし多くのべてるのメンバーと同様に、私は「自立」と「社会性」を対立したものとは考えない。真に社会的な存在となるためには、自分のニーズや欲求と折り合いをつけ、他者のニーズや欲求とバランスをとらなければならない。そうしたバランスをとることなしに、真に自立することは不可能である。

べてるの活動の多くは、社会関係のなかで存在しているとともに、共同の記憶としても存在している。べてるは、伝説や物語をどんどんつくり出すことを薦めている。幻覚&妄想大会といったイベントでは、そうした物語が共同の記憶として定着させられる。べてるが発行する週刊のコマ割マンガ「ぱぴぷぺぽ」には、メンバーの脱線行為が描かれている。

朝のミーティングで毎日繰り返される、嫌になるほど退屈な事業活動と売り上げデータの報告でさえ、社会科学でいう対人交流的記憶を発達させる助けになる。対人交流的記憶とは、記憶とスキルの蓄積を共有することであり（六九頁＊参照）、それを共有することによってメンバー個々人はもっと自由に

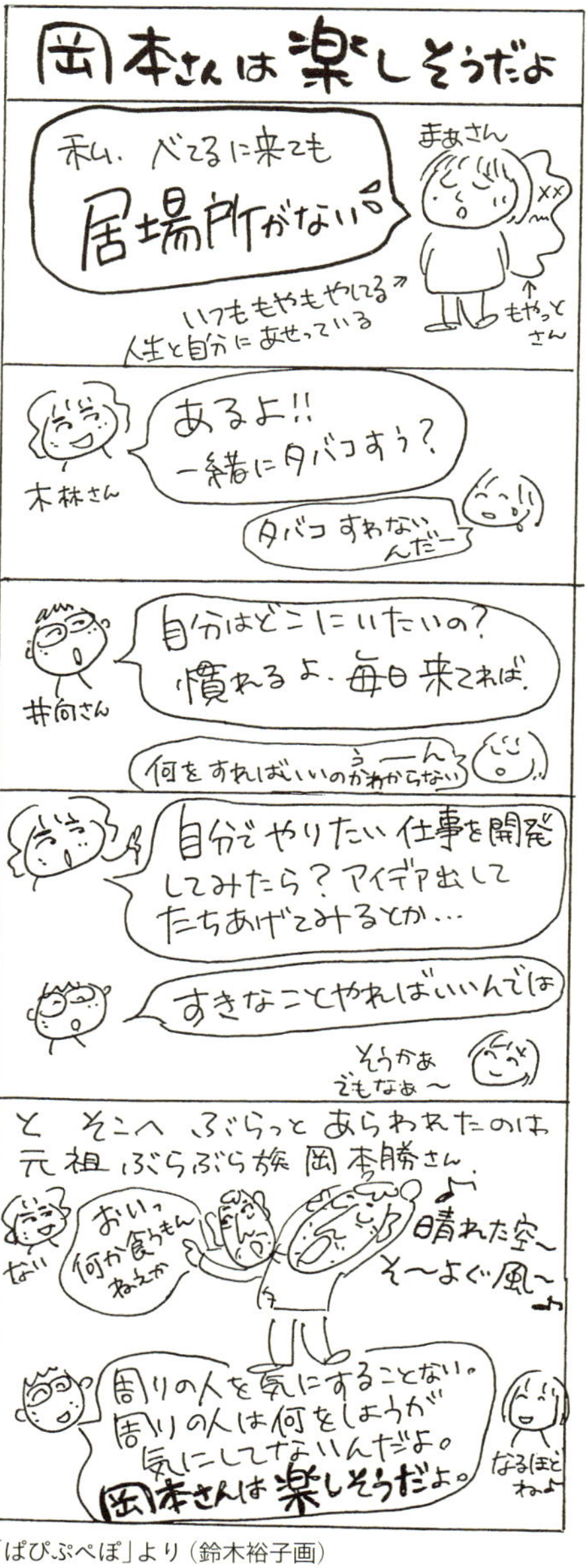

「ぱぴぷぺぽ」より（鈴木裕子画）

働ける（そして、サボれる）ようになる。そこでは全員が何をしているかをわかっていて、ひとりのメンバーも危険な状態にはなく、一人ひとりがかけがえのないものとして大事にされる。それぞれの人ができる範囲で仕事の時間をつくる。それぞれの人が、自分の能力に応じて提供し、必要に応じて受け取るのである。

ホテル・カリフォルニア

浦河べてるが成功したのは、重度の精神病と格闘しながら大きな改善を遂げていく人々の「回復の全段階」の面倒を見るからである。病院はメンバーを、サービスの行き届いたべてるグループホームへスムーズに退院させられる。さらに状態がよくなったら共同生活施設に移動して、べてるの作業場かショップで働ける。具合が悪くなればすぐに病院に戻れて、短期でも長期でも入院する。このやり方は、重度の精神障害者がふつう感じている入退院にともなう不安を解消してくれる。しかし、べてるのこの特徴を問題だと思う読者もいるかもしれない。

向谷地が第2章で述べていたように、べてるは回復を目指しているわけではない。治癒して、本州にある会社の仕事に戻ることを目的にしているのではない。メンバーがなぜべてるを離れようとしないのか、私もよく理解できないことがあった。べてるのメンバーになる人は、以前の生活や夢を捨てて浦河にやってくる。そこで彼らは、新たな人生と以前よりも少なくなってしまった人生の可能性を受け入れる必要があるのだと言われる。それはたしかに現実的なペシミズムかもしれないが、やはり意気阻喪させるものでもある。

しかし、実はこの点こそが、私が本州で見てきた精神障害をもつ人たちのコミュニティと、べてるが異なる点である。埼玉県の「やどかりの里」などのプログラムの最終目標は、人々が自分のコミュニティに戻る仕方を学ぶことにある。べてるのように、世界から分離された、まったく新しいコミュニティを創造することにあるのではない。

浦河という町がとてつもなく辺鄙《へんぴ》なところにあるからこそ、べてるはうまくいっているのだと私は思っている。車か（ほとんどのメンバーが持っていない）、鉄道か（値段が高い）、バス（値段が高い）によってしか外に出ることができない。べてるの活動そのものを除くと、浦河にはほとんどやることがない。何人かのアメリカ人はべてるの話を聞くと、浦河に住むことは「ホテル・カリフォルニア」*のようなもので、「チェックインはできるけど、出ることができないのじゃないか」と尋ねたものだった。

私はべてるの何人かのメンバーにこの疑問を投げかけてみたが、彼らの回答はまったく同じだった。——そもそもなぜ、自分たちを病気にした社会や家庭環境に戻ろうと思わなければならないのか、と。べてるは幸せな人生を送らせてくれる場所である。おそらくそれは昇る人生ではなく、ゆっくり降りていく人生であるが、少なくとも生きるに値する人生である。

中山玄一が亡くなったとき（二一九頁以下参照）、友人の多くは私に、「彼の生き方も死に方も見習いた

＊ ロックバンド「イーグルス」の一九七六年の大ヒット曲。砂漠のハイウェイで立ち寄ったこぎれいなホテルで快適な日々を送ったが、いざ出ようとしても出られなくなっていた……という多義的な歌詞で、さまざまな解釈を呼んだ。

い」と語ってくれた。彼は、自分の好きなことをして、社会的に価値のあることをして死んだ。彼は、自分をわかってくれる友人と仲間に囲まれて死んだ。浦河では、彼は友人とともに死ねた。清水里香も他のべてるのメンバーも、浦河で死にたいと話してくれた。べてるそのものが共同墓地をメンバーのために売り出そうと計画している。それほど多くの人たちが家族と関係を絶っているし、その代わりに死後も友達や仲間と一緒にいたいと望んでいる。

さらにいえば、人々は決して浦河を離れないわけでもない。短い期間自宅に戻ったり、べてるの講演旅行に参加したりするために、定期的にべてるを離れる。そうして自宅や外部での生活はどういうものかを知り、それに加わらないことを選ぶのである。たとえばUFOに乗りたいと思っていたエンジニアである山根耕平である。彼は、浦河町が国の防災モデル地区に指定された際、国立障害者リハビリテーションセンターのスタッフとして、べてるから浦河町役場に出向した。その後、自信がついたので神奈川県にあるいすゞ自動車に就職したのだが、体調を崩してふたたびべてるに戻ってきた。

国立障害者リハビリテーションセンターに出向当時の二〇〇七年、山根は精神障害者を対象とした地震避難訓練にかかわった。その訓練のお陰でべてるのメンバーは、最も重い状態にある人たちも含めて全員、指定された一五分以内に町を見下ろす崖の上まで避難することができた。二〇一一年三月に東日本大震災が起こったときに、その練習が役に立った。訓練のときほど整然と避難できたわけではないが(薬を忘れた人もいた)、全員無事に崖の上まで首尾よくたどりつけた。津波のエネルギーは浦河に到着したときにはほとんど削がれていたけれども、町の低地地帯にある建物や船舶のいくつかはそれなりの被害を受けていた。

山根の他にも、べてるを離れて自分の生活に戻ったり、新しい生活を始めたりするメンバーは何人かいる。残っているメンバーと話してみると、彼らをまったくうらやんでいなかった。ただ、その人たちがコミュニティにもういないことを悲しんでいるだけだ。そして、その人たちがまた戻ってくるという静かな確信を持っていた。実際、二〇一一年に山根耕平がべてるに戻って生活を再開させるつもりなのだと知って、私はいささか唖然としてしまった。

べてるは、社会学者のアーヴィング・ゴフマンが一九六一年に論じた監獄や精神病院のようなタイプの全制施設からはほど遠い。べてるは住居、食事、仕事をメンバーに提供するが、それらは強制ではない。べてるは何時に起きろとか命令しない。自分の食べる物や着る物を自分で決められる。行きたくなければ仕事に行く必要はないし、やりたい分だけ仕事をすればよいし、自分の生活でやりたいことなら何でもできる。べてるの変わらない基本理念の一つは「非援助」である。援助とはそもそも、人がやりたくないことを決して押しつけないということだ。

こうしてべてるは、「ホテル・カリフォルニア」の最後の歌詞の前段だけに共鳴するのである。

「あなたは好きなときにいつでもチェックアウトできます」

失われた楽園、見つかった楽園

ユートピア的なものを疑いがちなのは、アメリカ人の傾向なのだろうか。たしかにアメリカの歴史には、失敗した目的型コミュニティの残骸があちこちにある。オナイダ・コミュニティ、シェーカーズ、ジェームズタウン*は、私たちの記憶に傷跡を残している。

理想郷「ユートピア」が、暗黒郷「ディストピア」になってしまうのは、どのようなときだろうか。おそらく両者は客観的に区別できるものではなく、価値観の問題なのだろう。私は、べてるがカルト宗教と類似していると感じたことは何度もあった。カリスマ的リーダーがいて、強い信念の体系があって、緊密なコミュニティ生活が強調されている。それでもカルトと似ていないのは、誰もが自分の好きなことをする自由があるからだった。

ある日ニューべてるで座っていると、ひとりのメンバーがひどく取り乱してやって来た。彼女はホームシックにかかっていて、自分の十代の娘がいないので寂しく思ったのだ。娘は祖父母と本州に住んでいた。彼女はべてるの経理にかけあって、自分の口座から預金全額を引き出して、タクシーに乗って行ってしまった。べてるのメンバーは、本州に戻ることが本当にやりたいことなのかと一度だけ尋ねたが、誰も彼女を止めようとはしなかった。人間は自分の生活を律しており、自分で決定をすることが許されるべきで、それによって自分の失敗と成功を自分のものとすることができる。べてるでは心の底からそう信じられている。

たとえ、べてるでの生活に何か嫌なことがあったとしても、べてるの外での暮らしが、重度の精神障害をもったほとんどの人にとってもっと悪しきものであるという現実を思い出して、それらを天秤にかけてみる必要がある。アメリカであろうと日本であろうと（私はこの二つの国でほとんどの時間を過ごしてきた）、統合失調症の人々は差別に直面し、施設に入ることを強要され、薬を飲まされ、社会から追放される。

本州に行ったその女性は、二週間後にべてるに帰ってきた。彼女の十代の娘は、自分の祖父母と暮らしたほうがずっと幸せだったし、自分の母と暮らしを共にしようとは思わなかったのだ。そして家族も、彼女にそばにいてほしくなかった。それで泣く泣く浦河に帰ることに決めたのだ。

誰も理解してくれないという絶望感は、おそらく重度の精神障害者にとって最悪の苦しみである。長期の施設入所以外の選択肢がほとんどないのなら、べてるのような「コミュニティ」をつくり出すことは、社会的な包摂にとって最善の道ではないかと説く人もいる［Mandiberg 1993, 2010］。

べてるはコミュニティの感覚を、つまりそのメンバーに帰属場所と避難所（すなわち居場所）を提供してくれる。べてるは、長期の施設入所に代わりうる唯一の選択肢を提供している。べてるは病院、町、学校、地元の地主や雇用主とよい協働関係にあり、他ではできないような自立生活のための援助を提供

＊ オナイダ・コミュニティは、宗教家のジョン・ハンフリー・ノイズが、一八四八年にニューヨーク州中部のオナイダに創設したもの。「複合婚 complex marriage」制度と共産主義的な経済システムをとっていたが、一八七九年に複合婚制度が、一八八一年には共産主義的な経済システムが放棄され、合資会社として再編された。シェーカーズは、イギリスから移民してきたクエーカー教徒アン・リーに影響を受けて一八七〇年代にニューヨーク州で設立された共同体主義的な宗教コミュニティ。アメリカで最も成功した宗教コミュニティの一つで、ニューヨーク州のほか、マサチューセッツ州、コネチカット州、ニューハンプシャー州など全米各地に拠点が広がり、一八四〇年代後半には六〇〇〇人のメンバーを数えたが、二一世紀初頭には数人のメンバーがメーン州で活動するのみとなった（Foster, Lawrence. "Noyes, John Humphrey", "Shakers", *Encyclopedia of Religion*. Ed. Lindsay Jones. 2nd ed. Detroit: Macmillan Reference USA, 2005. Gale Virtual Reference Library. Web. 8 Aug. 2014）。ジェームズタウンはイギリスが北アメリカに一六〇七年に建設した植民地で、現在は歴史的な地域として保存されている（http://historicjamestowne.org/history/）。

することができる。べてるでの収入はわずかで、多くの人が社会福祉の受給でやりくりしているが、メンバーは予期せぬ出来事のために十分に蓄えていて、将来に不安を感じることはない。最期のときが来たときには——精神疾患や向精神剤が身体に及ぼす命を縮める効果を考えると、それは比較的早くやってくる——、友人に囲まれながら死ぬことを彼らは知っているのである。

玄一の物語

ピアサポート、そして意味のある人生

教会のオルガンを弾く中山玄一さん（2003 年 5 月 16 日、医学書院提供）

二〇〇七年六月、第一四回べてるまつりが浦河町総合文化会館文化ホールで開かれた。日本中から集まった数百人の観客（そして数組のテレビ局の撮影チーム）の前で、当事者研究の発表や、模擬ＳＳＴセッションのほか、べてるの生活ぶりを紹介する出し物が披露された。

早坂潔は「ぱぴぷぺぽだったで賞」を受賞した。「ぱぴぷぺぽ」とは潔の用語で、頭のなかが混乱して訳がわからなくなっている状態を指す。賞はこの一年、お金、女性、病気という三大問題と取り組んできた彼の苦労に敬意を表して贈られた。どんぐりの会とその創設期からのメンバー三人（横山譲と佐々木実を含む）も表彰された。

二〇〇七年の幻覚&妄想大会グランプリは、フラワーハイツの住人たちが受賞した。彼らは全員で住居には透明人間が住んでいるに違いないと結論し、洋服がなくなるのも、モノが整然と並べられているのも、おかしなこ

透明人間の仕業を説明するフラワーハイツの住人たち

とすべては透明人間の仕業だと考えるに至った。そして住居ミーティングで透明人間対策を話し合うことまでした。自分たちにとってのリアリティをそのような仕方で共有し、受け入れて、協力し合って対策を講じたことが、グランプリ授賞の理由であった。

べてるまつりの呼び物は、他にもいろいろあった。いつものように向谷地が「スカウト」してきた新人の何人かが壇上に上がり、それぞれの経験を発表した。施設で暮らしてきた二十代の女性は、父親による性的虐待、妊娠中絶、そして自傷と続いた痛ましい過去を語った。彼女にとってべてるは最後の頼みの綱のようであった。

べてるまつり全体の軽い雰囲気から相当にかけ離れた彼女の話に、観客は度肝を抜かれたようだった。スタッフのなかにさえ驚きが走ったように見えたが、私はその様子に逆に驚いた。彼女がべてるに来たときに開かれた最初のミーティングに私も同席していたのだが、べてるのスタッフたちはそこですでにほぼ同じ話を聞いていたはずだったからである（それなら、なぜ彼女を舞台に上げたのだろうかと思ったのだ）。

べてるはこれまでずっと統合失調症に焦点を当てた活動をしてきたし、それがべてるの特徴でもあった。この新しいメンバーの加入が新たな方向性を示唆するものなのかどうか、つまりべてるが性暴力、性的虐待、情緒面での障害といったより現代的な問題にシフトしようとしているのかどうか、私は興味深く思った。実際、ますます多くの人がそうした問題を抱えてべてるにやってくるようだった。しかし、これまでのべてるで唱えられてきた「過去を手放す」といった典型的な合い言葉は、そうした問題を抱える人たちにはあまり有効ではないようにも見える。

町中のべてるのショップでは、メンバーたちがせわしく立ち働き、Tシャツ、ビデオ、昆布、書籍、タペストリー、各種小物など多彩なべてるグッズを販売していた。下野勉はみずから作詞作曲した歌の数枚のCDを売っていたが、それらは別れてはまたよりを戻すといった不安定な関係を続けていたガールフレンドの山本香代と共同作業でつくったものだった。二人のバンドは「パンチンググローブ（Punchin' Glove）」という名前で活動していたが、彼らの波乱万丈の関係を思えばなかなかにふさわしい名前であった。

忙しい男

べてるまつりの当日、中山玄一はいつものように非常に忙しく、会場となっていた浦河町総合文化会館の内外を走り回っていた。私は二〇〇五年にはじめてべてるを訪問した際に玄一に会っているが、そのときも彼は本当に忙しそうにしていた。精神科閉鎖病棟から外出許可を得ていったん退出し、本州に

「四丁目ぶらぶらざ」（よんぶら）でべてるグッズを売るメンバーたち

ある故郷まで飛んで統合失調症について講演すると同時に自作の絵やスケッチの展示を行い、浦河に戻ってまた病棟に入院する予定になっていた。彼は自己病名を「統合失調症内部爆発型発熱タイプ常時金欠状態」と呼んでいた［べてるしあわせ研究所他 2006:214］。

二〇〇六年春に玄一は退院し、べてるの共同住居の一つに移った。そこは駅前の今にも倒れそうな「駅前ハウス」という名で呼ばれている木造住宅であり、下野勉のほか、若い男性メンバーが数名住んでいた。玄一は駅前ハウスでピアサポーターになるための勉強に取り組んだ。長期入院しているかつての病棟仲間たちの退院と自立生活への移行を支援するのが目的だった。

やがて彼は試験に合格し、晴れてピアサポーターとなって、そのIDカードをつねに首からぶら下げて歩くようになった。ピアサポーターという仕事に就いたことも、ピアサポーターとして行っている仕事の内容も、ともに彼の誇りだった。彼はいつも忙しそうにあちこち走り回っており、私はめったに彼と話す機会がなかった。

二〇〇七年のべてるまつりが終わり、浦河は一見、ふだんと変わらぬ日々を取り戻しつつあるようだった。私はいつものように精神科デイケアに顔を出し、向谷地とメンバーたちが当事者研究に取り組んでいる様子に耳を傾けた。一方、ニューべてるでは他のメンバーたちが、近々行われる予定の町外での講演のためにパワーポイントの準備を進めていた。潮騒荘の横を通り過ぎると、一〇人強ほどのメンバーが即席の野球ゲームに興じているのが見えた。

玄一は、べてるまつりのコーディネーターのひとりとして働いて、どうやらすっかりエネルギーを使い果たしてしまったようだった。まつりが終わってすぐに入院し、七病棟のいつものベッドに入ったと人づてに聞いた。最初はこれまでのように一週間ほどいて退院するつもりだったが、調子が全然よくならないのでもう少し長くいることに決めたらしかった。

べてるでの言い争い

べてるまつりが終わって二週間ほど経った金曜の夜、私は映画「Bethel」の新しいバージョンをニューべてるで上映した。

以前にべてるの人たちに見せたバージョンにはなかった言い争いのシーンが最後に含まれていたので、内心どきどきしていた。それは、吉野雅子がメンバー二人に手ひどくなじられ、泣きながら部屋を飛び出すというシーンだった。残ったメンバーたちが今しがた起こったことを振り返り、何をすべきで何をすべきでなかったのかを話し合っている場面も含まれていた。

本当のことを言うと、その当時、雅子は体調がすぐれなかったため、身だしなみにまであまり注意が向かなかったことも事実である。何か別の件ですでにイライラしていたりするメンバーが、我慢の限界に達したとしても不思議ではなかった。何か気になることがあれば、ひとりでため込んであとで爆発させるより、口に出して言ったほうがいいというのがべてるの考え方である。だから「なぜ直接言ってはいけないのか」とメンバーたちは主張した。

この出来事にはむろんいろいろな背景があった。当時の雅子のボーイフレンドは暴力的に振る舞う人で、そのために雅子はひどく苦労していた。彼は親から虐待され、社会からも不正な扱いを受けて苦しんできた過去を持ち、それゆえに現在もさまざまな問題を抱えていた。そうした状況のなかで、雅子は自身の衛生状態を保つことができなくなっていた。

緊張関係は他にもあった。べてるに来た当時、雅子は創価学会の会員だった。べてるのメンバーに創価学会の会員は多い。周知のように、創価学会は障害をもつ人やその家族に対し積極的に布教を行う傾向があるためだ。雅子をなじったメンバーのうちのひとりは特に熱心な会員で、かつて彼女がお経を唱え祈り出すと、夜は誰も眠れなくなったという伝説が残っているほどである。

雅子がキーボード奏者として教会のさまざまなイベントに顔を出すようになると、クリスチャンのメンバーと創価学会員のメンバーのあいだに対立が生まれた。べてるにはキーボードを弾ける人がほとんどいなかったので、雅子が演奏を頼まれるようになったのだ。私の映画「Bethel」には、クリスマスに教会でキーボードを弾く雅子の姿がちらりと写っている。

問題の言い争いのシーンで雅子に向けられた怒りのいくぶんかは、雅子が信仰を失いつつあるのではないかという学会員メンバーたちの懸念に由来したものだったのかもしれない。雅子が身体の調子に問題を抱えているのは「規則正しい生活」をしていないからだというあるメンバーのコメントも、おそらく雅子が学会の信仰を失ってクリスチャンになろうとしているのではないかという恐れに端を発したものだっただろう[1]。

言い争いは傍目にはひどく残酷なものに見えたが、べてるではよくあることの一つであり、だからこそスタッフは誰も介入しなかった（し、おそらく介入することを考えさえしなかった）。それは、べてるの理念に「べてるはいつも問題だらけ」とある通りのことだった。緊張が極限に達し、強い感情が放出され、ふたたび平衡状態が訪れる。そうしたことは通常の社会生活の一部なのである。

アメリカで映画「Bethel」を見た人たちは言い争いのシーンに驚き、彼女たちは憎み合っているに違いないと口にしたが、それを雅子と美枝子に伝えると、自分たちが友達だということをわかってほしいと言って仲よくポーズをとってくれた。それが上に掲載した写真である。

映画上映後の吉野雅子さん（左）と木林美枝子さん

土曜の朝

上映の翌朝、私はいつもの白い軽トラックに乗って、浦河のメインストリートを走っていた。工藤という名の若いメンバーが目に入ったので、車を左に寄せ、もしよかったら乗っていかないかと声をかけた。彼は言った。

「玄がいなくなった！」

べてるのメンバーはときおり、逃げ出して町からいなくなることがある。その夏のはじめにもメンバーのひとりがいなくなり、隣の町の路上で——裸である以外は特に問題はなく——寝転がっているのを発見されたばかりだった。

工藤は言った。

「玄がどこかに消えたの？」

「違う。死んだんだ」

私は愕然とした。べてるまつりのときにはあれほど元気いっぱいに見えたのに……。遺体はこれから教会に運ばれるという。私は工藤をトラックに乗せ、教会に向かった。彼が降りたあと私も続いて教会に入っていきそうになったが、私のなかの映像人類学者が頭をもたげ、家まで撮影機材を取りに戻って、それからもう一度教会に向かった。途中で岩田めぐみを見かけたので玄一が死んだことを伝えようと車を停めたが、めぐみはすでに知っていた。彼女は花屋に寄って花を買ってから、教会に向かうところだった。小さな町ではニュースはすぐに広まる。

日本では通常、亡くなった人は病院から家に運ばれ、そこで幾晩かを過ごす。[2] 死によって生物としての活動が即時に停止するとは見なされておらず、むしろ死は、魂が徐々に肉体と現世を離れていく過程と見なされる。亡くなった人は、火葬場に運ばれる前の最後の一晩か二晩を自分の家の自分の布団で過ごすことが理想的だ。日本にはエンバーミングしたり亡骸をそのまま埋葬する習慣はなく、大量のドライアイスによって遺体を腐敗から守るのが普通である。玄一の場合、駅前ハウスの彼の部屋はちゃんとしたお別れをするにはあまりに狭かったので、教会の一階が彼の地上での最後の寝所に選ばれたのだった。

玄一は、床に敷かれた布団の上で安らかに眠っていた。向谷地悦子、里香と何人かのメンバーが、玄一のための小さな祭壇をつくっていた。ほどなくめぐみが花籠を抱えて入ってきたが、くたっとした黒い帽子に縁取られた彼女の顔は涙で濡れていた。悦子は忙しく立ち働いて祭壇の飾り付けを続け、スタッフのひとりとともに玄一の写真や彼が描いたドローイング、賞状などを飾り、ソーダやコーヒー、煙草など玄一がこの世で好きだったものも買ってきて一緒に並べた。

そのころには、一〇人強のべてるのメンバーとスタッフに加え、川村や数人の看護師たちも教会に集まってきていて、人々の動きを見守っていた。はじめは衝撃でみんな無言だったが、しばらく経ってからようやく口を開き、玄一との思い出を語り合った。病院のソーシャルワーカーたちが食べ物と飲み物を持ってきてくれ、玄一にお供えしたのち、おすそ分けをいただいた。それから川村を囲み、いったい何が起こったのか尋ねた。

玄一の死

玄一の死は川村にとっても驚きだった。川村が話してくれたことによると、べてるまつりのあと、玄一はへとへとに疲れたと言って病院にやってきた。玄一がそうしたことを言うのははじめてではなかった。玄一は、心身の両面に症状が現れる非常にめずらしい難病を抱えていた。よく高熱を出し、つねに体温計を持ち歩いていた。疲労を感じると病院に行き、川村に頼んで七病棟に入院し、何日か休んで楽になってから退院するのがつねだった。だから、べてるまつりの直後に玄一が入院したときも、誰も驚かなかった。

二〇〇七年六月一八日、玄一は入院し、七病棟と呼ばれる精神科閉鎖病棟のいつものベッドに入った。一週間ほどいて退院するつもりだったが、状態が少しもよくならないのでそのまま入院を続けた。彼がピアサポーターとして支援していたクライエントのひとり（一八九頁以下で紹介した横山譲）の退院日時を決定するミーティングが六月二九日に開かれたが、彼は欠席した。三七年間も入院していた自分のクライエントがようやく退院すると決まって彼はほっと一安心しただろうが、その決定の場にいられなかったことでほろ苦い思いをも味わっただろう。

その夜、玄一はなかなか寝つかれず、夜勤の看護師から睡眠薬をもらって眠りについた。六月三〇日の早朝、看護師が巡回した際にはぐっすりと眠っており、いびきをかいていた。しかし、九時になっても朝食に起きてこないので看護師が見にいくと、彼の身体はすでに冷たくなっていた。死亡時刻は朝七時ごろと推定され、死因は心不全と記載された。

日曜の礼拝

翌日は日曜だったので、教会で礼拝があった。私たちは、玄一も参加できるよう二階の礼拝堂ではなく一階の宿泊スペースで礼拝を開いた。参列したのは一〇人ちょっとだった。潔が司会を務め、聖書の難しい言葉にときおりつまずきながらも、いつものように揺るぎなく誠実な信仰を示して最後まで役割をまっとうした。

中山玄一さんに別れの挨拶をする潔さん

礼拝のあと、私たちはいつものようにお茶と軽食をいただいた。午後早くに葬儀社の担当者とアシスタントがやってきて、玄一のひげを剃り、遺体を整えた。私たちも清拭《せいしき》を手伝った。それから遺体を棺に移し、狭い廊下を苦労して運び出して、外に停めた霊柩車に乗せた。棺はその後、葬儀会館に運ばれた。

その夜、玄一の通夜が葬儀会館で営まれた。参列した私たちは、飲んだり食べたりしながら玄一の人生を偲んだ。日本の伝統的信仰では、友人や家族は、まだ近くを漂っている亡くなった人の魂のために通夜を楽しまなくてはならないと考えられている。みんながあまりに泣いたり悲しんだりすると、魂は哀れに思ってこの世から離れられなくなるというのだ。玄一はクリスチャンだったけれど、私たちは伝統的なやり方で通夜を過ごした。病院のソーシャルワーカーのひとりがプロジェクターを使って玄一の生前の写真を映写し、私たちはひとり、またひとりと立って玄一の思い出を語った。

浦河のお葬式

玄一の葬儀は翌日、町の葬儀会館で営まれた。葬儀会館は浦河のメインストリート沿いにあって、べてる以外で繁盛しているように見える数少ないビジネスの一つである。札幌から山本光一牧師が、玄一の告別式を執り行うために来てくれた。彼は地域一帯を担当している牧師で、浦河教会の日曜礼拝にもときどき来てくれていたので、みんなに顔を知られていた。葬儀会館のいちばん大きな部屋は、玄一に最後の別れを告げようと集まった人でいっぱいになった。玄一と顔なじみだった病院のスタッフのひとりがチェロの演奏を買って出て、会場に入る私たちをやわらかで悲しげな音色で出迎えてくれた。讃美歌は雅子がキーボードで伴奏した。

礼拝が終わると、玄一の棺は友人たちによって担がれ、待っていた霊柩車に乗せられて火葬場に運ばれた。火葬には二～三時間ほどかかり、私たちはそのあいだ別の部屋で待っていなければならなかった。終わると火葬場の職員が骨と灰を取り出し、大きな骨をばらばらにして骨壷に納め、さらに喉仏《のどぼとけ》を取り上げて別の小さな骨壷に納めた。仏教の伝統では、喉仏は魂の宿る場所と考えられている。

火葬場の職員はそれから私たちに骨を拾うよう促した。仏教の葬儀では、亡くなった人の骨は箸で人から人へ渡されてのち骨壷に納められる。そのため、日本や中国では、食事のときに箸から箸へ直接、食べ物を渡すことは禁忌とされている。

玄一の葬儀はキリスト教式だったので、火葬場の職員は、箸で拾った骨を折った紙の上にいったん移して、そこから骨壷に入れるように指示した。多くの参列者はその指示にまごついたが、しかし私たちはできる限り努力した。私たちの友人が、そんなふうに変わり果てた姿になってしまったことを目の当たりにするのはつらかった。

終章

べてるを超えて

ギターを弾いている下野勉さん
(2007 年 7 月 26 日)

二〇〇八年にフィールドワークの大部分を終えたあとも、私はべてるの友人たちとコンタクトをとっていた。その間、彼らの浦河での人生はこれまでと同じように過ぎていった。調子がよくなった人もいるし、悪くなった人もいる。退院した人もいれば、再入院した人もいる。べてるを離れて独立して生きることができるかどうかを試している人もいるし、家族のもとに帰った人もいる。一時的に家族のもとに帰っている人もいれば、帰ったままの人もいる。新たなメンバーとなるべく、浦河の聖地を目指してやってくる人もいる。向谷地は相変わらず、新たな人材をべてるにスカウトするためだろうか、全国を飛び回っている。

二〇一〇年一一月、里香から悲しい知らせがメールで届いた。ギタリストで友人の下野勉が、浦河の海岸で死んでいるのが発見されたのだ。彼は酔っぱらうとよく防波堤に沿って歩いていたので、足を滑らせたか、波にのまれたのだろうと多くの人は考えている。四一歳になった直後で、数週間前にＮＨＫの「ハートをつなごう」に出演したばかりだった。彼は浦河の葬祭場で友人たちに囲まれて、見送られていった。私はその知らせに深い悲しみを覚えるとともに、べてるでいかに命が大事にされているのかをふたたび痛感することになった。

二〇一二年、私はこの本について話をするためにべてるをふたたび訪れた。名前が出ている人に再度許可をもらい、使われている写真について承諾を得ることが目的だった。私はひだまり荘に滞在し、里香たちと一緒に過ごした。ピザを食べながら夜遅くまで話し込んだ。昔に戻ったかのようだった。

浦河に滞在中、私は病院まで川村に会いに行った。浦河赤十字病院では改築工事が行われていて、よく知っているはずの病棟への入り口を見つけるのに苦労した。私は川村に、「べてると浦河はどこに向かっているのでしょうか」と尋ねてみた。彼は六二歳になったばかりで、数年後の定年についてずっと考えていた。

赤十字病院は、二〇〇三年の地震で破壊された棟を立て直すための資金をようやく手に入れることができた。二〇一一年の東日本大震災は、古い建物の安全性への懸念を増すことにもなったのである。新しい病院はもはやずんぐりとした鉄筋コンクリートの建物ではなく、現代的な高層ビルになろうとしていた。

川村に新棟のデザインについて聞いてみると、精神神経科の入院病棟の廃止を検討していることを教えてくれた。なぜなら、彼が引退したあと後任の精神神経科部長が誰になるのかはわからず、新しい部長がかつてのような収容型の精神医療に戻そうとするかもしれないと川村が心配していたからである。*

左から向谷地愛さん、吉野雅子さん、本田幹夫さん、下野勉さん、清水里香さん。「ハートをつなごう」のセットで。(2010 年 9 月 27 日、向谷地生良提供)

＊ 浦河赤十字病院は二〇一四年三月末で精神神経科そのものを廃止することを浦河町に通告していたが、二〇一四年七月現在、地元住民の反対で撤回に追い込まれつつある。赤十字病院を定年退職した川村は、病院のそばに精神科クリニックを開設した。

昔のべてるの本やビデオを見ると、川村は今よりも頻繁にべてるに顔を出している。昔に比べると顔を出していないようだが、意図的にそうしていたのだろうかと聞いてみた。川村はうなずいて、こう答えた。

医者が行くとみんな何らかの意味で期待するでしょ。これは親子が離れるのと似ていますよね。まだ子どもでいたいというか、自分自身のことなんだけど大変なことを誰かに任せたいという部分も持っていて、その期待に応えすぎちゃうと、いつまでも幼い関係をずっと続けてしまう。だから僕自身は意識して、ある程度離れているんですよ。もちろん、べてるのみんなの生活が安心して暮らせるものあってほしいという応援する気持ちは変わらないですよ。

でも、私もいつか引退するときが来て……次の医者がどういう役割を果たすかわからないけど、私が三〇年ここでやってきたのと同じことをやるのは無理でしょ。だから医療の役割の部分は小さくしておきたいっていう気持ちもあるんですよ。次の医者はあまりここに来たがらないと思います（笑）。僕が三〇年いたからプラスの面もマイナスの面もどっちも大きすぎて。何年もかかるんじゃないかな。……だから次に来る人を応援するような立場で行きながら、だんだんフェイドアウトしていけたらなと思いますよね。

ただ引退すると言っても、生涯一町民としてここに住むんですよね。だからひとりの「川村」としての存在は続く。僕は暮らしのつながりの部分が大きいと思っているんですよ。だから医療の役割というものがどのくらいの大きさであるべきなのか、これを僕は将来見てみたいなと思っています。

だんだんメンバーの力がついてきているから、医療に委ねたり、期待する部分は昔よりかなり少ないですよ。べてるでの日常生活の交流のほうが、意味が大きいんです。病院の存在、治療の存在は大事なんだけ

ど、以前ほどは大きくはない。やはり成長していますよね。だから問題は、病院や医療の役割がどれだけ「小さくていられるか」ですね。以前はね、全部病院にお願いしすぎて、ただのお任せ。何にも考えないし、感じない。まあ絶望感もあったかと思いますけどね。

べてるの最近の変化についても聞いてみた。いろいろな作業グループは、本州で見たような共同作業所の活動と似たような感じになってきた。昔はもっと笑いや会話があったように思うと。川村の答えは次のようなものだった。

正直言うと、「べてる」っていう言葉で語られる中身は……

彼はちょっと沈黙してから言葉を続けた。

名前は昔も今も「べてる」だけど、昔はもっと暇だった（笑）。なによりいつも笑い転げていたんですよ、自分たちの失敗が新鮮で。しかもそれが語りの場に大事な経験として運ばれてきた。今はある意味、形だけっていうか。メンバーやスタッフも家族もみんな、べてるの言葉は使っているんだけど、そこに込められている一人ひとりの思いとか経験がずいぶん上滑りしているのかな。何がないんだろうかと思うと……いちばんは笑いが少なくなった。その意味での、したたかさっていうかね。

あのころは笑いというかユーモアが、生きていくために必要だったんですよ。「どうすればいいんだろう」って言ったって、どうにもならない現実を前にしてもう笑い転げるしかない（笑）。この現実を変えることって言ったら、自分たちが今すぐできることって言ったら、笑いに変えるしかなかった。そこではじめて勇気がわく。

今はシステムとか制度とかスタッフとか、笑い以外の方法がいっぱいあるんですよ。そういう意味でべてる

らしさっていうかユーモアの必要性っていうのが減ったのかな。でも僕はね、もう一回あらためて「べてるが大事にしてきたことってなんだろう」って話をする時期が必ず来ると思う。新しい活動をやって三〇年も経ってくると、どうしても中身が失われるというか疲労してくる時期があると思うんですよ、どんな活動でも。だから最初を知っている古いメンバーたちが語り部になって、若いメンバーたちにほんとに大事なところを伝えられるか。つまりユーモア精神をもう一回取り戻せるっていうことです。だってどうにもならない現実って今でも変わらずあるんだから。この現実を見たときあらためて、今だって笑うしかなくって、そして勇気を持って生きるしかないんですよね。

浦河を出発する日、向谷地は札幌まで車で送ろうと言ってくれた。日高本線が吹雪のため不通になっていたのである。

道すがら私は向谷地に、べてるを非営利法人にしたことを後悔していないのか尋ねてみた。法人化によってべてるは、行政のルールに則ったノーマライゼーションの色合いが強くなってしまったのではないか。ちょっと考えてから彼は答えた。

「助成を受けないほうが、べてるの独自の道を進めてよかったかもしれないね。でもいちばん重要なのは、べてるそのものではなくて、べてるの理念だよね。べてるが継続することで、その理念は社会に広まっている。数十年経ったらべてるは存在していないかもしれないけど、べてるの理念は残るだろうね」

べてるはたしかに変わった。過去一〇年間で組織運営上の変化があったというだけでなく、赤十字病院の近くで営まれていた浦河の小さなコミュニティとしてのべてるが、何かより大きなものへと変わったのである。

書籍を出版したり講演したり、昆布を売ったりしているメンバーやスタッフのコミュニティとしての「べてる」、親、親戚、そしてまたべてるの理念を熱心に学ぼうとする全国の支持者たちにとっての「べてる」、サイコツーリズムに参加したり遠くからべてるを見守ったりしている精神科医やソーシャルワーカーたちにとっての「べてる」——。

それ以上の何かに、べてるは変わってきたのである。

法人べてるは、三〇年を経て重要な転換点にある。向谷地の言葉を言い換えるならば、べてるの魂は以前では考えられないくらい豊かなものになったし、これからも、べてるそのものはなくなっても、その魂は生きつづけることだろう。

人類学的に言えば、べてるとは実践のフィールドであり、言説と想像のフィールドである。この本と映画「Bethel」は、べてるをめぐる対話と議論として、いまやべてるの一部となっている。本を読み、映画を見ることによって、読者であり視聴者であるあなたは、べてるのコミュニティのなかへとすでに足を踏み入れているのである。

べてるへようこそ。

ようこそいらっしゃったみなさま（パパヤ！）
べてるの顔ですこんにちは
どんなことが起こっても決してびっくりしないでね

いいじゃありませんか精神病（パパヤ！）
神からもらった宝物
普通の人とは違っても
みんな立派な病気持ち

付録1—日本の精神医療

日本の精神医療の歴史は、三つの時期に分けることができる。最初の時期は、精神疾患をもつ人を家に閉じ込めておくこと（私宅監置）が治療よりも優先されていた時代であり、少なくとも一八〇〇年代から一九五〇年代まで続いた。第二の時期は、患者の大規模な収容が進み、民間の精神病院の急速な発展につながっていった一九五〇年代以降のことである。第三の時期は一九八〇年代で、患者の権利と自立生活のための施設の拡大に向けて大きな動きがあった。

第一期　私宅監置

近代以前

古都京都には、千年以上前の九七一年に建てられた岩倉大雲寺という寺がある。小俣和一郎が著した精神医学の歴史書によると、後三条天皇の娘は精神疾患に苦しんでいた。この皇女は寺を訪問し、泉の水を飲み、滝に打たれて回復したという［小俣 2005:65］。

当時は、超自然的な霊に取り憑かれると、人々は気がおかしくなると考えられていた。神道における霊は「もののけ」と呼ばれる。また人々は、日本の神話のなかに出てくる化けて人々をだます狐や、地域の言い伝えや仏に由来するさまざまな生き物によって発狂させられると信じていた[1]。憑かれた人々のいちばんの治療方法は、水治療を行う（座って滝に打たれる）、まずい中国漢方を飲む、あるいは静かに休んだり瞑想したりして霊を退屈させ、霊がもっとおもしろそうな人に乗り移るように促すことだった。

小俣によれば、大雲寺のまわりには多くの宿泊所があり、巡礼者は滞在期間中そこに泊まっていた。これらの宿泊施設は数世紀かけて巡礼者のニーズを取り入れて専門化し、一九世紀には施設のうちの少なくとも二つが精神病院になった。岩倉精神病院と北山病院である［小俣 2005:65, Mandiberg1996:416］。

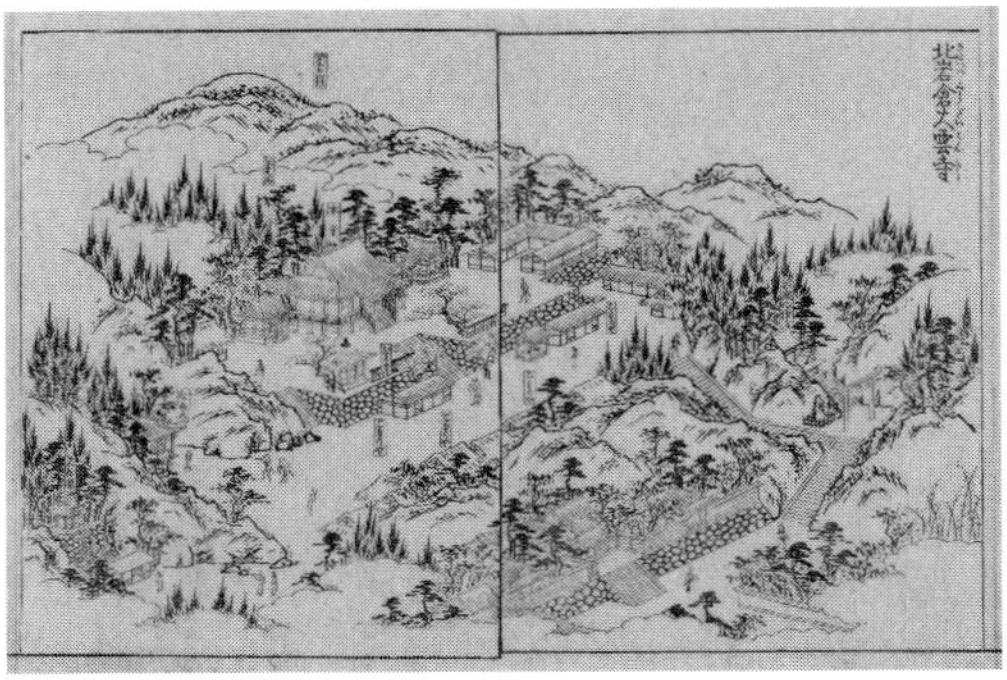

精神疾患を患う人たちのための巡礼地として大雲寺のような寺が存在する一方、中世期の日本における精神疾患〝治療〟の形態としては、私宅拘束や私宅監置のほうがはるかに多かった。当時の律令法制度の下では、癲狂《てんきょう》（「狂気」あるいは「気違い」）にかかった人々は、責任能力があるとは見なされなかった。人々に迷惑をかけないようにしたり、損害を補償する責任を負っていたのは彼（女）らの家族であった。

家族への責任の押しつけはめずらしいことではなかった。近代以前の日本では、社会的統制は分散化されていた。近隣区域、家族一族、そして地方村落は、そのグループ内の人間を地域で監視する責任を負っていて、社会的調和が乱れた場合は厳しい処罰が下された。このような草の根レベルでの社会統制システムは江戸時代から太平洋戦争の終わりまで続いた。ずいぶんとましになっているとはいえ、今日もなおこのシステムは続いていると考えることも可能だろう。

西欧の医療技術

西欧の臨床医学は、徳川政権時代（一六〇三－一八六八）にはゆっくりと浸透していったが、一八六八年、明治維新により日本が完全に開国されると一気に流れ込んできた。榊俶《はじめ》は四年間のドイツ留学を経て、東京帝国大学で日本で最初の精神科教授に任命され、東京府癲狂院で顧問精神科医として勤務した［Totsuka 1990:194］。

当時の医学や精神医学の教科書の多くはドイツのものであり、ドイツの精神医学者のエミール・クレペリン（一八五六－一九二六）がのちに多大な影響を及ぼすことになった。クレペリンは文化間精神医学のフィールドワークに従事するために一九〇四年に東南アジアを旅行し、ほとんどの精神疾患は身体的疾患と同じように、器質的あるいは生物学的な要因を持っているという確信を得た［Metzl 2009, Jilek 1995］。クレペリンは特に二つの精神疾患の型に着目した。統合失調症（彼は早発性痴呆と呼んだ）と躁うつ病である。

西欧の治療法のなかには、二〇世紀初期に日本へ持ち込まれたものもある。電気ショック療法とインスリンショック療法は一九三〇年に開発され、一九四〇年代までには一般的になっていた。これらの治療法は心に「ショック」を与え、統合失調症のなかに潜む荒れ狂う怪物をなんとか鎮めることを目的としていた。またルーコトミー手術とロボトミー手術は一九三〇年代に発展したが、戦後第一世代の抗精神病薬が現れてからはショック療法も精神外科手術も衰退していった（しかし完全に消滅したわけではなかった）。

これら初期の精神医学的な治療法に共通するのは、労働集約的であることだ。精神病院経営は、患者を拘束したり、いろいろな手法で患者を治療したり、あるいはまた患者の自傷行為を防ぐために、多くの看護師や従業員を必要とし経費を要した。さらに電気ショック機器、冷水浴槽、その他高額な設備も必要だった。日本では富裕層しか私立精神病院で治療を行う余裕がなかったのは当然だった。貧困層は公立の精神病院で精神異常者のための補助をいくらか受けることができたが、大多数の中間層はその狭間にあって、ほとんど治療の機会を得ることができなかった［Russell 1988］。また、日本の刑事司法制度は精神異常者の収容施設の役割を引き受けることに消極的だった。

家族の責任

一九〇〇年、精神疾患の人々を対象とした日本で最初の法律である精神病者監護法[2]が可決された。そこでは「狂気［lunacy and insanity］」ではなく「精神病［mental illness］」という近代的な用語が用いられたが、一方で、法律の実際の条文のなかで「精神病」とは何を意味するのかについては詳しく述べられなかった。

それはともかく法律の最大の目的は、「保護者、配偶者、両親、家主、もしくは四親等以内の親族」に、精神病者を監護[3]する責任を負わせることだった。この監護義務の要求は、〝鳥かご〟と呼ばれる座敷牢を建設することにつながった。これは新しい慣習をつくり出したというよりは昔から行われていた慣習を法律化しただけであったと言えるだろう。ある研究者は次のように語る。

「精神疾患は感染症と同じ方法で扱われていた。……精神疾患は恐れるべきものであり、恥であり、秘匿されるべきものであるという制度なのであり、その後数十年にわたって続くことになる精神疾患のイメージのはじまりであった」［Kitanaka 2012: 43］

当時警察によって実施された調査によると、精神病者監護法の監視下に置かれていた精神疾患患者は約二万人にのぼった［杉本 2008:19］。しかし、日本国内で精神病院の病床数は二〇〇〇床しかなく、そのうちの半分は東京近郊の病院にあった［Nakatani 2000:590］。

精神病者監護法の下で精神疾患患者は、彼らが社会に迷惑をかけるときだけ治安と公安の観点から気にかけられたのであり、患者やその家族に対する公的援助や医療、精神衛生サービスはほとんど与えられていなかった。

精神病院法

精神疾患をもつ人々が自宅で「非人間的拘束」をされているとして、精神科医たちは一九〇〇年に制定された精神病者監護法の撤回に向けて動きはじめた。エミール・クレペリンの弟子であり東京大学の精神科医であった呉秀三は、この運動の中心人物のひとりだった[4]。彼の最も有名な言葉の一つに次のものがある。

我邦十何萬ノ精神病者ハ　実ニ此病ヲ受ケタルノ不幸ノ外ニ、此国ニ生マレタルノ不幸ヲ重ヌルモノト云ウベシ［呉 1918］

一九一七年に行われた調査では、日本には六万五〇〇〇人の精神病の人々が存在すると発表された［呉 1918 参照］。この結果を受けて政府は一九一九年に精神病院法を制定し、精神疾患をもつ人々のための公立精神病院を設立し、そこに彼らを監置することを認めた。また同法では、公立精神病院に建設費用の半額、私立精神病院に建設費用の六分の一の助成金を与えることが決められた[5]。

しかし、財源不足と政治的関心の欠如のせいで、二〇世紀前半の精神病院数の伸びは停滞した。太平洋戦争後まで、中間層の精神疾患患者の大多数の人々は、あいかわらず家のなかで〝治療〟されていた［Mandiberg 1996:420］。

第二期　大規模収容

一九四五年、日本は連合軍に惨敗し、その後七年間にわたる占領の時代を経験した。歴史家のジョン・ダワーが述べたように、この敗戦は日本の一般大衆に深い心理的衝撃を与え、市民に神経衰弱（神経系が弱まり疲労と無気力をもたらす）が蔓延した。この大衆感情は、戦線から帰還した兵士によってさらに強まった。失業率は高く、食糧や物資は不足していたときだった。

一九五〇年、精神衛生法が国会を通過した[6]。この法律で精神疾患をもつ人々の私宅監置は禁止が宣言され、その結果、公立や私立の精神病院が次々と創設されるようになり、それまで家族の責任であった精神疾患患者の治療を医療機関が行うようになった。精神「障害」という用語こそ使われているが、同法はあくまで医療法であり、財源を除いて特に社会福祉的な条項を有する法律ではないことが強調された。

精神病者監護法と同様に、一九五〇年の精神衛生法は精神疾患をもつ人々の市民権を踏みにじっていた。同法は行政の代理人や患者の配偶者や両親といった家族構成員が、本人の意思を無視して強制的に入院させることを認めていた。重荷となっていた医療費負担が家庭から行政へと移ったことから、長期的な施設収容を妨げていた障壁が軽減した。家族は精神疾患を患う身内を引き渡し、患者たちは精神病院に押し込められるようになったのである。自宅の鳥かごのなかに閉じ込められるのと、精神病棟のベッドに閉じ込められるのと、どちらがいいのだろうか。一難去ってまた一難である。

一九五六年の最初の『厚生白書』のなかで、厚生省は精神病院内の患者に対して、「収容」という言葉を用いている[7]。ちなみに同白書では、精神病院の患者以外、つまり結核隔離病棟も含む一般病棟の患者には「入院」という言葉が使われている。精神科患者を治療したり解放したりするのではなく、無期限に拘束しておくことが目的であったことは明らかである。

戦後の私立精神病院の急成長

一九五〇年代初め、日本経済は戦争の惨禍から抜け出そうともがいていた。しかし一九五〇年代後半までに状況は好転しはじめ、一九六〇年代に開花する著しい経済成長期に向かって第一歩を踏み出した。

当時の日本政府は、多くの国民が治療を受けられずにいることは認識していた。病院や診療所の多くは戦争によって破壊されたが、銀行は病院再建のための融資を渋っていた。リスクが高く見返りが小さい融資であると考えられていたからである。

なかでも精神病院は、患者であふれ返っていた。一九六〇年に厚生省が発表した報告書によるならば、一九五四年における精神病院の入院率は、一一二%(三万六九六九人の入院患者に対して三万二八三四床)であった。毎年約一万床の病床が追加され、一九五九年までに合計病床数は七万六一三三床を数えたが、入院率は思うように下がらず一〇五・六％という高い値にあった。患者はとにかく空きスペースがあればそこに詰め込まれていた。

病床数が増加したとはいえ、当時の政府は、日本は依然として世界に遅れをとっていると感じていた。同報告書が指摘するように、人口一万人あたりの精神科病床数が日本は八・三床と依然低く、アメリカ（一万人あたり四三・三床）、イギリス（三六・二）、そしてニュージランド（四五・四）といった〝先進国〟にかなり遅れをとっていた。精神疾患を患いながらも入院できずにいる待機患者が大勢いることは、誰の目から見ても明らかだった。

当時、日本の精神病院をとりまく状況は他の先進国と比べて大きく異なっていた。日本では、精神病院のほとんどが私立だったのである。一九六〇年代、日本の精神疾患患者に対する病床の約五分の四が私立の精神病院にあり、それらの病院は非常に小規模なものがほとんどであった。

クロルプロマジン革命

一九五二年にクロルプロマジン（商品名トラジン）がフランスで開発されると、またたく間に世界中の精神科治療関係者の注目を集めた。日本でも一九五五年に臨床利用が認可され［小俣 2005:201］、一九五〇年代後半には統合失調症の治療薬として広く使用されるに至る。クロルプロマジンの薬効は素晴らしく、興奮状態にある人々を落ち着かせ、物事に対して無頓着にさせることにおいて顕著な効果を発揮した。

この薬は医師、看護師、そして家族にとって「奇跡の薬」だった。なんといっても、ひとたびこの薬を使えば〝狂った〟患者はおとなしくなり、素直で従順な性格になるのである。もはや精神病棟は普通の病棟と一見変わらず、病床で患者が並んで気持ちよさそうに眠る光景が広がった。そして拘束器具や拘束衣、冷水浴槽やロボトミー用のアイスピック、または何人もの看護師や従業員は必要なくなった。たった一つの薬が、これらすべての変化を生み出した。そして病院は患者にこの薬を処方する（要するに、売る）ことによって、多大な利益を得られるようになった。

患者の立場からすると、クロルプロマジンや他の第一世代の抗精神病薬（一九六六年に日本で認可されたハロペリドールや、一九七九年のスルピリドのような）は両刃《もろは》の剣だった。効果があるぶん、副作用も激しかった。特に西洋諸国において（良くも悪くもアメリカとイタリアは脱収容化の特筆すべき開拓者であった）、この奇跡の新薬の恩恵にあずかった人々のなかには、幻聴や激しい妄想を取り除くことに成功し、精神病院を退院して自立した生活を取り戻すことに成功した人が数多くいた。

しかし半面、クロルプロマジンやその他第一世代抗精神病薬を大量に投与してしまうと、副作用として患者の思考は混乱し、落ち着きがなくなり、しかも機敏に動くことができないという状況に陥った。患者は病院内で足を引きずりながら休みなく歩きまわり、あちこちを行ったり来たりした。高容量の投与はまた、手の震え、顔面硬直、そしてよだれという副作用も引き起こした。今日、一般大衆たる我々がふだん考えている精神疾患の外的兆候の多くは、実際はこれら初期の抗精神病薬がもたらした悲しき副作用によるものだったのである。

ライシャワー事件とクラーク勧告

一九六四年三月二四日、当時の駐日アメリカ大使エドウィン・ライシャワーが大使館から出てきたときに、若い日本人青年に突然刺されるという事件が発生した。あとで判明したことだが、この青年には精神疾患の病歴があった。ライシャワーは一命をとりとめたが、彼が親日家だっただけに日米関係に大きな衝撃が走った。さらに不幸なことに、ライシャワーは日本の病院［虎の門共済病院］で肝炎ウィルスが混入した血液を輸血されるという低水準の治療を施され、日本は事件そのものよりも国家として恥の上塗りを晒すこととなった。日本で「ライシャワー事件」として知られるこの事件は、翌年（一九六五年）の精神衛生法の抜本的改正の原動力となった。

ライシャワー事件の二年後、イギリスの著名な精神医学者デヴィッド・クラークは、日本政府の要請で日本の精神衛生管理施設の調査を行った。彼の勧告は一九六八年、WHOを通して発表されることになる[8]。この勧告の内容はすでにこの付録で触れたものも多い。たとえば日本には私立の病院が多くあったこと、精神病院は比較的小規模だったことなど。

クラークは、自分が見た精神病院は新しいものだったと述べる。しかし新しいというのは、イングランドやアメリカの施設より内部の環境がよいという意味ではなかった［邦訳 173-174］。また、患者を病院に収容しようという風潮の説明として、外来の治療よりも入院患者の治療のほうがはるかに儲かる仕組みがあることをクラークは指摘している［邦訳 176］。

クラークは精神科医の訓練についても批判を行った。精神科医になりたい医師のための特別な訓練が存在しなかったのだ。医学部を卒業して医師国家試験を通過した者なら、誰でも精神科医として開業することができた［邦訳 171］。驚くべきことに、この勧告から五〇年後の今日でもこのシステムは残っている。一般開業医なら誰でも精神科医として開業できるのである。

結論としてクラークは、日本がイギリスやアメリカと同じ道をたどり、長期的な入院患者たちを生み出してしまうのではないかと警告する［邦訳 179］。

しかしこれから見ていくように、クラークは日本の精神医療の未来についてあまりに楽観的だった。精神病患者の長期施設化は普通のことになり、数十年も病院で過ごす患者も現れることとなったのである。

西洋での脱施設化

クラークの警告にもかかわらず、精神障害者を施設から出し、地域ベースのプログラムに参加させようという運動は全国規模では起こらず、ローカルにいくらかの努力がなされただけだった[9]。私立の精神病院の経営は非常に儲かるので、精神科医で文句を言う者はいなかった。一九七〇年代と八〇年代の大部分は好景気で政府にお金があったので、財政上の圧力によって政治家や官僚が脱施設化を実現しようと頭を悩ますこともなかった。みんなにお金が流れつづけ、精神病院のなかにいる患者を除いて誰もが幸せだったのである。

日本とは対照的にアメリカでは、一九六三年の精神遅滞施設及び地域精神保健センター設立法とともに、大規模な脱施設化が始まっていた。この法案の発起人のひとりは時の大統領ジョン・F・ケネディであったが、彼の妹であるローズマリーはなんらかの精神疾患を患っていると言われていた。そして彼女はロボトミー手術を受け、その後家族によって恒久的に施設に入れられることになった［Leamer 1994］。この法案には二つの目的があった。一つは、精神科施設（その多くは大規模な州立病院）に収容されていた患者を解放すること、もう一つは地域ベースの精神保健ケアセンターを設立すること。

アメリカの人々はすでに、大規模な州立精神病院を不信の目で見ることに慣れていた。社会学者アーヴィング・ゴフマンの一九六一年の著作『アサイラム』がベストセラーになったからだ。この本では、「全制施設〔total institution〕」の存在が、治療する（と称する）患者や症状のタイプをかえってつくり上げてしまうというメカニズムが批判された。次の年にはケン・キージーの小説『カッコーの巣の上で』が出版された。これは精神科患者の施設収容に焦点を当てた小説だった。一九六五年には上院議員であったロバート・ケネディが州立ウィローブルック精神遅滞者学校を訪れ、その嘆かわしい状況について痛烈な報告を書いている[10]。

一九五〇年代と六〇年代の第一世代抗精神病薬の開発は、脱施設化を助けるものとなった。これまで手のつけようのない精神病だった患者も、単身であれ家族とともにであれ、生きていくのに十分な程度に症状をコントロールできるようになったのだ。脱施設化の第一段階は一九六〇年代の中頃から後半にかけて進み、施設にいた多くの患者が解放された。しかし不幸なことに、第二段階である地域をベースにした精神保健ケア組織の設立のほうはアメリカでは起こることはなかった。これは政治的な内部抗争と予算の制約によるものだった。かつて精神病院の患者だった者のなかで、家族に受け入れられなかったり、ひとりで生きていくことができなかった多くの人たちはホームレスとなるか、犯罪に巻き込まれて結局は牢獄に居場所を見つけることになったのである。

一方で、日本における精神病院内での生活は、クラークが見た状況とほとんど同じままであった。先に述べた新たな抗精神病薬の発展は、たしかに精神科患者を取り扱いやすくした(クロルプロマジンやその他第一世代の抗精神病薬は、患者を無気力状態にし、敏速な思考・運動を不可能にしたのだ)。しかし抗精神病薬が発展したから脱施設化だという話にはならなかったし、地域を基盤とした精神保健事業が政策のなかに取り入れられることもなかった[Ito and Sederer 1999 : 209]。

日本の精神病院で何が起こっているかを人々が知るようになったのは、一九七〇年代と八〇年代になってからである。この時期、一連のスキャンダルが精神医療界を揺るがした。このことが、日本(の精神医療)を新たな方向に向かわせる一助になったのである。

日本の精神病院の実情を暴露

一九七〇年、大熊一夫という男性が、妻と友人に連れられてある私立の精神病院へやってきた。大熊は安酒のにおいを漂わせ、ひどい二日酔い状態から回復しつつあるといった様子だった。精神病院長(その病院の所有者でもあった)はペンライトを使って彼の眼を覗き、わずかばかり会話をすると、アルコール依存症であると宣告し、精神病棟へ受け入れた。

当時、アルコール依存症者は深刻な精神疾患をもつと考えられており、多くの精神病棟はアルコール依存症者でいっぱいだった。大熊は独房に監禁され、鎮静剤が与えられた。その日の夜中、大熊が目を覚ますと、他のさまざまな精神科患者の人々とともに閉鎖した病棟に入れられていた。

さて実は、大熊はアルコール依存症者ではなく、朝日新聞の記者だったのだ。大熊は当初の予定では一四日間精神病院にいるはずだったのだが、一一日目に訪れた妻にひそかに「助けてくれ」の合図を出した。担当医の反対にあいながらも、妻は一夫を退院させた。一夫はこの経験を朝日新聞で一連の記事にしたが、それらは一九七三年に本にまとめられてベストセラーになった。タイトルを『ルポ・精神病棟』という。

大熊の描いた私立病院の姿は身の毛のよだつようなものだ。そこは想像を絶するほどに人間であふれかえっていた。「独房」で監禁されていたときでさえ部屋は十代の若者と共有になっており、大熊は彼と友人になった。

慢性的な人手不足で、医師や看護師が行うべきと法的に定められている仕事を、患者が強制的にやらされている。患者の多くが長年のあいだ病院に入院していて、いつかは出ようという願いを諦めてしまっている。認知症をもった年長の患者は「不潔部屋」と呼ばれる部屋に詰め込まれ、自分の糞尿のなかで横たわっている。冬になっても、暖房は全病棟で薪ストーブ一台きりである。

副院長はかつての大名のごとく自分の領地を支配している。大熊の話のうち最も信じがたいことの一つは、副院長の地方選挙への出馬に関するものだった。副院長は患者に選挙運動の一部を行うよう強制していたという。何千という葉書に住所を書かせられ、選挙ポスターを掲示板に貼らされていた。選挙当日には選挙権を持っていた患者が集められ、車で投票所に連れていかれた。それも副院長の名前を投票用紙にどうやって書けばいいかわかっているか、何回もチェックされたあとのことだった。幸いなことに、副院長は選挙には落選した。

大熊のルポタージュは一九七〇年代前半に注目を集めたが、日本での精神病院のあり方に目に見える変化はほとんど出てこなかった。そして一九八〇年代、さらに身の毛もよだつスキャンダルが明るみに出ることになる。

宇都宮病院事件

一九八三年、報徳会宇都宮病院で、精神科の入院患者二人がそれぞれ別の事件により死亡した。宇都宮病院は、東京から一時間ほど北に行った都市にある私立の病院である。二人の死には当時誰も注意を払わなかったが、一九八四年三月一四日の新聞記事によって事の詳細が明らかになった。この記事をきっかけに病院に対する警察の家宅捜索が入り、院長と四人の職員が殺人、暴行、詐欺の容疑で逮捕され、日本の精神病院における患者の扱いに国内外から注目が集まることになった。

宇都宮病院は石川文之進によって経営されていた。石川は一九二五年に生まれ、一九四九年に大阪大学付属医学専門部を卒業し、数年後小さな医院を開く。この医院はすぐに病院へ、そして病院グループへと拡張されていった。石川は精神病院を開きたかったのだが、それまで内科医として活動してきたため、精神医療の経験を持っていなかった。そこで、研究生として東京大学医学部精神神経科に入学する。日本では精神科の診療を行うのに医師免許以外の特別な訓練は必要なく、つまりこの入学は義務というわけではないから、石川が新しい研究分野への参入に熱心だったことを表しているのかもしれない。

東京大学で石川を指導したのは脳研究グループの武村信義だった。武村には精神科の臨床経験はなかったが、日本のトップの大学として名声を得ていた東京大学と石川をつなぐ橋渡しとなった。

宇都宮病院は一九六一年、私立の精神病院として開業した。初めは五二床だったのが約一〇年で八五二床にまで急速に規模を拡大し、他の精神病院で拒否された患者を受け入れることで有名になっていった。「北関東医療刑務所」――宇都宮病院の職員の残虐さ、閉鎖された病棟、全体的に荒れた環境を噂で知っていた者は、この病院をそう呼んだという[11]。

一九八三年には、九二〇床に九四八人の入院患者を抱えることになる。石川医師を含めわずか三名の医師ですべての患者が診られていた。職員の数が最低限に抑えられ、多くの場合、年長の患者が看護助手の役割をしていた（これは異例なことではなかった。大熊が調べた他の病院でも患者が職員の役割を果たしていたと報告されている）。宇都宮病院で異例だったのは何かといえば、年長の患者や訓練を受けていない従業員が、レントゲン撮影や脳波をとるなどの臨床行為を行っていたことだった。

一九八三年一二月三〇日、ひとりの患者がめったにない面会の特権を与えられた。この人物はアルコール依存症とされており、五か月間入院していた。彼は面会者に宇都宮病院のひどい状況を伝えたのだが、この会話が職員のひとりの耳に入ってしまった。面会後、五人の職員が彼を呼び出し、金属棒やその他の器具を使って殴りつけた。同日ほどなく彼は死亡した。それまでに起こっていた事件同様、彼の死の真相も臨床のスタッフたちによって隠蔽されてしまった。

翌年の一九八四年三月、一本の記事が朝日新聞紙上に掲載された。見出しは《患者二人に「死のリンチ」》。上述の一二月の患者の死と、同年にすでに起こっていた別の患者の死を記録した記事だった。警察が捜査に乗り出し、三月二九日には院長と四人の職員が傷害の容疑で検挙された。捜査が進むにつれ、さらなる容疑が加わっていった。医療詐欺（免許のない職員に医療業務に就かせていたため）と傷害致死である。宇都宮病院の患者の多くは、精神衛生法の規定に反し違法に入院させられていたことも明らかになった。

警察の捜査でさらに明らかになったのは、東京大学医学部が武村医師を通して宇都宮病院と密接な関係を持っていたということだ。東京大学医学部は、宇都宮病院の患者にさまざまな臨床実験を施していたのだ。臨床面接のテープ記録の存在がのちに明るみに出て、東京大学の研究者は宇都宮病院で何が起こっているかを十分知っていたということが示された。ある臨床研究チームのトップであった斉藤陽一は、患者のデータベースをもっており、そこにはここ三年間の研究で二二二人の患者が死んだことが記録されている[12]。不幸なことに、こうした患者の死の真の原因を法医学的に捜査することはできなかった。日本の伝統で、死体はすでに火葬されてしまっていたからである［Totsuka 1990: 197］。

しかし警察の捜査によって、死んだ患者に対して違法な検死解剖が行われていたことがわかった。この解剖にも訓練を受けていない従業員が使われ、場合によっては年長の患者自身がかつての同室の友の解剖を行うということもあった。この解剖の主な目的は脳の摘出で、摘出された脳は東京大学にあった武村の脳研究グループに送られていたのだった。

宇都宮病院二五周年祝賀論文で、武村は次のように述べている。

「われわれはこの病院において、平畑高次郎先生と石川文之進院長を中心として、水魚の交わりをもち、精神医学においてまた人生において多大の収穫をえつつあります[13]」。

患者の死体から収穫された脳をコレクションするなかで、武村が宇都宮病院とのつながりについてこのような温かな感情を抱いていたことを思うと、私には日本医師会会長が以前述べたことが思い出される――「精神病院は牧畜業者だ」［長岡 2008: 143］。

院長の石川には懲役二年の判決が下ったが石川は上訴した。残りの職員には傷害致死の罪で一年半から四年の懲役が与えられた。このスキャンダルの結果、武村は東京大学の辞職を余儀なくされたが、すぐに宇都宮病院で雇われ、刑事的に起訴されることはついになかった。石川自身は宇都宮病院の院長を辞職した。

第三期　患者の権利と自立生活の発展

大規模な施設化から、自立した生活への転換は、一九八〇～九〇年代に起こった。これは抗精神病薬の第二世代が開発されたことに後押しされたものだった。重い精神疾患をもつ人の多くが、閉鎖病棟の外で生きていけるようになったのだ。また、いくつかの精神病院でのスキャンダルの暴露によって長期の施設化に反対の雰囲気ができていたことや、精神疾患をもった人々の長期のケアに対する診療報酬の支払いを政府が削減しようとしたことも、この脱施設化を後押しした。

自立へ向けた最初のステップ

宇都宮病院事件は例外的なものではなく、他の私立の精神病院でも似たような事件は起こっていた。いずれにせよ、宇都宮病院事件によって引き起こされた大論争によって、日本の状況は国際的に調査されることになる。国際司法裁判所と、国連の差別防止少数者保護小委員会はこの問題に関する聴聞会を行った [Mandiberg 1996: 413]。これに動かされた日本政府は、精神障害を抱えた人々の市民権を保護するための法律を提案することになった。日本の精神病院を代表する協会は、即座に強く反発した。過去にはこの種の団体のロビーイング活動が綿密な調査を妨げることもあったが、しかし今回は、国内外の圧力が非常に強く、何もしないというわけにはいかなかった。

一九八七年、精神衛生法が精神保健法と改称され、自立生活のための訓練施設や共同作業所の創設が明言された。共同作業所は、精神病の人々に訓練と職を提供するためのものである。精神保健法では患者の同意が最重要であると強調され、退院手続きがよりスムーズに行えるようになった。このときにはすでにさまざまな病院が、患者を地域コミュニティへ出すという経験を何年かしてきていたが、新たな法改正は彼らの努力をさらに支えるものとなった。

今日の日本の精神医学

もしあなたが日本で深刻な精神病、たとえば統合失調症で入院したとすると、そこからいくつかのことが予想できる。まず、あなたは公立の病院ではなく私立の病院にいる見込みが高い。次に、あなたは自発的な同意により入院を受け入れた見込みが高い。ただし場合によっては、家族があなたの意に反してあなたを入院させていることもある。また、これはかなり稀な場合だが、精神科医や都道府県の精神医療審査会によって、あなたの意志に反して一時入院させられていることもある。

一度精神病院に入ると、そこにかなり長期間、あるいは数年間いることになる可能性もある。ただし法律上では、あなたはいつでも自分の意志で退院することができるようになっている。この点は昔とは大きく違う。もっとも、たとえ退院したとしても結局はもう一度入院することになることだろう。特に、家族があなたが戻ってくることを望んでいなかったり、あなたの住んでいるところに地域ベースのプログラムが存在しない場合には、再入院の見込みは高い。

病院内では、異なった種類の抗精神病薬を一度に、かなり多く服用することになると予想される。もしかすると、抗うつ剤やその他の薬剤も一緒に服用することになるかもしれない。これらの薬はあなたの脳をぼんやりとした状態にさせ、物事をはっきり考えることを難しくしてしまうこともあるだろうし、薬の副作用で体重がひどく増減するかもしれない。とはいえ病院は多くの窓（格子付きだが）を備えた近代的な施設であり、小ぎれいで明るく、太陽もよく当たる。単純な作業療法などの数日間のプログラムもあるし、終日テレビを見ることもできるだろう。もしも先進的な施設にいるなら、付属のデイケア施設でパンを焼いたり、付属のカフェでウェイターをしたりして過ごすこともできるだろう。

まとめてみると、あなたはおそらく私立病院に入院していて、入院期間は長く、多剤大量の薬を処方され、トークセラピーや自立向けの地域型精神保健ケアに頼ることはできないだろう。

（1）私立精神病院の多さ

二〇〇八年の時点で、日本に一〇七九ある精神病院のうち、八二％が私立の病院である。病院数ではなくて病床数で数えると、私立と公立の差はもっと大きくなり、精神科の病床数総計三五万三五三床のうち九〇％が私立のものである。[14] 私立の精神病院は平均して二五〇床を持っている。これはなかなか大きな数字である。また、多くの病院が独立の事業体で（つまり病院チェーンの一員ではなく）、理事長である精神科医によって経営されている。[15]

このように、圧倒的に私立の精神病院の数が多いということは、政府が精神病のメンタルケア政策を変更することが難しいということを意味する。変更を行えば（1）日本の精神病院を代表する協会から強力に抗議され、(2) 精神的に疾患を負った患者を、受け入れ準備ができていない地域へと放つということになってしまう。政府はアメリカがそのような経験をしてきたことを知っている。

(2) 平均入院期間の長さ

二〇〇七年では、日本の精神病院の平均入院期間は三一八日で、その他の先進国に比べてかなり長い[16]。アメリカでの平均入院期間はたった七日である。ただし、アメリカには国民健康保険がなく、また本人の意思に反して長期間入院させることを法が禁じているので、この数値は人為的に低くされていると言える[17]。カナダでは精神病棟への平均入院期間は一六日、イギリスでは五四日で、日本にいちばん近いのはアジアの隣国、韓国の一〇五日となっている[18]。

しかし、測定尺度として「平均入院期間」を強調してしまうと、より詳しくデータを見たときに明らかになる驚くべき事態が隠されてしまう。不安発作などの小さな問題をもつ人たちも多く、その人たちはわずか数日間入院するにすぎない。これはつまり、もっと深刻な状態の患者は相当長い期間入院しているということだ。東アジア諸国で行われた二〇〇四年の調査で、日本で統合失調症の患者の入院期間の中央値は三七八二日（一〇年強！）だということが明らかになった[19]。

ここで公平のために、日本の精神病院における平均入院期間が一九九〇年代以降少しずつ減少していることを指摘しておこう[20]。

また、長期入院への批判のすべてを日本の精神病院が受けるべきではない。一九八七年の法改正以来、多くの患者は、法律上はみずからの意志で病院にいるということになっているので、彼らは望みさえすればいつでも退院することができる。しかし病院が退院患者を送り出す先となるべき地域ベースのプログラムは、本当に少数しか存在していない。

患者の家族も、施設が患者を収容しつづける圧力となっている。伊藤とセドラーによれば、入院中の精神病の患者の家族のうち三九・九％が、患者が家に戻ってほしくないと述べており、また戻ってきてほしいと答えた家族のうちでも二九・五％が、その場合いろいろな困難が生じることになるだろうと述べている [Ito and Sederer 1999: 212]。日本では、こうした医療的な理由以外で入院することを「社会的入院」と言う。

(3) 多剤多量

「多剤投与」とは、複数の薬剤を同時に使用することである。アメリカで治療する場合、多数の薬の「カクテル」が臨床的に認められているごく少数の場合（抗がん剤や、抗ＨＩＶレトロウイルス）を除けば、それぞれの薬の分類から一種類だけを処方するというのが医療上のスタンダードである。これによって、たとえば同じ神経経路に作用する二つの異なる抗うつ剤を摂取した場合に起こるかもしれない薬同士の相互作用を防ぐ。

日本ではこれとは対照的に、精神科治療においては多剤投与のほうが標準的である。医学誌『ランセット』に報告された二〇〇二年の研究で、武井教授らは次のような発見をしている。

> （統合失調症患者二四〇五人の調査を）一六の国立の精神病院で行ったところ、その五〇％が三種以上の抗精神病薬を同時に受け取っており、一六％は四種以上受け取っている。リスペリドンを摂取している四五七人の患者のうち、五九％がさらに二種以上の抗精神病薬を受け取っている。新しい薬が処方される場合、単に今使っている薬に付け加えられているように見える。さらに、統合失調症患者には、多種の抗精神病薬に加え、二種類以上の抗コリン薬と睡眠薬が、数年、ひいては数十年にわたって与えられるのが普通である。従って、二次性陰性症状と錐体外路での副作用が起こっている可能性が高く、見過すことはできない
> [Takei et al. 2002]。

この論文の著者たちは、日本で多剤投与が行われるルーツは漢方処方にあるのかもしれないと説明している。漢方では、治療者が独自に調合された植物を、患者に適した割合で混ぜるという処方が非常に一般的だからである。さらに著者たちは次のよう論じている。「こうした状況を象徴的に反映しているのが、クロルプロマジン、プロメタジン、フェノバルビタールの合成物が特に統合失調症の患者に対して睡眠薬として未だに使われているということである。非定型抗精神病薬のための多元受容体標的化抗精神病薬（ＭＡＲＴＡ）という概念が、多種の神経弛緩薬を投与することの正当化のために用いられてはいけない」。つまりわかりやすく言うと、漢方薬を混ぜることと抗精神病薬を混ぜることはまったく別のことであり、臨床上の効果も証明されていないということだ。

多剤投与に加え、日本の精神病患者は他国よりも多量の薬剤が投与されている。さまざまな薬が使われているので、国家間で投薬量を比較する際には、クロルプロマジン換算がよく用いられている。

東アジアにおける向精神薬の国際協同処方調査（REAP）は、東アジアにあるさまざまな国での統合失調症への投薬量を比較した。すると、二〇〇一年の場合、日本の患者は一日当たりクロルプロマジン換算で一〇〇四ミリグラムを処方されていたが、香港の患者は五一ミリグラム、韓国では七六三ミリグラムであることがわかった。

この報告と、投薬量を減らそうとする一般的な潮流とを受けて、二〇〇四年のREAPの調査では投薬量の大きな下降が見られた。日本では五〇％近い削減率をみせ、投薬量は一日当たりクロルプロマジン換算五二四・一〇ミリグラムへと低下した。他の国でも低下は見られているが、日本ほど顕著な量ではない[21]。

しかしこの数値でもやはり高い。世界保健機構によってつくられた規定一日容量（DDD）は、薬がその主要な目的のために使われる場合の維持投薬量の仮平均値であるが、統合失調症の場合のDDDは一日当たりクロルプロマジン三〇〇ミリグラムである。このように見れば、二〇〇一年の統合失調症患者は抗精神病薬のDDDの三倍を超える量を処方されていたことになるし、二〇〇四年の時点でも、推奨量の一・五倍を処方されていることになる[22]。

トークセラピーの不在

『性の歴史Ｉ　知への意志』と『臨床医学の誕生』という記念碑的な著作で、フランスの哲学者ミシェル・フーコーは、キリスト教で行われる告白という儀式と精神療法とを、「自己について語る」という共通点で結びつけた。毎週行われる精神療法のセッションは、儀式化されたパフォーマンスであると同時に神聖な儀式なのである。フーコーは精神医学の考古学と歴史に関して多くのことを書き、精神病院の形式や構造から、精神医学と精神療法の実践まで、ありとあらゆることに疑問を投げかけた。

残念なことに、フーコーは日本の精神医学について何も書いていない。日本の精神医学の特徴は、明らかにトークセラピーではないという点にある。それがフロイト的であれ、あるいはポストフロイト的であれ、精神分析もしくは精神力動的な精神療法が、つまりはなんらかの形のトークセラピーが、日本で主流となった時期はこれまで一度としてなかった[23]。それはもしかすると、仏教や神道の伝統がキリスト教とは違って、罪を語って告白するという考え方を持っていないからなのかもしれない[24]。純粋に精神力動的な療法家を見つけることは、特に東京や大阪などの大都市であれば不可能ではないが、それも比較的めずらしいことであり、しかもこの治療は健康保険の対象外となるためたいへん高額である。

もしあなたが（うつ病や双極性障害などの）気分障害やパーソナリティ障害だと診断され、入院の必要がなかった場合、外来を基本として精神科医や一般開業医にかかることになるだろう。医者との会話は初診では一五〜三〇分で、それ以降は一〜一〇分になる見込みが高い。医者は、日常生活をうまく送ることを助けてくれる精神科ソーシャルワーカーに相談するように勧めるかもしれないし、あるいは精神療法外来のデイケア用の部屋で、さまざまなグループや個人療法を勧めることもあるだろう。こうした療法にはたとえば認知行動療法やSST（社会生活技能訓練）、あるいはサイコドラマなどがある。しかし、自分が過去や現在持っている恐れ、不安、問題について誰かに対面で語るような週ごとのセッションが予定に組み込まれることは稀である。

だが日本の状況をトークセラピーのメッカであるアメリカと比べることは、すぐに時代遅れになるかもしれない。というのは、アメリカでは個別的なトークセラピーから向精神薬を用いた治療へ移行する動きがあるからである。ただし、アメリカのこの変化の原動力となっているのは、トークセラピーに関連する料金を支払うのを嫌がり、安い薬剤に支払先が変われば万々歳な保険会社である。

地域ベースの精神保健プログラムの不在

不幸なことに、精神障害者の社会への復帰は簡単ではない。一九六五年のクラーク勧告でも、精神疾患をもった人を住んでいる地域に統合するのを助けるような地域ベースのプログラムが欠けていることが指摘されていたが、一九八〇年代に入ってもこの状況は続いていた。人類学者の間宮郁子の博士論文によると、精神科ソーシャルワーカーの全国組織は一九六〇年代に「精神障害（統合失調症）は慢性化する恐れがあり、病院での治療は社会生活技能のリハビリに焦点をあてる必要がある」と考えていた［間宮 2006:23］。初期の精神科ソーシャルワーカーは、病院と保健所の内部での実践を変えていくことに力を注いでいたわけだ。施設を出た患者の受け入れを助けるようなプログラムを病院の外につくる必要があることに気づきはじめたのは、あとになってからだった。

地域ベースの精神保健ケアプログラムの初期のもので最も成功したのは、東京のすぐ北部にある、さいたま市の「やどかりの里」かもしれない。このグループは一九七〇年、統合失調症者が精神病院の閉鎖病棟から退院するのを援助しようという先進的な精神科ソーシャルワーカーのグループによって設立された。まず突き当たった困難は、精神科の退院患者を受け入れてくれる公的・私的な住宅を見つけることだった。住宅が確保されたあとでは、社会への再統合、就職支援その他の問題が浮上する。退院支援を望む人々の数が増えていくという問題もあった［間宮 2006, Yanaka 1993 参照］。

一九八七年に精神衛生法が精神保健法へ改正され、共同作業所やディケアセンターの設立がいくぶん促されたが、本格的な変化が生じたのはようやく二〇〇五年、障害者自立支援法によってだった。この法律は、自立と脱施設化こそが、身体・知的・精神を問わず障害をもったすべての人々にとっての優先事項だとしたのである。この法律によって、外来患者のためのさまざまなデイプログラムがつくられ、精神障害をもつ人々のための自立支援センターが次々と設立されていくことになった。このときはじめて、精神科に入院していた人々の数が前年よりも減少した。これは重要な変化である。

一八〇〇年代に至るまでは、現在「北海道」と呼ばれている島は、日本の領土ではなかった。それは「蝦夷《えぞ》地」と呼ばれていた。蝦夷は、現在アイヌと呼ばれている人々で、日本北部の先住民である。[1]

北海道の植民地化はアメリカの援助を借りて行われた。マサチューセッツ州農業大学のウィリアム・S・クラーク学長が一八七五年に札幌農学校の開校を支援するために雇われたが、クラークは日本の学生たちに精勤の価値とキリスト教の祈りを教えた。クラークの像は札幌の街を見下ろせる丘の上に建てられており、「少年よ、大志を抱け」というスローガンとともに住民たちを見守っている。

中央政府は、本州の、とりわけ日本社会の主流から外れた人々による植民地化と開拓を奨励した。一八七九年に神戸から来たキリスト教徒の集団は赤心社を創設した。その後二年間にわたって、赤心社は浦河町に一三〇人の農民からなる植民地を建設する。日高として知られている浦河周辺の地域は「アイヌの首都」と呼ばれ、北海道に住んでいたアイヌの総人口の三分の一以上がその地域に住んでいた〔Cornell 1964: 292〕。日高の土地と海は肥沃であり、天候は穏やかで快適だった。

一八八六年に、田中牧師と一三人の信者が荻伏《おぎふし》の地に小さな木造の教会を建てた。それは、北から来たロシア人によってではなく、南から来た日本人によって建てられた最初の教会の一つである。赤心社は周辺地域での布教活動に従事した。彼らはこの教会を発展させ、一八九四年に大規模な教会を建て、そこで学校も運営した。その学校はのちに地域の子どもたちのための正式な公立学校になった〔Pettee 1895〕。

その後、浦河の町の中心が数キロ先の海岸のほうへと移動すると、教会は元浦河教会と呼ばれるようになった。

浦河の教会

赤心社の入植者によって一八八六年に建設された元浦河教会は、地域全体から信者を集めた。しかし真冬は特に移動が困難であった。また教会は、漁業のおかげで急速に発展していた浦河の町に比べると小さな村であった荻伏に建てられていた。

一九五六年に、数人の信者は浦河で祈りをするための小屋を建てた。その教会は元浦河の教会とは似ても似つかないもので、十余名の礼拝者がともに祈れる小さなチャペルを備えたシンプルな木造の建物だった。荻伏の教会には常勤の牧師がいたが、浦河の教会では地域の小さな町々を回る、月に一回来ればいいほうの巡回牧師に頼るしかなかった。

浦河のこの小さな教会が、べてる創設の舞台となっていくのである。

1894年に建てられた元浦河教会（赤心社提供）

べてるの家のメンバー、加藤木祥子さんが浦河教会で山本牧師から洗礼を受けている。佐々木実さんは洗礼の聖杯を持ち、向谷地夫妻は壁際に立っている

第1章　到着（▼一三頁）

〔1〕このことは、当時活発に政治的な活動をしていた身体障害をもつ人たちの自立生活センターと対照的である。

〔2〕西洋人は布団というと敷布団のことだと思うが、布団は敷布団だけでなく掛布団も指す。

〔3〕メンバーの数は数え方によって異なる。べてるに登録してべてるの施設で働いたり、グループホームで暮らしている人たちは一〇〇人に満たないが、入院していたり町の民間の住居に住んでいて、べてるのイベントに参加する人たちを含めれば一五〇人以上になるだろう。

〔4〕日本の結婚生活における夫と妻の役割についてのウォルター・エドワーズの言葉。

〔5〕歴史的な深みと社会的な文脈、複雑な分析を備えたエスノグラフィ的な映画をつくることは不可能ではない。しかし四〇分の映画で三つの要素すべてを取り入れ、しかも一般の人にわかりやすいものをつくることはかなり難しい。また多声、並置、モンタージュといった手法をエスノグラフィ的なテクストのなかに取り入れることも可能ではあるが、視覚イメージを利用する場合に比べてかなりの困難をともなう。

潔の物語（▼四二頁）

〔1〕北中淳子［2012］によると、精神科医とうつ病患者のやりとりに同様の傾向が見出されるという。

〔2〕日本では、法律上は離婚後の共同親権という概念がない。両親がともに親としての義務を果たしつづけることもあるが、親権はどちらかの親に帰属することになっている。潔の場合、離婚後、父親は潔の人生からすっかり姿を消した。

〔3〕潔は「ヒステリー発作」という言葉を使っているが、現在、アメリカで使われている精神医学用語のなかでは、「解離性または転換性エピソード」が最も近い言葉である。アメリカ精

神医学会は一九八〇年に、「ヒステリー」の診断名を「転換性障害」に変えた。しかし、すべての国（日本を含む）でヒステリーが特に女性に関連づけられているわけではないため、国際的に用いられているICD-10のコードF-44にはヒステリーという言葉が残されている。

〔4〕日本の義務教育は中学校までである。潔には、高校に進学するだけの成績も意欲もお金もなかった。

第2章　べてるの設立（▼五七頁）

〔1〕映画「Bethel」の最後に、この寄付をした人が登場している。べてるのメンバーが町を回りながら隣人たちにクリスマスキャロルを歌い、この人に一年の感謝の贈り物をするシーンである。

〔2〕向谷地[2009:61]によれば、強制労働のため日本人によって北海道に連れてこられた朝鮮人の多くは、戦後解放され、その一部は北海道の日高地方に住むようになった。べてるがあるのはそういう地域である。

〔3〕http://www.town.urakawa.hokkaido.jp/cgi-bin/odb-get.exe?WIT_template=AC020000&WIT_oid=icityv2::Contents::3166（二〇一一年九月二八日確認）。

残念なことに、海草についての輸入制限が自由貿易協定によって廃止され、産業は衰退した。

〔4〕これは、ジェームズ・マンゴールド監督・脚本の『17歳のカルテ』（原題：Girl, Interrupted）のテーマの一つである。

里香の物語（▼七六頁）

〔1〕包み隠さず打ち明けるなら、私の祖父は日本基督教団のメソジスト派の教師だったが、両親は私たちきょうだいに洗礼を受けさせず、クリスチャンとして育てることもしなかった。そうした両親に反抗して、のちに姉は東方正教会の信徒に、兄はクエーカー教徒になった。私はカトリック系の中学校で教理問答を受け、洗礼も受けようとしたが、直前に両親に知

られ、止められてしまった。私は今でもキリスト教の思想や儀式に惹きつけられるものを感じるし、ときには礼拝にも足を運ぶが、洗礼を受けていないので自分をキリスト教徒だとは思っていない。もちろん、こうした複雑な家族史もべてるのメンバーたちにはすべて話した。

〔2〕WAは日本語で「わ」と読める。「わ」は、円（環）や、コミュニティ（輪）や、平和（和）を意味する。私は浦河でのWAの誕生にかかわることができて、非常に名誉に思っている。しかし、私がWAのメンバーになったのは自分にも精神障害（うつ病）があるからで、研究者だからではなかった。WAやSAに参加するに当たって、この点ははっきりさせた。私は、WAとSAの大まかな概要については話す許可を得ているが、誰が参加していたかとか、何が話されたかといった詳細については守秘義務を負っている。

〔3〕この8ステップは、「Urakawa Schizophrenics Anonymous：精神障害体験者のための回復への8ステップ〈浦河版〉」と題され、二〇〇一年八月の日付になっていた。浦河版8ステップは、アメリカのスキゾフレニクス・アノニマスの6ステップとは、多くの点で異なっていた。オリジナルの6ステップの文言に変更が加えられているほか、二つのステップが追加されていた。また、浦河のSAもWAも、統合失調症の人だけでなく、「回復したいと願う人なら誰でも」参加できるという方針を掲げていた。アメリカのSAの6ステップについては、http://www.recovery-world.com/Schizophrenia-6-Steps-for-Recovery.html を参照のこと。

〔4〕アメリカ版SAマニュアルが「God（神）」という言葉を使っているのに対し、浦河版SAマニュアルは全編を通して「神」という言葉を避けているのは注目に値する。英語の「God」は、浦河版では「私を超えた偉大な力」と訳されているが、この表現に引っかかって読みながら頭をかいているメンバーをよく見かけた。念のためつけ加えておくが、SAあるいはWAのメンバー全員がクリスチャンというわけではなく、どちらのグループについてもキリスト教的な意味合いがあるとは思われていなかった。

〔5〕集団で買い物に出かけるとき、私が川村家から借りていた軽トラック〝ポルシェ〟には問題が二つあった。まず、二人分しか座席がなかった。次に、荷台に載せた食料品が、車が信号で止まるたびにスーパーのまわりを飛び回っているカラスたちの餌食になった。

〔6〕浦河にファストフードのお店はなく、いちばん近くのチェーン店（モスバーガー）は車で四五分離れた静内町にあった。

〔7〕ソーシャルワーカーの伊藤恵里子が中心になって、精神障害をもつ親のためのグループと、精神障害をもつ子どもの親のためのグループのミーティングがそれぞれ週一回、病院で開かれていた。

第3章　医者と病院（▼九九頁）

〔1〕この段落は、川村［2005：261］ならびに、川村との個人的な会話に基づいている。

〔2〕この点にアメリカ赤十字との違いがある。アメリカ赤十字は合衆国でプライマリケア（一次医療サービス）を提供していない。

〔3〕浦河赤十字病院の歴史については、浮ヶ谷［2009：52-64］、浦河赤十字病院ホームページ（http://www.urakawa.jrc.or.jp 二〇一二年九月一七日確認）、および川村との会話による。

〔4〕二〇〇七年版「浦河赤十字病院概要」。

〔5〕精神科病棟の別の婉曲的な表現として「心療内科」というのもある。

〔6〕アメリカでは救急外来以外はすべて予約制なので、調子が悪くなったらその日すぐに精神神経科外来に行けることが、私にはとても新鮮に感じられた。

〔7〕川村による臨床面接を観察したときには、面接されているべてるメンバー（病院外のいろいろな場面で私が親しくしていた）の許可をとった。臨床面接のあいだメモはとらず、記録もしなかった。

〔8〕医療人類学者の北中淳子も、精神科医が患者の苦しみを認めることが持つ重要性を、現代日本のうつ病についてのパイオニア的な研究のなかで強調している。「患者たちは、精神科医によって苦しみを認められることを、決定的で変化の兆しになる瞬間として語る。ある女性が私に言ったところでは、「その瞬間、彼は理解してくれた、彼に任せることができると分かった」のである」［Kitanaka 2012：94］。

〔9〕身体障害者のためのある施設では、訪問者を迎えたり出かけたりするときには、その一週間前に書面で申し込むことになっているという話を聞いたことがある。「看護職員が計画

を立てる必要があるから」と、その話をしてくれた人は言われたという。その人は「自分がそうしたいと思うときに友人に訪問してもらい、自分がそうしたいと思うときに外に出て新鮮な空気をちょっと吸うという私たちの自由はどうなるのか」と問うた。それはもっともである。私たちのニーズを考えてくれる人が、私たちのほかにいるというのだろうか?

〔10〕別の例として、病院までタクシーで移動するわずかのあいだに、浦河赤十字病院から退院した精神神経科の元患者が喧嘩中に刺したと運転手が話してくれたことがある。この事件はかなり前、べてる以前に起こったものであるが、住民の記憶にいつまでも残っていた。

〔11〕二〇〇七年まで、浦河赤十字病院には三人のソーシャルワーカーがいた。そのうちのひとりが精神科デイケア部門に配属されていた。

〔12〕アメリカの社会福祉分野は厳しい予算制限やスタッフ不足にさらされているためである。こうしたことも考えられうるかもしれないが、考えることはできたとしても、そのような協力関係は実際には、HIPAA(医療保険の相互運用性と説明責任に関する法)やFERPA(家庭教育の権利とプライバシーに関する法)といった、健康および教育情報の守秘義務に関する法律のために、違法になるものと思われる。

耕平の物語(▼一三〇頁)

〔1〕たとえば、ジェイムズ・フレイザー『金枝篇』やジョゼフ・キャンベル『千の顔をもつ英雄』を参照のこと。

〔2〕JR〔西日本〕ではそうした再教育を「日勤教育」と呼んでいたが、その実態は心理的および身体的ないじめであり、ハラスメントだった。いじめの目的の一つは、間違いなく社員が自主的に退職するよう仕向けることにあった。なぜなら終身雇用制度と組合との約定により、正社員を解雇することが非常に難しかったからである。またいじめには、従業員をおとなしくさせ、経営側の恣意的な行いに対しても逆らえないようにするというもう一つの効果もあった。そうしたいじめの被害者のなかには、自殺に追い込まれた者もいる。自殺の労災認定をめぐる法的な議論に関しては、北中淳子〔2008, 2012〕を参照のこと。

〔3〕過労死の問題に関心のある読者には、日本の職場におけるうつに関する北中淳子の著作を

〔4〕読むことを勧める。

〔4〕斉藤道雄は、べてるでの経験に基づいて著書『悩む力：べてるの家の人びと』[2002]を書き、講談社ノンフィクション賞を受賞して、べてるの家に多くの人の注目が集まるきっかけをつくった。

〔5〕向谷地との個人的な会話より。

〔6〕トラナリスらは、精神病経験の「物語」が、夫婦が結びつくための手段となっている事例を紹介している[Tranulis et al. 2009]。しかしそれは、妻(統合失調症)の語る「物語」を夫のほうは信じていないという点で、山根のUFO事件とは異なっている。また、山根のUFO事件にかかわった人たちの多くが統合失調症だったのとは違って、この夫自身は統合失調症ではない。

第4章

〔1〕べてる的セラピー(▼一五五頁)

二〇〇七年から二〇〇八年までの主なフィールドワークに加え、二〇〇五年と二〇一一年にも短い期間ではあったが、べてるを何回か訪れている。また、私の自宅があるコネチカット州のニューヘブンにべてるのメンバーが来たときは泊め、東京に来たときに会ったりしていた。

〔2〕道路交通法(一九六〇年六月二五日、法律第一〇五号)、道路交通法施行令(一九六〇年一〇月一一日、政令第二七〇号)。

〔3〕他の病院の患者やデイケアの利用者はほとんどの場合、私が患者ではないと認識していた。これが、一九七三年に行われた、あの有名なローゼンハンの実験——精神病棟にいる擬似患者たちは医者を騙すことはできたが、患者は騙せなかった——を実証するものなのかどうか私にはわからない。患者たちはむしろ、彼らがさかんに交わしていた噂話を通して、私の正体を、私が公式の場で自己紹介をするずっと前から知っていたのだと思う。

〔4〕べてるのメンバーが病院の若い医者に診てもらったり、個人が経営するメンタルヘルスクリニックへ行くのにはいくつか理由がある。とりわけこういった医者たちは、川村よりも要求に応じて薬を処方してくれる。また、べてるが定員オーバーだったり、新しいメンバ

ーを受け入れていなかったり、あるいは川村が新たな患者を受け入れていなかったりする場合、浦河に引っ越してきた新しい人たちにとって、他の医者かクリニックに行く以外に選択肢はない。病院にある精神神経科病棟はべてると連携しているので、町の人たちの一部は個人経営のメンタルヘルスクリニックへ行っている。

〔5〕障害者解放運動家の中西庄司とフェミニストの上野千鶴子の有名な共著『当事者主権』［2003］では、障害や女性、その他の当事者を市民権との関連で論じている。

〔6〕西洋の歴史のなかで似たような言葉がないか調べてみたが、一九七〇年代にフェミニストたちによって使われていた「意識高揚 consciousness raising」という言葉が最も近いように思う。ただしべてるでの当事者研究では、個々人の経験に焦点が当てられていて、精神障害をもつ人々全体の差別に対して政治的な意識を向けることには結びついてはいない。

〔7〕伊藤知之は自分自身を「統合失調症全力疾走型」と表現している。というのも、彼はつねに息つく暇もないほど次から次へと動き回っているからだ。彼は大学生のころに統合失調症を発症した。けれどもなんとか大学を卒業し、浦河町にある北海道日高支庁で公務員として働きはじめた。やがて彼の症状は悪化し、仕事をやめなければならなくなったが、べてるに拾われ、当事者スタッフとなったのである。

〔8〕「統合失調症をもっています」ではなく、「統合失調症をやっていて」という真衣の言葉づかいを私は気に入っている。

譲の物語（▼一八九頁）

〔1〕病院にはもうひとり精神科ソーシャルワーカーがいたが、彼の担当は高齢者のケアだったので、精神科デイケアのスタッフミーティングには参加していなかった。

〔2〕病院と高校は現在もなお道を挟んで向かい合っている。しかし七病棟は二〇〇三年に地震の影響で移動したので、今はもう高校に面してはいない。

〔3〕潔も同じようなことを私に話してくれた。

〔4〕坂井のピアサポーターとしての仕事ぶりは、ＤＶＤブック『退院支援、べてる式。』［川村・向谷地 2008］で見ることができる。

〔5〕『退院支援、べてる式。』六四・六五頁参照。なお江戸時代の吉原の遊女たちが年に一回、上野公園に桜を見にいくときだけ遊郭を出ることを許されたという伝統を、譲が参照しているのかどうかはわからない。

第5章

〔1〕出発（▼一九九頁）この説明は、新聞記事やべてるのスタッフおよび向谷地からの聞き取りに基づいたものである。『北海道新聞』二〇〇三年一一月一三日（朝刊全道版）三三頁、一一月一八日（夕刊全道版）一三頁、一一月二二日（朝刊地方版）三三頁、一二月二七日（朝刊地方版）二一頁、翌二〇〇四年三月二六日（夕刊全道版）一八頁等。『朝日新聞』二〇〇三年一一月一九日（朝刊全道版「会計処理巡り、道が特別監査　浦河町の社会福祉法人」）。

〔2〕べてるには、当事者スタッフと健常者スタッフがいる。

〔3〕日本で最も有名な目的型コミュニティはヤマギシ会である。ヤマギシ会は、一九五三年にエコトピアとエコビレッジのネットワークとして設立されたものであり、持続可能な生活と、すべての所有物は共有財産であり私有物を認めないような社会の創造という原則に基づいている。日本には多くのより小さな共同生活体や宗教コミュニティが存在するが、アメリカと同じく、日本における共同生活のピークは一九六〇年代であり［Plath 1966］、とりわけオウム真理教のあとは、下火になっている。

〔4〕加えて川村は、七病棟への新しい入院許可数と、外来診察数を厳しく制限している。

玄一の物語（▼二一九頁）

〔1〕対立の背景に宗教の問題があったのではないかという私の意見に対し、向谷地はそれがぶつかり合いの原因ではないと答えた。においの問題だけで十分に争いの引き金になりうるというのが彼の考えだった。

〔2〕住まいが狭いアパートなどの場合、遺体が葬儀会館に直接運ばれたり、病院の霊安室にそ

のまま置かれたりすることもある。墓地の広さの不足もあり、現在では九九％の日本人が火葬される。アメリカの火葬率は約三四％、イギリスの場合は七三％が火葬を選ぶ。

付録1　日本の精神医療（▼二三九頁）

〔1〕江口重幸［1991］はキツネ憑きと精神病についての見事な論文を書いている。民俗学者の柳田國男の著書『遠野物語』は、これらの民話について書かれた文献である。民話の多くが、水木しげるや宮崎駿などの漫画やアニメになり有名になった。

〔2〕精神病者監護法、一九〇〇年（明治三三年）、法律第三八号。

〔3〕監護という用語は、看護と同音異義語であり、未だに看護は監護にすぎないという皮肉としても用いられることがある。

〔4〕橋本明［2008］とMatsumura［2004］は、日本の初期精神医学を西洋の水準にまで高めた呉秀三らの尽力について述べている。

〔5〕東京にある巣鴨病院〔現在の松沢病院〕はおそらく、公立の施設としてはいちばん大きく、一九一九年の病床数は四〇〇床にのぼった。一九世紀中期のロンドンにあったベドラム病院の病床数におおよそ匹敵する。ただし、巣鴨病院もベドラム病院も、ニューヨーク州のロングアイランドにあるピルグリム州立病院の大きさとは比較にはならなかった。ピルグリム病院は、一九五四年の全盛期には一万三八七五人の精神疾患患者を抱えていた。

〔6〕精神衛生法、一九五〇年（昭和二五年）、法律第一二三号。以下で条文を見ることができる。http://hourei.hounavi.jp/seitei/hou/S25/S25HO123.php（二〇一一年九月二六日確認）。

〔7〕『厚生白書』［1956］第二章第二節－二より。

〔8〕クラーク勧告の全文は次のサイトで見ることができる。http://www.max.hi-ho.ne.jp/nvcc/CK5a.HTM（二〇一一年九月二六日閲覧）〔邦訳：国立精神衛生研究所『精神衛生資料』第一六号、一九六九年、一六五－一九一頁〕

〔9〕一九五〇年代から一九八〇年代のほぼ三〇年間、国公立の医科大学〔大学医学部〕とその

大学病院でおこった左翼的な学生運動に結びついた反精神医学の運動があった〔Kitanaka 2012 参照〕。しかしこの運動は、大部分の患者の治療が行われている私立の精神病院に対してはほとんど影響を与えなかった。

〔10〕一九五〇年代と六〇年代の精神医療制度の変化を理解するには、Metzl〔2009〕を見よ。

〔11〕二〇一一年九月一〇日に埼玉県で行われた大熊一夫の講演より。また次も見よ。http://www15.big.or.jp/~frenz/tada.html（二〇一二年九月一七日確認）。

〔12〕精神病患者だけでは飽き足らず、報徳会は老人介護の分野にも進出し、二〇〇二年にはひと夏に八人の老人を大腸菌による食中毒で死に至らしめている。"Eighth E. coli death linked to medical complex." *The Japan Times.* August 19, 2002.

〔13〕この文章は、一九八四年六月二五日の国会での質疑で紹介されている。http://kokkai.ndl.go.jp/SENTAKU/sangiin/101/1410/10106251410009a.html（二〇一二年九月一七日確認）。

〔14〕多くの公立の病院が精神科病棟を持つ総合病院である一方で、私立の精神病院は精神科にのみ特化している傾向がある。この事実によって病床数のギャップは説明されるだろう。

〔15〕データは政府の運営するWAM netより。http://www.wam.go.jp/wamappl/bb15GS60.nsf/vAdmPBigcategory50/A3DBD0DA84EF4179492576E0001BAB4B?OpenDocument（二〇一一年九月二五日確認）。私立の精神病院の院長として精神科医兼理事長が多いという点に関しては、Ito and Sederer〔1999〕も見よ。

〔16〕厚生労働省「平成一九年医療施設（動態）調査・病院報告の概況」〔1999〕http://www.mhlw.go.jp/toukei/saikin/hw/iryosd/07/kekka03.html 参照（二〇一二年九月一七日確認）。

〔17〕アメリカのデータは the CDC National Health Statistics Report No. 29, October 26, 2010 (http://www.cdc.gov/nchs/data/nhsr/nhsr029.pdf) より（二〇一一年九月一七日確認）。入院期間の長さにはかなりの地域差がある www.tonashiba.com/ranking/pref_health/medicalcare_p/15030035 参照（二〇一二年九月二七日確認）。

〔18〕OECD. Stat Extracts–Health Care Utilization–Mental and Behavioral Disorders. http://stats.oecd.org/index.aspx?DataSetCode=HEALTH_STAT より（二〇一一年九月二五日確認）。

〔19〕Sim et al. [2004]。彼らの研究では韓国は四九六日、香港は五五四日、シンガポールは八一六日である。

〔20〕診療報酬の規則を改定することで病院へ圧力をかけて入院期間を九〇日以下にしようとする取り組みについてはIto and Sederer [1999: 213] を見よ。

〔21〕REAPのデータはSim et al. [2009] による。以前の研究でSimは、日本の患者がかなり多量に投薬されており、調査対象者の三分の一以上（三六・五%）で、臨床レベルでは高用量の向精神薬が処方されていたことを明らかにしていた。これは香港の三・七%、中国の三・九%、韓国の二〇・〇%とは対照的である [Shinfuku and Tan 2008]。また、比較対象となった（アジアの）国々のなかで日本が最も抗精神病薬の投薬量が大きいことがわかった。

もしあなたが日本の患者だとすれば、あなたは同時に三種以上の抗精神病薬を処方されている可能性が高い（四一・三%）。これは普通、非定型薬と抗コリン薬（抗精神病薬の第一世代と第二世代）の混合物という形で与えられる [Shinfuku and Tan 2008]。この状況は他のアジアの諸国とは違う。香港では三種以上の処方が与えられる患者はいないし（〇%）、中国ではわずかに一%、台湾は一・六%、シンガポールでは一四・三%である。

〔22〕アメリカ合衆国保健社会福祉省の統合失調症に関する患者のアウトカム調査チーム（PORT）は、以前の調査で、急性期の患者が受け取るべき投薬量はクロルプロマジン換算で三〇〇～一〇〇〇ミリグラムのあいだであり、維持期の患者では三〇〇～六〇〇ミリグラムのあいだであると示していた。http://www.ahrq.gov/clinic/schzrec.htm 参照（二〇一一年九月二五日確認）。

〔23〕一九一〇年代の日本への精神分析の初期の導入については、Kitanaka [2003] に素晴らしい論述がある。

〔24〕日本の司法の伝統では、犯罪の訴追手続きにおいて自白に重きを置く。しかし、私が知る限り、この種の告白のより広い社会的な意味合いについて論じた研究はない。日本における犯罪の告白と、フーコーが著作で語り、キリスト教の伝統と思考に結びつけた犯罪や罪の告白とでは重要な違いがあると私は考えている。後者の告白とは、犯罪という

行為ではなく犯罪を行った自分のアイデンティティについて語ることなのである。フーコーの研究対象は男色から男色者へ変化しており、アイデンティティはフーコーの性研究の重要なテーマである。

付録2

〔1〕 べてるのルーツ（▼二五八頁）

アイヌ民族についてさらに詳細が知りたいなら、Fitzhugh and Dubreuil［1999］が初心者には最適だ。Ohnuki-Tierney［1974］とWalker［2001］も同様に参照のこと。

本書は Karen Nakamura, *A Disability of the Soul: An Ethnography of Schizophrenia and Mental Illness in Contemporary Japan* の翻訳である。翻訳にあたっては、著者から提供された英文原稿をもとに訳出作業を進め、後にコーネル大学出版局から刊行された版（*A Disability of the Soul: An Ethnography of Schizophrenia and Mental Illness in Contemporary Japan*. Cornell University Press, 2013）を参照して訳文の修正・追加を行った。

本訳書では日本の読者にとっては必ずしも必要のない箇所などを大幅に削除したほか、構成を大きく変えたところもある。また、明確に誤りと思われる箇所も修正を加えた。そのため、本訳書はコーネル大学版とは構成や内容、細部の記述などにおいて異なったものになっている。著者の中村かれんさんには、本翻訳の途中稿や最終稿に目を通して内容を確認していただき、必要な修正を加えていただいた。

浦河べてるの家に関する本はこれまで多く出版されてきた。これら、べてるの家に関する本は大きく分けると、

（1）べてるの家が編集・出版した本（『べてるの家の「非」援助論』医学書院、二〇〇二年など）

（2）べてるの家の運営の中心を担ってきた向谷地生良さんによる本（『技法以前：べてるの家のつくりかた』医学書院、二〇〇九年など）

（3）べてるの家の外部の人によって書かれたノンフィクション（斉藤道雄『悩む力：べてるの家の人々』みす

ず書房、二〇〇二年など）の三種類に分けることができる。本書は長期のフィールドワークにもとづいた、研究者（映像人類学者／文化人類学者）による初めての本格的なエスノグラフィであるという点において、べてるの家関連の本の新たなジャンルを切り開いたものと位置付けることができるだろう。

本書がまず英語で出版されたということは、いろいろな意味があると思う。著者はご両親が日本人であり、日本語も堪能だが、研究成果を英語で発表しているアメリカの研究者である。本書第1章には著者がべてるの家に興味をもった経緯が書かれているが、それを読むと、海外から見たときに、べてるの家という存在がどのように映るのかがよくわかる。

精神障害をもつ人々が社会から隔離されがちな日本にあって、当事者が目立っていることが、べてるの家の特徴の一つである。そしてその活動の仕方は、単に目立つだけでなく、幻覚&妄想大会に代表されるように、従来の日本の精神保健の常識からはかけ離れたものであった。世界のなかでも特殊だったこれまでの日本の精神保健の状況一般と比較してみることによって、べてるの家の実践の特異性がより際立って浮かび上がってくる。

本翻訳のメインタイトル「クレイジー・イン・ジャパン」には、そのような意味合いも込められている。このタイトルは、著者の中村かれんさんが医学書院の白石正明さんと話し合っているときに浮かび上がってきたものだ。べてるの家の向谷地生良さんの意見も聞いたうえで、最終的に本翻訳のタイトルとして採用することになった。アメリカのジャーナリスト、イーサン・ウォッターズは、『クレイジー・ライク・アメリカ：心の病はいかにして輸出されたか』（阿部宏美訳、紀伊國屋書店、二〇一三年）でアメリカの

「精神疾患」概念が日本を含めた各国にどのように輸出されていったのかを描き出しているが、本書はべてるの家という特殊な場をフィールドとしながら、日本で「精神障害を抱えて生きることがどのようなことなのか」(六頁)を描き出すものとなっている。べてるの家の人たちは、「クレイジー」という言葉こそあまり使わないが、自分たちが「精神障害」をもち、「病気」であることを積極的に語ってきた。このタイトルは、べてるの家の人々の生きざまを表現するものになっているのではないかと思う。

本翻訳の各訳者の担当は「訳者一覧」(二八七頁)の通りである。翻訳作業の進め方としては、各訳者がまず担当箇所を訳出し、訳者と監訳者のあいだでやりとりをしたあと、監訳者が訳文のチェックと修正、全体の構成の調整などを行った。

著者のかれんさんには、インタビュー箇所の音源や書き起こした文章を提供していただいたほか、すでに述べたように、訳稿を確認していただき、必要な修正を加えていただいた。べてるの家の向谷地さんや本書に登場するメンバーの方々にも訳稿をご確認いただき、事実関係のチェックや最新の情報の提供などでご協力いただいた。医学書院の白石さんには、著者のかれんさんやべてるの家とのやりとり、訳文のチェックと修正、全体の構成に関する提案など、翻訳作業全般にわたってサポートしていただいた。本翻訳に参加していただいた訳者の方々と、翻訳作業をサポートしていただいたすべての方々に感謝申し上げたい。

二〇一四年八月

監訳者を代表して　石原孝二

索引

あ

か

Springer-Verlag.
Wegner,Daniel M, T.Giuliano, and P.Hertel 1985. "Cognitive Interdependence in Close Relationships." In *Compatible and Incompatible Relationships*. Edited by W. J. Ickes, 253-276. New York: Springer-Verlag.
White,James W. 1988. "State Growth and Popular Protest in Tokugawa Japan." *Journal of Japanese Studies* 14(1): 1-25.
Wolf,Margery 1990. "The Woman Who Didn't Become a Shaman." *American Ethnologist* 17(3): 419-430.
柳田國男 1910→2010『遠野物語』大和書房
Yanaka,Teruo 1993. "The Village of the Hermit Crab." In *Innovations in Japanese Mental Health Services*. Edited by James M. Mandiberg, 57-66. San Francisco: Jossey-Bass.
吉本伊信 1983『内観への招待：愛情の再発見と自己洞察のすすめ』朱鷺書房

Takakura, Shinichiro,and John A.Harrison 1960. "The Ainu of Northern Japan: A Study in Conquest and Acculturation." *Transactions of the American Philosophical Society* 50(4): 1-88.
Takano,J., K.Akiyama, N.Imamura, M.Sakuma, and T.Amemiya 1991. "Incidence of Retinoblastoma in Nagasaki Prefecture, Japan." *Ophthalmic Paediatrics and Genetics* 12(3): 139-144.
Takei,N., A.Inagaki, and JPSS-2 Research Group 2002. "Polypharmacy for Psychiatric Treatments in Japan." *The Lancet* 360(9333): 647.
富田三樹生 1992『精神病院の底流』青弓社
—— 2000『東大病院精神科の 30 年：宇都宮病院事件・精神衛生法改正・処遇困難者専門病棟問題』青弓社
Totsuka,Etsuro 1990. "The History of Japanese Psychiatry and the Rights of Mental Patients." *The Psychiatrist* (14): 193-200.
Tranulis,Constantin, E.Corin, and Laurence J.Kirmayer 2008. "Insight and Psychosis: Comparing the Perspectives of Patient, Entourage, and Clinician." *International Journal of Social Psychiatry* 54(3): 225-241.
Tranulis,Constantin, L.Park, L.Delano, and Byron Good 2009. "Early Intervention in Psychosis: A Case Study on Normal and Pathological." *Culture, Medicine and Psychiatry* 33(4): 608-622.
Tsuchiya,Takashi 1997. "Eugenic Sterilizations in Japan and Recent Demands for Apology: A Report." *Newsletter of the Network on Ethics and Intellectual Disability* 3(1): 1-4.
Turnbull,Stephen 2000. *Japan's Hidden Christians, 1549-1999*. Stephen R. Turnbull, ed. Surrey: Curzon.
浮ヶ谷幸代 2009『ケアと共同性の人類学：北海道浦河赤十字病院精神科から地域へ』生活書院
浦河べてるの家 1997『べリー・オーディナリー・ピープル 第 5 巻 キヨシどん斯く語りき』(ビデオ)
—— 2002『べてるの家の「非」援助論：そのままでいいと思えるための 25 章』医学書院
—— 2005『べてるの家の「当事者研究」』医学書院
浦河べてるの家・向谷地生良 2010『べてるの家の恋愛大研究』大月書店
浦河赤十字病院 1990『地域医療を支えて五十年：創立 50 年史』
—— 2007『病院概要』
Vickery,George Kendall 2005. "A Cold of the Heart: Japan Strives to Normalize Depression." Ph.D. dissertation, University of Pittsburgh.
Walker,Brett L. 2001. *The Conquest of Ainu Lands: Ecology and Culture in Japanese Expansion, 1590-1800*. Berkeley: University of California Press.
Wegner,Daniel M. 1986. "Transactive Memory: A Contemporary Analysis of the Group Mind." In *Theories of Group Behavior*. Edited by B. Mullen and G. R. Goethals, 185-208. New York:

of Hawaii.
——— 1983. *Naikan Psychotherapy: Meditation for Self-Development.* Chicago: University of Chicago Press.
Robertson,J. 2002. "Blood Talks: Eugenic Modernity and the Creation of New Japanese." *History and Anthropology* 13(3): 191-216.
Rosenhan,D.L. 1973. "On Being Sane in Insane Places." *Science* 179(4070): 250-258.
Russell,John Gordon 1988. "The Descendants of Susano: Marginalization and Psychiatric Institutionalization in Japan." Ph.D. dissertation, Harvard University.
斉藤道雄 2002『悩む力：べてるの家の人びと』みすず書房
——— 2010『治りませんように：べてるの家のいま』みすず書房
佐々木実 1992「「べてる」に生きて」『べてるの家の本：和解の時代』45-50. べてるの家
Scott,J. 1993. "Homelessness and Mental Illness." *British Journal of Psychiatry* 162(3): 314-324.
清水里香 2005「被害妄想の研究：幻聴さんだって自立する」『べてるの家 の「当事者研究」』93-109. 医学書院
Shinfuku,Naotaka, and Chay-Hoon Tan 2008. "Pharmacotherapy for Schizophrenic Inpatients in East Asia: Changes and Challenges." *International Review of Psychiatry* 20(5): 460-468.
Shorter,Edward 1997. *A History of Psychiatry: From the Era of the Asylum to the Age of Prozac.* New York: John Wiley & Sons.
Siddle,Richard 1996. *Race, Resistance and the Ainu of Japan.* London: Routledge.
Sim,Kang, A.Su, J.Y.Leong, K.Yip, M.Y.Chong, S.Fujii, S.Yang, G.S.Ungvari, T.Si, E.K.Chung, H.Y.Tsang, N.Shinfuku, E.H.Kua, and C.H.Tan 2004. "High Dose Antipsychotic use in Schizophrenia: Findings of the REAP (Research on East Asia Psychotropic Prescriptions) Study." *Pharmacopsychiatry* 37(4): 175-179.
Sim,Kang, Hsin Chuan Su, Senta Fujii, Shu-yu Yang, Mian-Yoon Chong, Gabor Ungvari, Tianmei Si, Yan Ling He, Eun Kee Chung, Yiong Huak Chan, Naotaka Shinfuku, Ee Heok Kua, Chay Hoon Tan, and Norman Sartorius 2009. "High-Dose Antipsychotic Use in Schizophrenia: A Comparison between the 2001 and 2004 Research on East Asia Psychotropic Prescription (REAP) Studies." *British Journal of Clinical Pharmacology* 67(1): 110-117.
Smith, William L. 2002. "Intentional Communities, 1990–2000: A Portrait." *Michigan Sociological Review* 16:107-131.
杉本章 2008『障害者はどう生きてきたか：戦前・戦後障害者運動史』現代書店
Szasz,Thomas Stephen 1963. *Law, Liberty, and Psychiatry: An Inquiry into the Social Uses of Mental Health Practices.* New York: Macmillan.
——— 1970. *The Manufacture of Madness: A Comparative Study of the Inquisition and the Mental Health Movement.* 1st ed. New York: Harper and Row.
——— 1978. *The Myth of Psychotherapy: Mental Healing as Religion, Rhetoric, and Repression.* 1st ed. Garden City, NY: Anchor Press/Doubleday.

向谷地生良・浦河べてるの家 2006『安心して絶望できる人生』日本放送出版協会
長岡和 2008『爆弾精神科医：医療崩壊への挑戦状』情報センター出版局
Nakamura,Karen 2006. *Deaf in Japan: Signing and the Politics of Identity*. Ithaca, NY: Cornell University Press.
中西正司・上野千鶴子 2003『当事者主権』岩波書店
Nakatani, Yoji 2000. "Psychiatry and the Law in Japan: History and Current Topics." *International Journal of Law and Psychiatry* 23(5-6): 589-604.
Noda,Fumitaka, Campbell Clark, Hisako Terada, Naoki Hayashi, Keiko Maeda, Mikiko Sato, Keiko Ito, Junko Kitanaka, Takeshi Asal, Takashi Nishimura, Kenji Kushigami, Kazushi Okada, Yosuke Taniguchi, and Tomoyuki Mantani 2004. "Community Discharge of Patients with Schizophrenia: A Japanese Experience." *Psychiatric Rehabilitation Journal* 28(2): 143-149.
Office of Mental Health, New York (OMH-NY) 2011. "Pilgrim Psychiatric Center." Electronic document, www.omh.state.ny.us/omhweb/facilities/pgpc/facility.htm, accessed January 12, 2012.
Ohnuki-Tierney,Emiko 1974. *The Ainu of the Northwest Coast of Southern Sakhalin*. New York: Holt, Rinehart, and Winston.
——— 1981. *Illness and Healing among the Sakhalin Ainu: A Symbolic Interpretation*. New York: Cambridge University Press.
大熊一夫 1973『ルポ・精神病棟』朝日新聞社
小俣和一郎 2005『精神医学の歴史』第三文明社
大澤榮 2010『べてるの家の先駆者たち：苦労を大切にする生き方』いのちのことば社
Ozawa-de Silva,Chikako 2002. "Beyond the Body/Mind? Japanese Contemporary Thinkers on Alternative Sociologies of the Body." *Body and Society* 8(2): 21-38.
——— 2006. *Psychotherapy and Religion in Japan: The Japanese Introspection Practice of Naikan*. New York: Routledge.
——— 2007. "Demystifying Japanese Therapy: An Analysis of Naikan and the Ajase Complex through Buddhist Thought." *Ethos* 35(4): 411-446.
Parsons,Talcott 1951. "Illness and the Role of the Physician: A Sociological Perspective." *American Journal of Orthopsychiatry* 21(3): 452-460.
Pettee,James H. 1895. "A Chapter of Mission History in Modern Japan being a Sketch for the Period since 1869 and a Report for the Years since 1893 of the American Board's Mission and the Kumiai Churches in their Affi liated Work."
Plath,D.W. 1966. "The Fate of Utopia: Adaptive Tactics in Four Japanese Groups." *American Anthropologist* 68(5): 1152-1162.
——— 1969. "Modernization and Its Discontents: Japan's Little Utopias." *Journal of Asian and African Studies* 4(1): 1-17.
Reynolds,David K. 1976. *Morita Psychotherapy*. Berkeley: University of California Press.
——— 1980. *The Quiet Therapies: Japanese Pathways to Personal Growth*. Honolulu: University Press

Lancet 340 (8812): 137-140.
リバーマン ,R.P. 他 1992『精神障害者の生活技能訓練ガイドブック』池淵恵美訳，医学書院
Liberman,Robert Paul, William J.DeRisi, and Kim Tornvall Mueser 1989. *Social Skills Training for Psychiatric Patients*. New York: Pergamon Press.
間宮郁子 2006「地域社会に棲みはじめた精神障害者：通所授産施設を中心とした地域生活支援の動態」博士論文．千葉大学
Mandiberg,James M. ed. 1993. *Innovations in Japanese Mental Health Services*. San Francisco: Jossey-Bass.
——— 1993. "Between a Rock and a Hard Place: The Mental Health System in Japan."In *Innovations in Japanese Mental Health Services*, 3-12. San Francisco: Jossey-Bass.
——— 1996. "The Japanese Mental Health System and Law: Social and Structural Impediments to Reform." *International Journal of Law and Psychiatry* 19(3-4): 413-435.
——— 2010. "Another Way: Enclave Communities for People with Mental Illness." *American Journal of Orthopsychiatry* 80(2): 170-176.
Matsubara,Yoko 1998. "The Enactment of Japan's Sterilization Laws in the 1940s: A Prelude to Postwar Eugenic Policy." *Historia Scientiarum: International Journal of the History of Science Society of Japan* 8(2): 187-201.
Matsumura,Janice 2004. "Mental Health as Public Peace: Kaneko Junji and the Promotion of Psychiatry in Modern Japan." *Modern Asian Studies* 38(4): 899-930.
McGrath,John, Sukanta Saha, David Chant, and Joy Welham 2008. "Schizophrenia: A Concise Overview of Incidence, Prevalence, and Mortality." *Epidemiology Review* 30(1): 67-76.
Metzl,Jonathan 2003. *Prozac on the Couch*. Durham: Duke University Press.
——— 2009. *The Protest Psychosis: How Schizophrenia Became a Black Disease*. Boston: Beacon Press.
宮島美智子 1992「私の出会った人たち」『べてるの家の本：和解の時代』べてるの家
水木しげる 1998『水木しげるの妖怪伝大画集』新紀元社
Morton,Kramer 1969. "Statistics of Mental Disorders in the United States: Current Status, Some Urgent Needs, and Suggested Solutions." *Journal of the Royal Statistical Society*, Series A (General) 132(3): 353-407.
向谷地生良 1992「「べてる」を支えるもの」『べてるの家の本：和解の時代』12-33. べてるの家
——— 2006『「べてるの家」から吹く風』いのちのことば社
——— 2008『べてるな人びと 第 1 集』一麦出版社
——— 2009『技法以前：べてるの家のつくりかた』医学書院
——— 2010『べてるな人びと 第 2 集』一麦出版社
向谷地生良・辻信一 2009『ゆるゆるスローなべてるの家：ぬけます、おります、なまけます』大月書店

Kirmayer,Laurence J. 2007. "Psychotherapy and the Cultural Concept of the Person." *Transcultural Psychiatry* 44(2): 232-257.
Kirmayer,Laurence J., and Harry Minas 2000. "The Future of Cultural Psychiatry:An International Perspective." *Canadian Journal of Psychiatry/Revue Canadienne De Psychiatrie* 45(5): 438-446.
Kitanaka Junko 2003. "Jungians and the Rise of Psychotherapy in Japan: A Brief Historical Note." *Transcultural Psychiatry* 40(2): 239-247.
——— 2008. "Diagnosing Suicides of Resolve: Psychiatric Practice in Contemporary Japan." *Culture, Medicine. and Psychiatry* 32(2): 152-176.
——— 2012. *Depression in Japan: Psychiatric Cures for a Society in Distress*. Princeton, NJ: Princeton University Press.
Kleinman,Arthur M. 1977. "Depression, Somatization, and the 'New Cross-Cultural Psychiatry.'" *Social Science and Medicine* 11(1): 3-10.
——— 1988a. *The Illness Narratives: Suffering, Healing, and the Human Condition*. New York: Basic Books.
——— 1988b. *Rethinking Psychiatry: From Cultural Category to Personal Experience*. New York: Free Press.
厚生省 1956『厚生白書（昭和31年度版）』Available at http://www.mhlw.go.jp/toukei_hakusho/hakusho/kousei/1956/, accessed September 21, 2011.
——— 1960『厚生白書（昭和35年度版）』Available at http://www.mhlw.go.jp/toukei_hakusho/hakusho/kousei/1960/, accessed September 17, 2011.
——— 1966『厚生白書（昭和36年度版）』Available at http://www.mhlw.go.jp/toukei_hakusho/hakusho/kousei/1961/, accessed September 17, 2011.
——— 1964『厚生白書（昭和39年度版）』Available at http://www.mhlw.go.jp/toukei_hakusho/hakusho/kousei/1964/, accessed September 21, 2011.
——— 1965『厚生白書（昭和40年度版）』Available at http://www.mhlw.go.jp/toukei_hakusho/hakusho/kousei/1965/, accessed September 21, 2011.
——— 1966『厚生白書（昭和41年度版）』Available at http://www.mhlw.go.jp/toukei_hakusho/hakusho/kousei/1966/, accessed September 17, 2011.
——— 2010「精神保健医療福祉の改革ビジョン進捗状況」Available at http://www.mhlw.go.jp/shingi/2010/05/dl/s0531-14c_1.pdf , accessed May 30,2012.
呉秀三・樫田五郎 1918 → 1973『精神病者私宅監置ノ実況及ビ其統計的観察』創造出版
Leamer,Laurence. 1994. *The Kennedy Women: The Saga of an American Family*. 1st ed. New York: Villard Books.
Lehman,Anthony F., Donald M.Steinwachs, and the Co-Investigators of the PORT Project 1998. "At Issue: Translating Research into Practice: The Schizophrenia Patient Outcomes Research Team (PORT) Treatment Recommendations." *Schizophrenia Bulletin* 24(1): 1-10.
Lewis,G., A.David, S.Andréasson, and P.Allebeck 1992. "Schizophrenia and City Life." *The*

Inmates." Bureau of Justice Statistics (BJS), NCJ 213600.
Goffman,Erving 1961a. *Asylums: Essays on the Social Situation of Mental Patients and Other Inmates.* Garden City, NY: Doubleday.
——— 1961b. "On the Characteristics of Total Institutions." In *The Prison.* Edited by Donald R. Cressey. New York: Holt, Rinehart and Winston.
Habu,Junko 2004. *Ancient Jomon of Japan.* New York: Cambridge University Press.
Hagemann,Edward 1942. "The Persecution of the Christians in Japan in the Middle of the Seventeenth Century." *Pacific Historical Review* 11(2): 151-160.
Hashimoto,Akira 2008. "People, Community, and Memories of Madness in the Amami Islands, Japan." *Social Welfare Studies* (Department of Social Welfare,Faculty of Literature, Aichi Prefectural University) 10:37-41.
Haumonté,M.Th. 1967."Treatment of Alcoholic Patients in a Psychiatric Hospital."*British Journal of Addiction to Alcohol and Other Drugs* 62(1-2): 49-53.
早坂潔 1992「「べてる」と共に歩んで」『べてるの家の本：和解の時代』51-57. べてるの家
Howell,David L. 2004. "Making 'Useful Citizens' of Ainu Subjects in Early Twentieth-Century Japan." *Journal of Asian Studies* 63(1): 5-29.
Hurd,Henry Mills, William Francis Drewry, Richard Dewey, Charles Winfield Pilgrim, George Alder Blumer, and Thomas Joseph Workman Burgess 1916. *The Institutional Care of the Insane in the United States and Canada.* Baltimore: Johns Hopkins Press.
伊藤絵美・向谷地生良 2007『認知行動療法、べてる式。』医学書院
Ito,Hiroto, and Lloyd I.Sederer 1999. "Mental Health Services Reform in Japan."*Harvard Review of Psychiatry* 7(4): 208-215.
岩波明 2009『精神障害者をどう裁くか』光文社
Jilek,Wolfgang G. 1995. "Emil Kraepelin and Comparative Sociocultural Psychiatry."*European Archives of Psychiatry and Clinical Neuroscience* 245(4).
Journal of the American Medical Association(JAMA) 1896. "Public Health." *JAMA:The Journal of the American Medical Association 2624)*: 1138. June 6.
Kanter,Rosabeth Moss 1972. *Commitment and Community: Communes and Utopias in Sociological Perspective.* Cambridge, MA: Harvard University Press.
川村敏明 1992「「べてる」に学ぶもの」『べてるの家の本：和解の時代』160-167. べてるの家
——— 2005「わきまえとしての「治せない医者」」『べてるの家の「当事者研究」』256-277. 医学書院
川村敏明・向谷地生良 2008『退院支援、べてる式。』医学書院
Kaysen,Susanna 1993. *Girl, Interrupted.* 1st ed. New York: Turtle Bay Books.
金田一京助 1925『アイヌの研究』内外書房
Kimura,Rihito 1991. "Jurisprudence in Genetics."*Ethical Issues of Molecular Genetics in Psychiatry* 11:157-167.

文献

＊原著のリストにあった文献のうち、本文の一部削除にともなって本文中での参照がなくなった文献についても、参考文献としてその多くを残してある。

Allison,Anne 1994. *Nightwork: Sexuality, Pleasure, and Corporate Masculinity in a Tokyo Hostess Club*. Chicago: University of Chicago Press.

Anesaki,Masaharu 1936. "Psychological Observations on the Persecution of the Catholics in Japan in the Seventeenth Century." *Harvard Journal of Asiatic Studies* 1(1): 13-27.

べてるの家の本制作員会 1992『べてるの家の本：和解の時代』べてるの家

べてるしあわせ研究所・向谷地生良 2009『レッツ！当事者研究 1』地域精神保健福祉機構・コンボ

——— 2011『レッツ！当事者研究 2』地域精神保健福祉機構・コンボ

Bouvard,Marguerite Guzman 1975. *The Intentional Community Movement: Building a New Moral World*. Port Washington, NY: Kennikat Press.

Burch,Thomas K. 1955. "Induced Abortion in Japan." *Eugenics Quarterly* 2(3): 140-151.

Charon,Rita 2006. *Narrative Medicine: Honoring the Stories of Illness*. New York: Oxford University Press.

Cornell,John B. 1964. "Ainu Assimilation and Cultural Extinction: Acculturation Policy in Hokkaido." *Ethnology* 3(3): 287-304.

Culter,Suzanne 1999. *Managing Decline: Japan's Coal Industry Restructuring and Community Response*. Honolulu: University of Hawaii Press.

DeMille,Cecil B. dir. 1956. *The Ten Commandments*. 220 minutes. Distributed by Paramount Pictures.

Dower,John W. 1999. *Embracing Defeat: Japan in the Wake of World War II*. 1st ed. New York: W.W. Norton/New Press.

Eguchi,Shigeyuki 1991."Between Folk Concepts of Illness and Psychiatric Diagnosis:Kitsune-Tsuki (Fox Possession) in a Mountain Village of Western Japan."*Culture, Medicine and Psychiatry* 15(4).

Fanon,Frantz 1968. *Black Skin, White Masks*. New York: Grove Press.

Fitzhugh,William W., and Chisato O.Dubreuil eds. 1999. *Ainu: Spirit of a Northern People*. Washington, DC: Arctic Studies Center, National Museum of Natural History, Smithsonian Institution in association with the University of Washington Press.

Foucault,Michel 1975. *Surveiller et Punir: Naissance de la Prison*. Paris: Gallimard.

——— 1985. *Madness and Civilization: A History of Insanity in the Age of Reason*. London:Tavistock Publications.

——— 1990. *The History of Sexuality*. London: Penguin Books.

——— 2003. *The Birth of the Clinic: An Archaeology of Medical Perception*. London: Routledge.

Glaze,Lauren E., and Doris J.James 2006. "Mental Health Problems of Prison and Jail

【訳者一覧】五十音順

飯塚理恵　東京大学大学院総合文化研究科博士後期課程在学中・日本学術振興会特別研究員（DC1）
第2章

池田喬　明治大学文学部専任講師
第3章

石原孝二　東京大学大学院総合文化研究科准教授
謝辞、第1章、終章

稲原美苗　大阪大学大学院文学研究科助教
付録2

片岡雅知　東京大学大学院総合文化研究科博士後期課程在学中・日本学術振興会特別研究員（DC1）
付録1（後半）

河野哲也　立教大学文学部教授
第5章

髙江可奈子　東京大学大学院総合文化研究科博士後期課程在学中・日本学術振興会特別研究員（DC2）
第4章

高崎麻菜　東京大学大学院総合文化研究科博士後期課程在学中
付録1（前半）

水谷みつる　東京大学大学院総合文化研究科博士後期課程単位取得退学
潔の物語、里香の物語、耕平の物語、譲の物語、玄一の物語

著者紹介

中村かれん（なかむら・かれん）

イェール大学大学院社会人類学部准教授。映像人類学者。研究領域は、障害学、フェミニスト人類学、日本の少数民族など多岐にわたる。現在のプロジェクトは「障害とジェンダーとセクシュアリティの交差点」。

最初の本『Deaf in Japan: Signing and the Politics of Identity』で、2008年全米アジア学会 John Whitney Hall Book Prize を受賞。エスノグラフィック・フィルム『A Japanese Funeral』で 2010 年映像人類学会フィルムフェスティバル・ショートフィルム賞、2011 年東アジア人類学研究会 David Plath Award を受賞。

「私の父母は日本人ですが、両親の仕事（実はかれらも人類学者です）の都合で私自身はインドネシアで生まれ、オーストラリア、日本とアメリカで育ちました。自分のアイデンティティがどこにあるのかはっきりできないため、こうやって、アイデンティティ研究をしているのだと思います」

監訳者紹介

石原孝二（いしはら・こうじ）

東京大学大学院総合文化研究科准教授。研究領域は科学技術哲学、現象学、精神医学の哲学など。著訳書に、ギャラガー＋ザハヴィ『現象学的な心』（共訳）勁草書房、『当事者研究の研究』（編著）医学書院など。

河野哲也（こうの・てつや）

立教大学文学部教授。研究領域は現象学と心の哲学。主著に『エコロジカル・セルフ』ナカニシヤ出版、『意識は実在しない』講談社選書メチエ、『境界の現象学』筑摩選書など。

シリーズ ケアをひらく

クレイジー・イン・ジャパン——べてるの家のエスノグラフィ［DVD 付］

発行——2014 年 9 月 15 日　第 1 版第 1 刷 ©

著者——中村かれん

監訳者——石原孝二＋河野哲也

発行者——株式会社　医学書院
代表取締役　金原 優
〒 113-8719　東京都文京区本郷 1-28-23
電話 03-3817-5600（社内案内）

装幀——松田行正＋杉本聖士

印刷・製本——アイワード

ISBN978-4-260-02058-9

テキストデータ引換券
クレイジー・イン・ジャパン

◎本書のテキストデータを提供します。
視覚障害、読字障害、上肢障害などの理由で本書をお読みになれない方には、
電子データを提供いたします。
・200 円切手
・返信用封筒（住所明記）
・左のテキストデータ引換券（コピー不可）を同封のうえ、下記までお申し込みください。
［宛先］
〒 113-8719 東京都文京区本郷 1-28-23
医学書院看護出版部 テキストデータ係

シリーズ ケアをひらく ❶

下記価格は本体価格です。
ご購入の際には消費税が加算されます。

ケア学：越境するケアへ●広井良典●2300円●ケアの多様性を一望する———どの学問分野の窓から見ても、〈ケア〉の姿はいつもそのフレームをはみ出している。医学・看護学・社会福祉学・哲学・宗教学・経済・制度等々のタテワリ性をとことん排して〝越境〞しよう。その跳躍力なしにケアの豊かさはとらえられない。刺激に満ちた論考は、時代を境界線引きからクロスオーバーへと導く。

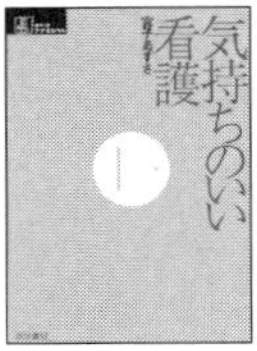

気持ちのいい看護●宮子あずさ●2100円●患者さんが気持ちいいと、看護師も気持ちいい、か?———「これまであえて避けてきた部分に踏み込んで、看護について言語化したい」という著者の意欲作。〈看護を語る〉ブームへの違和感を語り、看護師はなぜ尊大に見えるのかを考察し、専門性志向の底の浅さに思いをめぐらす。夜勤明けの頭で考えた「アケのケア論」!

感情と看護：人とのかかわりを職業とすることの意味●武井麻子●2400円●看護師はなぜ疲れるのか———「巻き込まれずに共感せよ」「怒ってはいけない!」「うんざりするな!!」。看護はなにより感情労働だ。どう感じるべきかが強制され、やがて自分の気持ちさえ見えなくなってくる。隠され、貶められ、ないものとされてきた〈感情〉をキーワードに、「看護とは何か」を縦横に論じた記念碑的論考。

あなたの知らない「家族」：遺された者の口からこぼれ落ちる13の物語●柳原清子●2000円●それはケアだろうか———幼子を亡くした親、夫を亡くした妻、母親を亡くした少女たちは、佇む看護師の前で、やがて「その人」のことを語りはじめる。ためらいがちな口と、傾けられた耳によって紡ぎだされた物語は、語る人を語り、聴く人を語り、誰も知らない家族を語る。

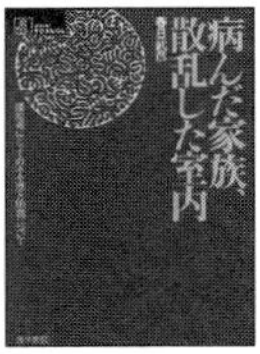

病んだ家族、散乱した室内：援助者にとっての不全感と困惑について●春日武彦●2200円●善意だけでは通用しない———一筋縄ではいかない家族の前で、われわれ援助者は何を頼りに仕事をすればいいのか。罪悪感や無力感にとらわれないためには、どんな「覚悟とテクニック」が必要なのか。空疎な建前論や偽善めいた原則論の一切を排し、「ああ、そうだったのか」と腑に落ちる発想に満ちた話題の書。

べてるの家の「非」援助論：そのままでいいと思えるための25章●浦河べてるの家●2000円●それで順調！――「幻覚＆妄想大会」「偏見・差別歓迎集会」という珍妙なイベント。「諦めが肝心」「安心してサボれる会社づくり」という脱力系キャッチフレーズ群。それでいて年商1億円、年間見学者2000人。医療福祉領域を超えて圧倒的な注目を浴びる〈べてるの家〉の、右肩下がりの援助論！

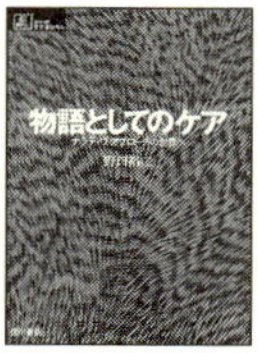

物語としてのケア：ナラティヴ・アプローチの世界へ●野口裕二●2200円●「ナラティヴ」の時代へ――「語り」「物語」を意味するナラティヴ。人文科学領域で衝撃を与えつづけているこの言葉は、ついに臨床の風景さえ一変させた。「精神論 vs. 技術論」「主観主義 vs. 客観主義」「ケア vs. キュア」という二項対立の呪縛を超えて、臨床の物語論的転回はどこまで行くのか。

見えないものと見えるもの：社交とアシストの障害学●石川准●2000円●だから障害学はおもしろい――自由と配慮がなければ生きられない。社交とアシストがなければつながらない。社会学者にしてプログラマ、全知にして全盲、強気にして気弱、感情的な合理主義者……〝いつも二つある〟著者が冷静と情熱のあいだで書き下ろした、つながるための障害学。

死と身体：コミュニケーションの磁場●内田 樹●2000円●人間は、死んだ者とも語り合うことができる――〈ことば〉の通じない世界にある「死」と「身体」こそが、人をコミュニケーションへと駆り立てる。なんという腑に落ちる逆説！「誰もが感じていて、誰も言わなかったことを、誰にでもわかるように語る」著者の、教科書には絶対に出ていないコミュニケーション論。読んだ後、猫にもあいさつしたくなります。

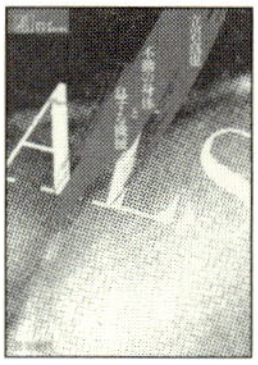

ALS 不動の身体と息する機械●立岩真也●2800円●それでも生きたほうがよい、となぜ言えるのか――ALS当事者の語りを渉猟し、「生きろと言えない生命倫理」の浅薄さを徹底的に暴き出す。人工呼吸器と人がいれば生きることができると言う本。「質のわるい生」に代わるべきは「質のよい生」であって「美しい死」ではない、という当たり前のことに気づく本。

べてるの家の「当事者研究」●浦河べてるの家●2000円●研究？ ワクワクするなあ———べてるの家で「研究」がはじまった。心の中を見つめたり、反省したり……なんてやつじゃない。どうにもならない自分を、他人事のように考えてみる。仲間と一緒に笑いながら眺めてみる。やればやるほど元気になってくる、不思議な研究。合い言葉は「自分自身で、共に」。そして「無反省でいこう！」

ケアってなんだろう●小澤勲編著●2000円●「技術としてのやさしさ」を探る七人との対話———「ケアの境界」にいる専門家、作家、若手研究者らが、精神科医・小澤勲氏に「ケアってなんだ？」と迫り聴く。「ほんのいっときでも憩える椅子を差し出す」のがケアだと言い切れる人の《強さとやさしさ》はどこから来るのか———。感情労働が知的労働に変換されるスリリングな一瞬！

こんなとき私はどうしてきたか●中井久夫●2000円●「希望を失わない」とはどういうことか———はじめて患者さんと出会ったとき、暴力をふるわれそうになったとき、退院が近づいてきたとき、私はどんな言葉をかけ、どう振る舞ってきたか。当代きっての臨床家であり達意の文章家として知られる著者渾身の一冊。ここまで具体的で美しいアドバイスが、かつてあっただろうか。

発達障害当事者研究：ゆっくりていねいにつながりたい●綾屋紗月＋熊谷晋一郎●2000円●あふれる刺激、ほどける私———なぜ空腹がわからないのか、なぜ看板が話しかけてくるのか。外部からは「感覚過敏」「こだわりが強い」としか見えない発達障害の世界を、アスペルガー症候群当事者が、脳性まひの共著者と探る。「過剰」の苦しみは身体に来ることを発見した画期的研究！

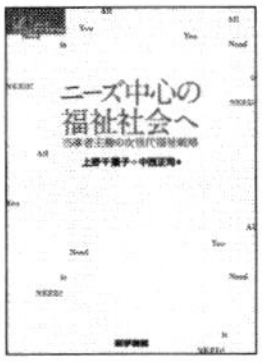

ニーズ中心の福祉社会へ：当事者主権の次世代福祉戦略●上野千鶴子＋中西正司編●2100円●社会改革のためのデザイン！ ビジョン!! アクション!!!———「こうあってほしい」という構想力をもったとき、人はニーズを知り、当事者になる。「当事者ニーズ」をキーワードに、研究者とアクティビストたちが「ニーズ中心の福祉社会」への具体的シナリオを提示する。

第2回日本医学ジャーナリスト協会賞受賞作

驚きの介護民俗学●六車由実●2000円●語りの森へ――気鋭の民俗学者は、あるとき大学をやめ、老人ホームで働きはじめる。そこで流しのバイオリン弾き、蚕の鑑別嬢、郵便局の電話交換手ら、「忘れられた日本人」たちの語りに身を委ねていると、やがて新しい世界が開けてきた……。「事実を聞く」という行為がなぜ人を力づけるのか。聞き書きの圧倒的な可能性を活写し、高齢者ケアを革新する。

ソローニュの森●田村尚子●2600円●ケアの感触、曖昧な日常――思想家ガタリが終生関ったことで知られるラ・ボルド精神病院。一人の日本人女性の震える眼が掬い取ったのは、「フランスのべてるの家」ともいうべき、患者とスタッフの間を流れる緩やかな時間だった。ルポやドキュメンタリーとは一線を画した、ページをめくるたびに深呼吸ができる写真とエッセイ。B5変型版。

弱いロボット●岡田美智男●2000円●とりあえずの一歩を支えるために――挨拶をしたり、おしゃべりをしたり、散歩をしたり。そんな「なにげない行為」ができるロボットは作れるか？　この難題に著者は、ちょっと無責任で他力本願なロボットを提案する。日常生活動作を規定している「賭けと受け」の関係を明るみに出し、ケアをすることの意味を深いところで肯定してくれる異色作！

当事者研究の研究●石原孝二編●2000円●で、当事者研究って何だ?――専門職・研究者の間でも一般名称として使われるようになってきた当事者研究。それは、客観性を装った「科学研究」とも違うし、切々たる「自分語り」とも違うし、勇ましい「運動」とも違う。本書は哲学や教育学、あるいは科学論と交差させながら、“自分の問題を他人事のように扱う”当事者研究の圧倒的な感染力の秘密を探る。

摘便とお花見：看護の語りの現象学●村上靖彦●2000円●とるにたらない日常を、看護師はなぜ目に焼き付けようとするのか――看護という「人間の可能性の限界」を拡張する営みに吸い寄せられた気鋭の現象学者は、共感あふれるインタビューと冷徹な分析によって、その不思議な時間構造をあぶり出した。巻末には圧倒的なインタビュー論を付す。看護行為の言語化に資する驚愕の一冊。

坂口恭平躁鬱日記●坂口恭平●1800円●僕は治ることを諦めて、「坂口恭平」を操縦することにした。家族とともに。──マスコミを席巻するきらびやかな才能の奔出は、「躁」のなせる業でもある。「鬱」期には強固な自殺願望に苛まれ外出もおぼつかない。この病に悩まされてきた著者は、あるとき「治療から操縦へ」という方針に転換した。その成果やいかに！　涙と笑いと感動の当事者研究。

カウンセラーは何を見ているか●信田さよ子●2000円●傾聴？ ふっ。──「聞く力」はもちろん大切。しかしプロなら、あたかも素人のように好奇心を全開にして、相手を見る。そうでなければ〈強制〉と〈自己選択〉を両立させることはできない。若き日の精神科病院体験を経て、開業カウンセラーの第一人者になった著者が、「見て、聞いて、引き受けて、踏み込む」ノウハウを一挙公開！

クレイジー・イン・ジャパン：べてるの家のエスノグラフィ●中村かれん●2200円●日本の端の、世界の真ん中。──インドネシアで生まれ、オーストラリアで育ち、イェール大学で教える医療人類学者が、べてるの家に辿り着いた。7か月以上にも及ぶ住み込み。10年近くにわたって断続的に行われたフィールドワーク。べてるの「感動」と「変貌」を、かつてない文脈で発見した傑作エスノグラフィ。付録DVD「Bethel」は必見の名作！